明清云南汉族移民宗族内部控制研究

康丽娜 著

九州出版社
JIUZHOUPRESS

图书在版编目（CIP）数据

明清云南汉族移民宗族内部控制研究 / 康丽娜著
. -- 北京 : 九州出版社, 2023.5
ISBN 978-7-5225-1849-7

Ⅰ. ①明… Ⅱ. ①康… Ⅲ. ①汉族－移民－历史－云南－明清时代 Ⅳ. ①D691.2

中国国家版本馆 CIP 数据核字（2023）第 089147 号

明清云南汉族移民宗族内部控制研究

作　　者　康丽娜　著
责任编辑　云岩涛
出版发行　九州出版社
地　　址　北京市西城区阜外大街甲 35 号（100037）
发行电话　(010)68992190/3/5/6
网　　址　www.jiuzhoupress.com
印　　刷　定州启航印刷有限公司
开　　本　710 毫米 ×1000 毫米　16 开
印　　张　16
字　　数　212 千字
版　　次　2023 年 5 月第 1 版
印　　次　2023 年 5 月第 1 次印刷
书　　号　ISBN 978-7-5225-1849-7
定　　价　98.00 元

前　言

宗族是一种社会历史现象，是由父系血缘关系的各个家庭在祖先崇拜及宗法观念的规范下组成的社会群体。在中国传统社会，宗族始终伴随着历史发展的进程，对不同历史时期的政治、经济、文化、社会等都产生过重大而深远的影响。作为中国传统社会的基本构成因素之一，宗族对于认识和理解中国社会历史具有十分重要的价值，在某种意义上甚至可以说，撇开了宗族问题，就无法获得对中国社会的完整认识。因而，宗族研究自然受到学界的高度重视，并已成为学界长期关注的一个颇具魅力的重要主题。近年来，史学界特别是社会史学界开始注意借用社会控制的相关理论来研究相关历史问题。就云南而言，这一地域的社会控制问题也开始受到学者的关注，但与会馆、宗族、租佃制度等课题相比，关于云南社会控制的专门研究起步较晚，研究的深度和广度尚待进一步拓展。尽管有不少论著以社会控制为论题，但由于认知角度不同、侧重点各异，往往在对社会控制的理解与把握上存在着较大分歧，对明清云南宗族与社会控制的各层面未深入展开讨论。

明清时期，宗法文化较盛地区的汉族移民不断迁入、定居云南地区，在聚族而居的村落形态下，以坟山墓碑的墓祭和族谱的编纂为凝聚族众的手段，通过祠堂的兴建，构建了乡村的公共建筑和公共空间。明清时期，云南汉族移民宗族以庶民士绅为主要领导层，并且带有“移植性”色彩，其宗族的制度化、组织化更多地集中于清中后期，因此宗族与国家表现出较强的“亲和力”。而且，宗族在组织化程度上存在时间和地域上的巨大差异，不同区域、不同结构的宗族形态对族众控制的强弱也大相径庭。层级控制是明清时期云南汉族移民宗族内部控制结构的主要特征，宗族内部控制的实施主体具有多元性。祠堂、族谱、祖茔、族学等控制设施在明清云南汉族移民宗族实施族内控制时发挥了重要作用。控制手段的多样化是明清云南汉族移民宗族稳定内部秩序、维护自身利益的重要保证。控制领域和控制内容的广泛性是明清云南汉族移民宗族内部社会控制的重要特征。

以明清云南汉族移民宗族与乡村社会控制为研究对象，既有助于揭示中国传统社会晚期的基层社会、乡村社会的运作实态，也有助于进一步认识中国传统社会晚期的社会特征及其运行规律，还有助于对当今的村民自治、“三农”问题、社会主义和谐社会的构建、社会主义新农村建设等提供宝贵的历史借鉴，对边疆治理具有一定的参考价值和现实意义。因此，本书的研究内容不仅是区域性的，也是全国性的，对于研究汉族移民及其与边疆地区民族融合的关系，具有一定的意义和贡献。

绪 论

一、选题依据

（一）国内外相关研究的学术史梳理及研究动态

明清时期，在中央政府推进移民戍边的过程中，越来越多的汉族移民不断进入云南地区，汉文化在云南得到更加广泛和深入的传播。云南不仅在政治上、经济上、文化上与中原结成一个整体，而且进一步确立了民族国家的普遍认同，成为统一多民族国家不可分割的有机组成部分。移民是边疆治理的重要方式，也是引起边疆地区社会问题的因素之一，是民族史、边疆史地研究的重要内容。学界对云南汉族移民的原因和动力、移民与边疆问题、移民与周边族群互动等内容进行了系统研究，成果颇丰；而研究云南地区汉族移民宗族的成果较少，目前国内学者对明清云南汉族移民宗族的研究主要集中于宗族家谱的研究，成果有以下方面。

1. 家谱的影印出版

山西省社科院家谱资料研究中心主编的《中国家谱目录》[①]，影印族谱 94 部，包含云南汉族移民家谱 9 部；梁公卿主编的《中国西南文献

① 山西省社科院家谱资料研究中心．中国家谱目录[M]. 太原：山西人民出版社，1992.

丛书》第三辑《西南史地文献》[①] 收录4部汉族移民家谱；杨世钰、赵寅松主编的《大理丛书·族谱篇》[②] 汇编了大理及其他地区70余部家谱，其中汉族移民家谱5部。

2. 家谱工具书的编写

北京图书馆家谱整理小组编《北京图书馆藏家谱提要》[③]，著录云南汉族移民家谱8部；山西省社科院家谱资料研究中心编《中国家谱目录》[④]，著录云南汉族移民微缩胶卷族谱9部；国家档案局二处等编《中国家谱综合目录》[⑤]，著录云南汉族移民家谱23部；王鹤鸣主编《上海图书馆馆藏家谱提要》[⑥]，叙录云南汉族移民家谱10部；王鹤鸣主编《中国家谱总目》[⑦]，叙录云南汉族移民家谱85部，除基本书目资料外，另含始祖、始迁祖、迁徙路线、卷次内容等有价值之资料。

3. 家谱的应用研究

葛剑雄主编的《中国移民史》六卷本[⑧]、郝正治的《汉族移民入滇史话》[⑨]、陆韧的《变迁与交融——明代云南汉族移民研究》[⑩] 等专著利用了部分家谱资料对云南的移民史、人口史、民族史、社会史、经济史

① 梁公卿．中国西南文献丛书：西南史地文献 [M]. 兰州：兰州大学出版社，2004.
② 杨世钰，赵寅松．大理丛书：族谱篇 [M]. 昆明：云南民族出版社，2009.
③ 北京图书馆家谱整理小组．北京图书馆藏家谱提要 [M]. 北京：北京图书馆出版社，1987.
④ 山西省社科院家谱资料研究中心．中国家谱目录 [M]. 太原：山西人民出版社，1992.
⑤ 国家档案局二处．中国家谱综合目录 [M]. 北京：中华书局，1997.
⑥ 王鹤鸣．上海图书馆馆藏家谱提要 [M]. 上海：上海古籍出版社，2000.
⑦ 王鹤鸣．中国家谱总目 [M]. 上海：上海古籍出版社，2008.
⑧ 葛剑雄．中国移民史 [M]. 福州：福建人民出版社，1997.
⑨ 郝正治．汉族移民入滇史话 [M]. 昆明：云南大学出版社，1998.
⑩ 陆韧．变迁与交融：明代云南汉族移民研究 [M]. 昆明：云南教育出版社，2001.

等方面进行了研究。马勇和代艳芝的《论明清时期腾冲汉族移民的历史记忆与族群认同》[①]一文利用汉族移民家谱资料进行研究，认为腾冲的汉族移民通过修撰家谱、建盖宗祠等方式，建构起了共同的历史记忆，汉族移民身份的记忆通过以祖先崇拜为特征的宗族文化得以保留和强化，以实现他们同内地汉族在祖源上的联系，并在此基础上形成了汉族移民的族群认同。

国外收集、整理、开发中国家谱资源取得成效最大的是美国犹他家谱学会，它是迄今海外收藏中国家谱最多的机构；而对中国家谱研究较著名的是日本学者多贺秋五郎，他出版了《中国宗谱》[②]；美国李中清教授的《中国西南边疆的社会经济：1250—1850》[③]特别关注档案资料、族谱、碑刻、口传资料等"非规范性文献资料"的搜集和利用，但这些整理研究成果对云南汉族移民宗族家谱的关注和研究较少。

综上所述，以上成果为明清云南汉族移民宗族家谱研究提供了丰富的资料，但与国内外家谱研究相比存在很大差距，尚有进一步拓展的空间。

1. 对家谱史料的挖掘不够

（1）因尚有大量散藏在民间的家谱，云南存世的汉族移民家谱当远远超过目前学者搜集整理的数量；学界搜集整理云南汉族移民家谱的下限为2003年，此后新修家谱不断出现，家谱的数量仍需调查。

（2）明清云南汉族移民家谱的搜集整理成果以各地图书馆收藏为主，大量散存民间的家谱未受到重视。

---

① 马勇，代艳芝. 论明清时期腾冲汉族移民的历史记忆与族群认同[J]. 云南民族大学学报，2015，32（3）:126-130.

② 多贺秋五郎. 中国宗谱[M]. 周芳玲，阎明广，译. 北京：中国社会出版社，2008.

③ 李中清. 中国西南边疆的社会经济：1250—1850[M]. 林文勋，秦叔才，译. 北京：人民出版社，2012.

2. 研究方向比较单一

目前的研究成果仍主要停留在家谱目录的整理，在再利用家谱进行研究方面，虽然已取得了一些成绩，但仍有很大的空间可以拓展和深化。本书尝试在现有家谱整理成果的基础上，利用前期调查搜集的云南汉族移民家谱新材料，以明清云南汉族移民宗族内部控制为切入点进行研究，既可为云南史研究提供新史料，也可丰富宗族研究的内容。

（二）相对于已有研究的独到学术价值和应用价值

1. 学术价值

（1）数量可观的宗族家谱，生动记载了明清汉族移民迁入云南各地的历史过程及其迁徙分布、繁衍生息的情况，是汉族移民与云南各民族友好相处、团结互助、共同开发云南的历史见证，也是汉族移民与当地其他各少数民族通婚往来、友好相处、交流融合的历史画卷。本书系统整理明清云南汉族移民宗族家谱，可为我们研究汉族移民家族史、云南民族史提供丰富史料，有重要的历史研究价值。

（2）以明清云南汉族移民宗族内部控制为家谱应用研究的对象，既有助于揭示中国传统社会晚期的基层社会、乡村社会的运作实态，也有助于进一步认识中国传统社会晚期的社会特征及其运行规律。

2. 应用价值

（1）明清云南汉族移民宗族家谱中包含的爱家乡、爱祖国、爱民族的思想精华，是我们进行社会主义精神文明建设，培养公民高尚道德情操，教育子孙后代的生动教材。

（2）这一研究可为当今的村民自治、“三农”问题、社会主义和谐社会的构建、社会主义新农村建设等提供宝贵的历史借鉴，对边疆治理具有一定的参考价值和现实意义。

因此，本书的研究内容不仅是区域性的，也是全国性的，对于研究移民宗族、移民及其与边疆地区民族融合的关系，具有特殊的意义和贡献。

二、研究内容

（一）总体框架

本书利用家谱资料，以明清云南汉族移民宗族内部控制为切入点进行研究，主要有以下内容。

1. 明清云南汉族移民宗族内部的控制结构与控制实施主体

（1）宗族内部的组织结构：宗族内部组织结构的类型或模式，是分析这一时期汉族移民宗族内部控制结构的重要基础和前提。

（2）宗族内部的控制结构：明清云南汉族移民宗族在实施其内部控制时，是根据既定的组织结构分层次进行的。

（3）宗族内部的控制实施主体：明清时期云南汉族移民宗族内部的成员结构主要有以宗子、族长、房长、家长等为代表的宗族领导层，以祠首、值年等为代表的宗族执事阶层，占人口绝大多数的普通族众阶层和以佃仆为代表的宗族贱民阶层等组成。

2. 明清云南汉族移民宗族内部的控制设施

这一方面内容以族谱、祠堂、祖茔、族学与族内控制为视角，对明清时期云南汉族移民宗族内部控制设施及其所发挥的控制作用进行梳理与研究。

3. 明清云南汉族移民宗族内部的控制手段及其运用

（1）宗族内部的制度控制手段及其运用：本部分对明清时期以云南汉族移民宗族及其成员的集体名义制定并颁布的，用以对族内全体或部分成员的行为进行制约与调节，对族内相关事务进行规范与调整的各种规章进行考察。

（2）宗族内部的物质利益控制手段及其运用：明清云南汉族移民宗族积极实行宗族内部社会保障措施，通过物质救济救助等手段实现族内控制和宗族社会秩序的稳定。

（3）宗族内部的文化控制手段及其运用：本部分对宗族利用人类在长期的共同生活中创造的、为人类所共同遵从的行为准则和价值标准对社会成员进行控制的方式进行考察，主要有儒家礼的规范、社会舆论等。

（4）宗族内部的强制惩罚控制手段及其运用：宗族对各类违反规章制度和行为规范的越轨行为常采用强制惩罚的手段加以控制和打击，越轨行为也是宗族进行控制的主要对象。

4. 明清云南汉族移民宗族内部控制的主要领域和内容

（1）宗族内部的秩序控制：本部分主要考察汉族移民宗族内部伦常秩序控制、血缘秩序控制、内部社会秩序控制。

（2）宗族内部的生活方式控制：本部分研究宗族对族人的职业选择、婚丧嫁娶、衣食住行、闲暇娱乐、行为举止、社会交往等生活方式的各个方面进行的规范与控制。

（3）宗族内部的社会问题控制：明清时期云南汉族移民宗族内部的社会问题包括赌博问题、假死讹诈问题、溺女问题、生态环境恶化问题等。

（二）主要目标

（1）理论目标：以宗族家谱资料为中心，探讨明清云南汉族移民宗族对定居地社会秩序的构建，客观揭示云南汉族移民宗族内部社会控制的各方面内容及其运作的规律。

（2）实践目标：为研究云南地方民族历史文化，发展地方民族社会经济和促进社会主义精神文明建设提供历史经验。

三、思路方法

（一）基本思路

（1）查阅史志资料了解历史人物及档案资料，获取间接线索，掌握姓氏分布情况。著者与各地档案局、方志办、博物馆等相关单位及研究地方文化的团体或个人建立联系，通过他们获得线索或直接委托他们搜集家谱；到印刷厂、打字社了解各家族续谱情况；与多个姓氏宗亲合作，搜集家谱；进一步通过田野调查，搜集民间散存的家谱。

（2）在家谱搜集整理基础上以宗族为视角，对明清云南宗族与乡村社会控制诸问题进行全面系统的实证研究。著者在对移民、宗族与地域秩序构建总体认识的基础上，集中围绕宗族的内部控制进行讨论，最后对明清时期云南汉族移民宗族实施乡村社会控制的特点、效果等进行适当的分析和总结。

（二）具体研究方法

（1）文献研究法：多渠道、多途径搜集、整理明清云南汉族移民宗族家谱，为研究提供全面系统的资料源。

（2）田野调查方法：通过田野调查，收集分散于民间的明清云南汉族移民宗族家谱，以此丰富研究资料和拓宽研究视野。

（3）归纳分类法：对明清云南汉族移民宗族家谱进行深层次的整理并归纳分类，以方便对资料的分析研究。

（4）跨学科研究法：运用经济学、地理学、人类学、民族学等多学科的理论、方法和成果从整体上对其进行实证研究。

四、创新之处

（一）学术思想创新

本书站在云南史学的立场上，以历史唯物主义理论为指导，吸收和借鉴民族学田野调查的理论和方法，以明清云南汉族移民宗族家谱为主要资料，对明清汉族移民宗族内部控制进行家谱应用研究。

（二）学术观点创新

本书在前期研究成果和前人研究的基础上，提出几点探索性认识：

（1）多种经营是明清云南汉族移民入住本区后的主导性生计方式，军功、经商、行医与科举则是移民家族发展上升的主要途径；土客矛盾虽然存在，但主要矛盾发生在移入时间与来源不同的客民群体之间。

（2）明清时期，宗法文化较盛地区的汉族移民不断迁入、定居云南地区，在聚族而居的村落形态下，以坟山墓碑的墓祭和族谱的编纂为凝聚族众的手段，通过祠堂的兴建，构建了乡村的公共建筑和公共空间。

（3）明清时期，云南汉族移民宗族以庶民士绅为主要领导层，并且带有“移植性”色彩，其宗族的制度化、组织化更多地集中于清中后期，因此宗族与国家表现出较强的“亲和力”。而且，宗族在组织化程度上存在时间和地域上的巨大差异，不同区域、不同结构的宗族形态对族众控制的强弱也大相径庭。

（4）层级控制是明清时期云南汉族移民宗族内部控制结构的主要特征，宗族内部控制的实施主体具有多元性。祠堂、谱牒、祖茔等控制设施在明清云南汉族移民宗族实施族内控制时发挥了重要作用。控制手段的多样化是明清云南汉族移民宗族稳定内部秩序、维护自身利益的重要保证。控制领域和控制内容的广泛性是明清云南汉族移民宗族内部社会控制的重要特征。

（三）研究方法创新

本书综合运用了历史学、文献学、人类学、民族学等多种研究方法。

（四）资料创新

本书不仅对各级图书馆、档案馆、博物馆等单位收藏的家谱进行全面收集整理和研究，而且将大量分散于民间的家谱纳入研究范畴。

第一章　明清云南汉族移民宗族内部的控制结构与控制实施主体

一、明清云南汉族移民宗族内部的组织结构

明确家庭与宗族二者的概念、构成关系，是理解明清时期云南汉族移民宗族内部的社会组织结构与控制结构的首要前提。按照学术界比较一致的看法，家庭是指以特定的婚姻形态和血缘关系为纽带结合而成的社会基本单位，是一种生命生产的特殊的社会生活组织形式。家庭首先是一个婚姻单位，其次是一个经济生活单位，从这一意义上讲，家庭是社会最小的单位，是社会的细胞。所谓宗族，则是指以同一男性祖先为血缘标识的众多个体家庭组成的、按照血缘关系原则和一定的行为规范加以联结、约束、控制的社会组织形式。宗族是家庭血缘关系的扩大，是家庭的展延。家庭与宗族之间主要表现为个体与群体的关系。[①] 一般来说，家庭与宗族二者之间的关系格局决定了宗族对于家庭有着约束与控制的权利，而家庭对于宗族则有服从与协调的义务。当然，这并不能抹杀家庭作为行为主体在自身行为范围内所具有的某种自主性及对于自身所属成员的控制权。

就明清云南汉族移民宗族内部社会组织结构而言，除了家庭、宗族

① 李卓．中日家族制度比较研究[M].北京：人民出版社，2004：46；冯尔康．中国宗族史[M].上海：上海人民出版社,2009：15；徐扬杰．中国家族制度史[M].北京：人民出版社，1992：4.

之外，房也是一个极为重要的结构单位。而且，对于认识明清云南汉族移民宗族组织结构与控制结构来说，房也是一个极为重要的分析单位。

关于传统中国宗族组织及宗族制度中的房的问题，常建华关注较早。他在对房的理论进行归纳后认为："宗祧的观念可以产生房，分房的不断进行，累积成干支谱系，形成宗族，按照扩展的原则，一个房支也可能是一个宗族，宗祧及其分房形成了观念性的继嗣群体，也就是宗族。因此宗族的意义首先应该是结构性的，即从谱系的角度分析，其次又是功能性的，即从促使合房收族的手段探讨。"他还认为，在通常情况下，"宗族的结构一般是始祖之下分若干房、支，族下繁衍则再细分若干房、支"。[①] 常建华有关中国宗族制度中房的理论的分析，对于理解明清时期云南汉族移民宗族内部的房组织具有重要的参考价值。

随着分房的不断进行，宗族各分支人口不断繁衍与膨胀，经过长时间的积累，宗族内部分支就会形成新的宗族结构，即宗支结构。各宗族内部宗支结构的数量多寡不一，与总祠或母族的结合力各不相同，使得宗族内部的组织结构呈现出颇为纷繁复杂的状态。[②] 但在通常情况下，"宗族的结构一般是始祖之下分若干房、支，族下繁衍则再细分若干房、支"。[③]

通过以上梳理，著者认为，宗族结构的总体特征可归结为宗族—房派—个体家庭的一般模式，其中，房这一中间环节的情形极为复杂，房派环节的多变性与复杂性使得宗族组织结构呈现出复杂多元的特征。结合明清云南汉族移民宗族的实际，著者认为，在明清时期，云南汉族移民宗族内部的组织结构大致具有以下几种类型或模式，一般宗族：宗族—房派—个体家庭；大宗族：宗族—房派—支派—个体家庭；联宗宗

① 常建华．宗族志[M].上海：上海人民出版社，1998：195.
② 常建华．宗族志[M].上海：上海人民出版社，1998：176.
③ 常建华．宗族志[M].上海：上海人民出版社，1998：195.

族：始居地宗族—迁徙地宗族—房派—支派—个体家庭。[①] 而上述明清云南汉族移民宗族内部组织结构的几种类型或模式，是本书分析这一时期云南汉族移民宗族内部控制结构的基础和前提。

二、明清云南汉族移民宗族内部的控制结构

明清云南汉族移民宗族内部的组织结构从总体上影响并决定了这一时期云南汉族移民宗族内部的控制结构的特征，明清云南汉族移民宗族内部的组织结构是其控制结构的基础。

明崇祯年间，大理祥云杨氏宗族内部，存在着单个家庭、房派、门派、宗族四个层级的组织结构。根据这一组织结构特点，该族内部也存在着单个家庭、房派、门派、宗族四个层级的控制结构。该族的族规中有以下规定：

风俗美恶系于所习，移风易俗在乎豫教，父兄教之未素面遽绝之，中者才者不忍也。今后但有子弟不遵圣谕，经犯过恶，各房长指事詈责之；不改，鸣于该门尊长，再三训诫之；又不改，于新正谒祖日鸣于宗祠，声罪黜之。罪重者仍行呈治。[②]

当族人违反族规家法时，宗族内部要经过以父兄为代表的家长、家的上一级组织房的首领房长、房的上一级组织门的首领门长、门的上一级组织族的首领族长逐渐递进的四级处罚，由这四级组织的首领实施具体的层级控制和处罚。

清咸丰年间，元江房氏宗族内部存在着单个家庭、房、族三个层级的组织结构，根据这一组织结构特点，该族内部也存在着单个家庭、房派、宗族三个层级的控制结构。该族族规家法中的“息讼”条规定：

族繁事杂，争竞在所不免，但不可轻举兴讼，当先鸣族贤、房族家长，究明其巅末，公剖其是非，直者劝其涵容，曲者谕令输服居闲，曲

① 冯尔康．中国古代的宗族与祠堂[M]．北京：商务印书馆，1996：46.

② 杨定祥．杨氏家谱[M]．写本．1895（清光绪二十一年）.

为调停处分，以息其争端。[①]

在族人发生纠纷时，当事人不得轻易挑起诉讼，而应在宗族内部经由家长、房长、族长三级调停，由这三级组织的首领实施具体的层级控制与协调。

此外，该族族规家法中还规定：

言行关名节最重。近有一种不肖子弟，窃窥妇女，肆淫仆婢，好谈人家闺门短长，戏谑无度，致贵贱不分，名分倒置，岂不玷辱祖宗乎？为父母者当痛责之，不悛则禀家长治之。[②]

当族中不肖子弟践踏名节、违反宗族伦理时，先由父母这一家庭层次意义上的家长实施控制与惩罚，倘若无效，再禀告父母以上层级的族中众家长（或房长，或族长）实施控制与惩罚。元江房氏宗族对族人的控制也呈现出鲜明的层级控制的特征。

上述事例表明，明清时期云南汉族移民宗族在实施其内部控制时，是依据实际情形，根据既定的组织结构分层级进行的，层级控制是其主要特征。

三、明清云南汉族移民宗族内部的控制实施主体

明清时期，汉族移民宗族内部的成员结构主要由以宗子、族长、房长、家长等为代表的宗族领导层，以祠首、值年等为代表的宗族具体事务执事阶层，占人口绝大多数的普通族众阶层组成。明清云南汉族移民宗族内部存在着较为明显的分层现象，宗族成员或按社会地位和身份，或按血缘关系等原则，被区分为高低有序或尊卑有序的不同等级和层次，各成员之间在宗族内部存在着社会地位的差别。其中，宗族领导层是宗族内部实际控制者，是管理者阶层，是宗族实施内部控制的最主要的行为主体，在宗族内部通常拥有最高的社会地位。

① 房永胜．云南元江小羊街房氏家谱：卷二　族规 [M]. 写本 .1857(清咸丰七年).

② 房永胜．云南元江小羊街房氏家谱：卷二　族规 [M]. 写本 .1857(清咸丰七年).

宗族领导层之下一般设立宗族执事阶层，对宗族内部各种纷繁复杂的事务进行分类或分项管理与控制。对于毫无权力可言的普通族众而言，这些拥有一定的管理与控制权力的宗族执事人员，也是宗族内部控制的重要实施者，他们在宗族内部一般拥有较高的社会地位。

就普通族众而言，这一群体在宗族内部占人口的绝大多数，包括除宗族领导层、执事阶层之外的拥有本宗族血缘关系的全体男性成员、未嫁女子，以及不拥有本宗族血缘关系但拥有族籍、由外族嫁入的女性成员。通常情况下，他们是宗族领导层、执事阶层实施控制的最主要的对象与人群，是宗族内部人口数量最庞大的控制接受者阶层，他们在宗族内部的社会地位相对较低。

上述各类成员分别处于明清云南汉族移民宗族内部组织结构的不同层级之中，他们也是这一时期云南汉族移民宗族内部控制结构的重要组成部分。以下分析明清云南汉族移民宗族内部控制的实施主体及其所拥有的控制权力。

（一）宗子

西周时代，国家实行封建宗法制，周王集宗族权力和国家权力于一身，家与国不分。宗法原则构成大小宗结合的组织形式，周王的嫡长子继承大宗世系，为族人兄弟所共尊，称宗子。其时，宗子在宗族中拥有主祭权、管理权，并享有崇高的地位。秦汉以降，封建之制废，大小宗之法不行。后经张载、程颐、朱熹等宋儒及其后儒家学者的提倡，全国不少地方逐渐出现传统宗法制的某种形态的复活，其重要表征之一就是不少宗族在族内重新设立宗子并确立宗子的某种地位和建立相关的制度。[①] 明清云南汉族移民中便有许多宗族采古代宗法制度之遗意，建立宗子制，在血缘上属于“本族长房之长子”的宗子拥有主祭权等宗族内

① 常建华．宗族志[M].上海：上海人民出版社，1998:182.

部管理的权力，是宗族内部控制的主要实施者之一。

（1）阎氏。该族内部曾设立宗子以主持宗族祭祀。大理阎氏在明清时期的族规家法中规定：

祭祖日取元宵、冬至二节，主祭三人，于礼当以宗子主祭。倘宗子幼稚及有过、礼貌不扬者，则以族长主之。虽在族长行列，而童幼不成立、德行有亏及庶孽，皆不可以主祭祀，当以肩次年尊者代之。[①]

该族强调，宗子享有主祭权，但在遇到“宗子幼稚及有过、礼貌不扬”等情况时，则实行更替制度，以族长主祭。

（2）周氏。大理祥云周氏宗族内部曾设立宗子以主持宗族祭祀：

古者嫡子孙主祭祀，重宗也。或宗子不肖，当遵横渠之说，择次贤者立之，尚贤也。盖非止主祭，裁决庶务，皆资其人，而族之人听命焉。故宗之也者，君之也，可不重欤，又可不自重欤！[②]

在该族看来，古代宗子的权力较大，除祭祀权外，还在族内拥有“裁决庶务”的权力。由于宗子对宗族事务管理至关重要，该族强调宗子自身也要做到“自重”。

（3）周氏。该族内部曾设立宗子以主持祭祀。该族的族规家法中规定：

凡属配享能干之子孙与祭者，与宗子、族长、老人、礼生、司值并上班司值，及本班保人，祠内散席。[③]

在祭祀过程中，宗子排名在族长之前，并享有祭祀后“祠内散席”的特权。

该族还规定冬至、春分大祭结束后，在祠堂内给胙发包，与其他族

① 阎宁浩．阎氏宗谱：卷三　祠规［M］．写本．1938（民国二十七年）．

② 周世荣．祥云周氏宗谱：卷三　族规［M］．刻本．昆明：会云楼，1880（清光绪六年）．

③ 周世荣．祥云周氏宗谱：卷五　祠规［M］．刻本．昆明：会云楼，1880（清光绪六年）．

人相比，宗子所占有的份额最多，拥有较为明显的分配特权：

宗子本人与祭，给胙二斤，给包四对，入席；代者与祭，给胙一斤，给包二对，入席。①

而当族内出现财政紧张状况时，宗子依然享有经济特权：

吾祠出息甚微，所需浩大，一切事仪有增无减，不敷公用，二祭包胙难均给发。今集众议权定章程：冬至发包不给胙，春分给胙不发包。惟宗子、族长、分长、老人、礼生、执事二祭均发包给胙。②

（4）张氏。兰坪张氏内部曾设立宗子以主持祭祀。该族又将宗子称为“宗长”：

祠堂春秋之祭，照《家礼》行三献及侑食之礼。祭主有三：一是宗长，亦曰宗子，乃本族长房之长子；二是族长，乃班辈最长者；三是年长、班辈虽不尊而年齿冠一族者。然年长或有或无，非所重也。主祭以宗子为重，族长陪祭。如宗长、族长不能行礼，则使族之有衣冠者代祭，而祝版祭主仍书宗子、族长之名。③

该族将主持宗族祭祀的人员分为三类，但规定以宗子拥有主祭权为最正宗，族长则退居于陪祭之位。

该族强调，作为宗族楷模的宗子在祭祀时起表率作用，并要求宗族成员以宗子为中心，遵守既定的祭祀礼仪。

从明清云南汉族移民宗族内部宗子制实施的具体情况看，在设立宗子的各宗族内部，宗子拥有的权限不等，或仅享有主祭权，或在享有主祭权的同时拥有其他族务管理权。由于宗子的人选完全是从血缘关系的角度来考虑的，倘若遇到宗子年老多病、年幼无知、智力低下、道德败

① 周世荣．祥云周氏宗谱：卷五　祠规[M]．刻本．昆明：会云楼，1880（清光绪六年）．

② 周世荣．祥云周氏宗谱：卷五　祠规[M]．刻本．昆明：会云楼，1880（清光绪六年）．

③ 张景望．兰坪营盘张氏族谱：卷六　祭祀[M]．写本．1907（清光绪三十三年）．

坏等情形，宗族内部秩序的正常运转往往会遇到障碍，这对宗族利益的维护是相当不利的。对于这些宗族而言，其变通办法就是在一定程度上摒弃原有的血缘情结而择贤任能。

从总体上看，立宗子、行宗子法在明清云南汉族移民宗族社会中有日渐式微的趋势，某些宗族有时即便是设立宗子也仅仅是作为一种陪衬和摆设，宗族的实际控制权牢牢掌握在以族长为代表的宗族领导者手中。这方面的事例较多，如清《鹤庆梁姓族谱》所载规训云："倘宗子礼仪失范，当另择贤者居之，使宗族不蒙羞也。"清代编纂的《鹤庆蒋氏宗谱》卷二《族规》云："宗子难堪大任者，由族老代之。"清雍正年间刊印的《昆明吴氏家谱》卷三《规制》云："宗子上奉祖考，下一宗族，当教之养之，使主祭祀。如或不肖，遵横渠张子之说，择次贤者易之。"那些道德败坏、不受管束的宗子，则要受到宗族的严格控制乃至废黜。

（二）族长

明清时期特别是清代，云南汉族移民宗族中的宗子对宗族的控制权限基本上体现在主持族内祭祀方面，宗子是作为血缘宗族的一种象征标志而存在，而宗族的族务管理与日常控制则由族长负责，绝大多数的云南汉族移民宗族由族长掌控祭祀权，而不另设宗子。族长总管族务，掌握祠堂，成为宗族的最高领导人，如清光绪《云南恩安李氏宗谱》所载《家规》云：

族长总率一族，恩义相维，无不可通之情，凡我族人知所敬信，庶令推行而人莫之敢犯也。其有抗违故犯者，执而笞之。

吾族繁衍，有族长以统之，公举族中之贤者以辅之，谓其才足以断事，德足以服众。凡遇族中有不平之事，悉为之处分排解，不致经官。如果秉公无偏，而顽梗者不遵，则鸣之于官处治之，族人自知警而不敢抗违矣。

该族强调，族人要绝对服从族长的管理与控制，而对于违反族长管教的族人则予以严厉制裁。充当族长有一定的条件限制，其中房分和年龄是最基本的要素。明清时期，在大理境内的诸多宗族中，“祠各有规约，族众共守之，推举行尊而年龄高者为族长，执行其规约”。据清光绪《云南恩安李氏宗谱》卷二《家规》记载，该族内部规定以“班辈最长者”为族长。

明清时期，云南汉族移民宗族族长对于宗族的控制权主要体现在以下方面。

1. 宗族祭祀及祭祀产业的管理控制权

在明清云南汉族移民宗族中，多数情况下皆规定由族长主持宗族祭祀，负责掌控宗族祭祀权及祭祀产业的管理处分权。在这一时期，尽管不少宗族还在族内设立宗子以主持祭祀，但受宗子本身条件的限制，即使实行宗子制的宗族也强调族长等人对于宗族祭祀的参与、协助与监督。而在没有实行宗子制的云南汉族移民宗族中，主祭权则直接由族长掌控，如《云龙天耳井解氏家谱》记载：

凡遇春秋二祭……倘族长年高力衰，于头首中推举一人代族长行礼。[①]

该族规定由族长主持祭祀，只是在遇到族长身体状况欠佳时，才推举他人代为主祭。

祭祀是明清云南汉族移民宗族中的大事，而祭田则是维持宗族祭祀正常进行的物质基础。为保证祀产的管理与增值，宗族强调族长要对祭田经营予以监控。清乾隆《玉溪吴氏宗谱》卷八《家规》之“经理祭田”条云：

族长正副于祭毕之时，集轮首收租者而加考察，以验其果至之与不至，毋听其虚应故事而妄对也。有妄对者而罚行焉，庶几人知所警，而

① 解云鹏．云龙天耳井解氏家谱：卷二　祭祀[M]. 写本 .1938（民国二十七年）.

次年轮首亦惟率是而行之。

族长的督察和监控，有助于对宗族祭祀产业经营状况的实时掌握，并做到赏罚分明、“人知所警”。

2. 宗族制度设计与制定的控制权

明清云南汉族移民宗族内部一般皆规定由族长负责主持族内重大制度、重要公约、条约的制定，族长在宗族制度设计与制定方面拥有主导权与控制权。

祖坟是宗族祖先的重要葬所。以族长为首的宗族领导层，对历代祖先坟墓的安危负有重要的监护责任，当宗族祖墓遭遇侵害时，往往由他们出面召集族人订立保墓条约，并掌控着条约订立的主导权。

保山戈氏宗族“共承始祖吴震以来，传管各处墓茔产土，收积花利”，“自永乐元年族长彦德、宣德十年族长与俊、天顺五年族长仁祖、弘治五年族长永祥、正德七年族长以铭，节次写立合同，俱已开载墓茔产土坐落，及量力编管墓茔，收放花利，以及归并墓茔各户税粮，作震茔一户”。[①] 正德十四年族长以义、嘉靖十二年族长祥谦再次牵头订立保业合同。在这百年中，皆由族长领头订立保墓合同，族长在宗族祖坟产业保护过程中扮演了重要角色，拥有直接的控制权。

在宾川杨氏宗族内部，因“在城富积坊白紧地，至今失业，难以查理”，明成化年间，该族族长仕佐公“慨力任其事，遂挨查字号，理清亩步，置立《膳茔文簿》”。为了确保祖墓产业安全，该族族长广生及四门门长华隆、仲涝、景春、悌等人于嘉靖十八年订立《先茔便览义约》，对祖墓产业管理予以规范。时至万历年间，由于守墓旧规再遭破坏，该族族长岩武于万历二十二年联合各门门长及族中贤达商议设立成规条款，“使各枝子孙知有事规，毋得怠慢废礼，有坏前人成法”，并规定：

① 戈问达．戈氏家乘：卷二　坟茔[M]．写本．1805（清嘉庆十年）．

“如有恃强玩法欺公者，赍此赴官，惩治不恕。”[①]

清乾隆年间，保山杨氏宗族曾由族长尚儒牵头主持订立祖茔禁约：

大圣庙以上一带名曰老园，狮形以上一带名曰下山头，以及天井坑、羊角山，祖冢林立，不许后人添葬，并不许本族外姓窃取泥土。倘敢故违，送官究治。查乾隆十年，族长尚儒等曾议禁及此，其议墨二张具在，后世子孙务宜凛遵。[②]

时至晚清、民国年间，该族仍重申对前项议约的遵守。

3. 宗族内部事务的主持控制权

（1）宗族礼仪的主持、监督权。明清时期，云南汉族移民宗族重视礼仪对家族秩序维护的重要，强调族长对于礼仪的参与、主持与监督。据清乾隆昭通《谢氏宗谱》记载，该族规定：

今后春秋二祭，礼生习礼，定于前期二日演习冠礼，务要节文习熟，礼度闲雅。将冠之子弟，与其秉礼之父兄、族长正副，集众于祠，举而行之，庶童子知所以为成人，而他日所就未可量也。[③]

该族强调正副族长对宗族相关礼仪活动的参与和监督。

（2）宗族法规宣传、执行、控制权。在明清云南汉族移民宗族内部，族长作为宗族的最高领导者，深知族规家法对于治理宗族的重要作用，常常亲自主持或监督族内的族规家法宣传活动，如民国昭通《缪氏族谱》收录该族清代制定的族规：

每岁正旦，集长幼，序行第，庆贺神主，次叙团拜之礼。族长开读祖训，幼辈拱听于（祠堂）阶下，实有益心身之语也。[④]

清光绪昆明《吴氏族谱》所载《祠规》云：

① 杨准曾．钟英杨氏族谱：卷五　族约 [M]. 抄本 .1911（清宣统三年）.

② 杨朝经．杨姓家谱：卷七　家典 [M]. 写本 .1784（清乾隆四十九年）.

③ 谢楚湘．谢氏宗谱：卷五　族规 [M]. 写本 .1760（清乾隆二十五年）.

④ 缪汝恒．缪氏族谱：卷四　族训 [M]. 抄本 .1943（民国三十二年）.

祠规者，所以整齐一族之法也。然徒法不能以自行，宜仿王孟箕《宗约仪节》，每季定期由斯文、族长督率子弟赴祠，择读书少年善讲者一人，将祠规宣讲一遍，并讲解训俗遗规一二条，商榷族中大事体，各宜静听遵行，共成美俗，实为祖宗莫大之光。

该族内部通过族长直接参与和主导族内族规家法宣传活动，加强了宗族法的执行力度，从而强化了对族人的控制。

（3）族谱编修与保存的控制权。为了确保对族人生老病死、迁徙等信息的及时掌握，明清云南汉族移民各宗族非常重视族长对族谱编修、保管的领导与控制。清嘉庆普洱《赵氏宗谱》所载《凡例》指出：

各族祠中当设一年纪簿，公送族长收贮。凡诞子之家，于三朝命名后报知族长，登名于簿，将生辰注各名下。如或有犯祖讳及同前名者，令其即改。至春秋二祭，子姓毕集，各将半年内寿终者注其月日及葬某处。新娶某氏之生辰亦如之。其迁居四方者，每岁一次汇列寄报，凡挈属迁居某州县某乡镇，族长亦逐为记载，庶下届修谱易于稽查。

该族强调族长对族谱的直接管理和控制。

清光绪昭通《关氏族谱》所载《祠规》云：

每年冬至会谱，近族一年一会，远族三年一会。族长、祠董公同看阅，如有霉烂、破损、涂污、遗失不全，照违误轻重、家资厚薄公议取罚。

宗族族长还有监督族谱保存情况的控制权，对保存家谱不当的族人可进行处罚。

为了加强对族谱的保管，该族还规定在领谱时必须立有领谱字据："领谱虽有字号，而日后转交无常，日久易生玩忽，非另取领字，不足以保谱也。"①

① 关旭．关氏族谱：卷五　祠规［M］．写本．1903（清光绪二十九年）．

4. 宗族经济生活的控制权

明清云南汉族移民宗族内部一般皆规定由族长主持族内的财产、财务监督或进行直接管理，由族长负责族内弱势群体的救济，族长拥有对宗族公共财产的处置权与控制权。

明清云南汉族移民宗族强调族长对于宗族公产的租利与租额拥有监管权和决定权。清道光年间，昆明苏氏为了有效管理祖先膳茔田产，宗族族长邀集族众商议并做出以下决定：

将膳茔产土照今户计，权行均答田粮，开归一十六分，受税输纳，产内租苗仍归众管。每岁十六分内，议立四人收掌一年，不问时岁丰歉，收到实在租利，必须开票族长，见数封锁，毋得侵用入已。[①]

清嘉庆《蒙化高氏族谱》卷七《义田》载：

征租定于处暑日，督总与执事者会同族长、文会约定分数，时租收几分，硬租收几分，书明实贴收租所，俾众佃共知。

该族族长成为宗族义田租佃制度的重要决策人。

义田是宗族内部各项事务开展、实施救济的重要经济基础，明清云南汉族移民宗族强调族长对于义田经营与义租分配拥有控制权。明代，保山张氏族人张谨“勤劳节约，奔驰南北者四十余年，赀（资）产始有饶余”，归老桑梓后，“择丰腴田百余亩，窃附古人赈族之义以毕初志焉。君既割产置籍，后于君第前鼎建会给之堂、藏积之廪，俾支下子孙世主其计，时当分给，则会族长一人、宗彦一人，相与监视之”[②]。有该族族长的监督，使得义田能够正常地发挥宗族内部救济与社会保障的作用。

而在实施救济时，族长则拥有族内救济的主导权，并对族人经济生活进行干预和控制。据清光绪《玉溪钱氏宗谱》卷四《家规》记载，该

① 苏富南．苏氏族谱：卷三　坟茔[M]．写本．1839（清道光十九年）．

② 张仪．张氏族谱：卷八　张翁义田记[M]．写本．1835（清道光十五年）．

族的族长负有主导救济贫困族人的责任：

为族长者，凡宗党……如有贫穷患难，亦当救援。

此外，有些宗族还规定宗族义仓的经营主导权与控制权由族长和本族的富人掌握。据清嘉庆年间的昆明《王氏族谱》记载，从明代起，王氏宗族对族内弱势群体实行救济制度，“岁行周恤之礼以给族人”，规定：

凡同族者，自十亩百金之家以上，随其财产厚薄，岁出银谷以为积贮，俾族长与族之富者掌之田。[①]

作为宗族利益的代表，族长拥有宗族公共财产的处置权。当宗族遇到特别需要而出卖公产时，往往由族长出面直接出卖或出替产业。清道光五年，大理弥渡张氏“因祠内众事无措”出卖宗祠田产时，由族长领头立契“卖田与林姓业主名下”[②]。清光绪十年，昆明张氏宗族“因众祠明堂急用，将石坑典首田一处，计田一坵，计客租十二硙十斤”[③]出典与支丁张万福时，由族长等出面订立典田契约。清宣统三年，保山钏氏宗族族长钏盛昌等领头立替田字据，“将土名吴村口中如里田一坵，计实租六硙正”这一宗族公产，立契替与钏长有名下为业田。而普通族人往往没有处置宗族公产的权力，即便偶尔参与处置，也只是在族长等宗族领导者授权下才付诸实施。

5. 宗族内部事务的调解、裁判和担保权

明清云南汉族移民宗族内部一般皆规定由族长直接处理族内纠纷，或担任中见人、证明人、调解劝谕人等角色，负责族内事务的调解、裁判和担保。

（1）直接处理族内纠纷或扮演族内调解劝谕人角色。当宗族内部发生纠纷时，宗族一般皆规定先由当事人所在的家庭、门派予以调处，若

① 王灿南．王氏族谱：卷六　族规 [M]. 写本 .1807（清嘉庆十二年）.
② 张大龙．张氏族谱：卷三　族产 [M]. 写本 .1939（民国二十八年）.
③ 张启运．张氏家谱：卷三　族产 [M]. 写本 .1835（清道光十五年）.

解决不了，再禀明族长处置。

在明清云南汉族移民宗族内部，宗族积极致力于安定、和谐的理想社会秩序的构建。因此，族长常常被赋予调解平息纷争、处理族内纠纷、维护族内秩序稳定的重任。族长时常扮演族内调解劝谕人的角色，成为宗族内部公正的化身。

清光绪昭通《关氏族谱》记载：

凡我族人事之有不平，情或出于不得已，请众于祠，备述颠末，自鼠牙雀角以至财产账目，族长正副剖析是非，直为处分，各得其平。其或强欺弱、众暴寡、富吞贫、恃尊凌卑、以少犯长、藐视族人而仇仇之，非吾之所敢知也。族长正副而知此，愿秉是非之公。①

该族强调正副族长对族内纠纷的公正处理拥有裁判权。

另外，当宗族内部发生纠纷时，族长也往往被族人邀请充当证人。清光绪四年，昆明吴氏族人吴泰因阻拦同族吴寿“截田水”“霸水利”而发生斗殴事件。在诉状中，族长吴详为中见证人。② 清雍正年间，大理祥云杨氏宗族因宗祧承继发生族内纠纷而告官时，族长充当证人。③清顺治十七年，普洱冷氏宗族妇女将祖坟土名庵前山头私自违禁出卖与汪姓开阡风水，有伤祖墓，以致堂兄“归投邻里”。长期在外经商的子侄孙君成、惠之等，“自愿央浼亲邻劝谕堂兄，备原价赎回”。在订立保祖文约时，族长为证人。④

（2）在族人宗祧承继过程中扮演见证人角色。清道光《云南柿园宋氏宗谱》所载《凡例》曰：

族之中兴衰不一，如无子嗣者，先择亲房之侄继之；如亲房无人，择疏房继之。惟凭族长正人写立继书，以免贪占之弊。

① 关旭．关氏族谱：卷六　族规［M］．写本．1903（清光绪二十九年）．

② 吴发祥．吴氏族谱：卷七　杂记［M］．写本．1878（清光绪四年）．

③ 杨定祥．杨氏家谱：卷八　大事记［M］．写本．1895（清光绪二十一年）．

④ 冷学文．京兆堂冷氏家谱：卷六　家族史料［M］．写本．1904（清光绪三十年）．

该族强调族长对于族人宗祧承继的监督。

（3）契约的秉笔人和契约条款的直接制定者。宗族内部那些失去丈夫、无人赡养、生活贫困的弱势妇女，在迫不得已将丈夫遗留产业捐献给宗族之时，往往邀请族长等宗族领导者予以见证或公证。清光绪年间，大理祥云孔氏宗族妇女李氏、周氏，在将产业输往本族时，即邀请族长、执事等参与中见或“嘱笔”。清同治年间，大理祥云孔氏宗族妇女叶氏，“因氏夫灶成即思昭先年弃世，不幸无子”，凭族长等将所有祖遗田业输入宗祠，收租完粮管业。在叶氏立捐输字据时，族长担任嘱笔。清同治年间，该族妇女王氏，“因氏夫嘉柴先年弃世，无亲生子嗣。痛念氏夫二代祖先禋祀无依，氏央族众愿将洋账二十元输入宗祠内”①。在周氏立捐输字据时，族长担任嘱笔。此外，又如曲靖宣威符氏族人符世泽等“因历年钱粮未清，无处措办”②，将其房屋产业立契出典与亲人孙氏名下居住。在立典契时，族长为契约秉笔人和该契约两项补充条款的直接制定者。

一般而言，明清云南汉族移民宗族个体家庭或普通族人在分家或进行财产交易时，会邀请本宗族成员，特别是有身份的族长等充当中间人或见证人。个体家庭或单个族人的日常生产生活，在很大程度上是摆脱不了宗族的控制或宗族的影响的。上述云南汉族移民宗族族人邀请族长出仕中见人、见证人、契约秉笔人，其真实意图在于凭借族长的权威以保证所订合同、条约的生效。而在发生宗族内部纠纷时，请族长担任证人，同样是看重族长的权力。因为在他们看来，当发生产权交易、宗祧承继、违禁私卖等纠纷时，作为宗族法人代表与宗族最高领导人的族长，是他们最值得信赖的人。

① 孔应元．祥云孔氏家谱：卷九　杂录[M]．抄本．1943（民国三十二年）．

② 符定甲．符氏族谱：卷三　契约、族产[M]．写本．1855（清咸丰五年）．

6. 宗族内部处罚与惩治权

作为宗族的最高领导人，族长拥有在本族内部处罚与惩治不肖子孙、不法族人的权力。据清光绪《关氏宗谱》卷六《族规》记载，该族对于族人犯“小过情有可宥者”，规定：“莫若执之于祠，祖宗临之，族长正副斥其过而正之，棰楚以加之。”强调由正副族长予以斥责或惩治。而对于族人的盗窃行为，该族则规定：“其或为梁上君子，族长正副访而治之，不悛者鸣官而抵于法。”强调由正副族长予以惩治。

在大理巍山，清光绪《蒙化刘氏宗谱》卷五《家规》云：

倘有宠妾凌妻者，投鸣族长，当共斥之。

该族强调对于妻妾嫡庶之名分的遵守，由族长领头斥责宠妾凌妻、违背妻妾名分之人。

清嘉庆《蒙化孙氏族谱》卷四《族规》载：

凡族有不孝者，告诸族长，族长当申明家规而委曲诲导之，再犯则扑之，三犯告诸官而罪之，永屏族外。

该族强调由族长负责教诲、开导乃至严惩不孝之人。

清光绪《和顺李氏宗谱》所载《族规》对族人的惩处规定也十分具体。该族内部对违反“男女逐出，永不归宗例”的族人，规定“由合族族长、宗长、房长公同告祖，具书犯家法之男女名字于板，钉于祠门边。其人生不得入族居住，死不得进主，不得上谱”；对违反“暂革祠胙，逐出改过，取保归宗例”的族人，规定由“族长、房长公同以纸书革条，书‘暂行革胙、逐出祠堂’等字贴祠门旁。如三年改过迁善，依旧归宗。如系行凶者，三年后仍须由亲戚取保约存祠，保其不复行凶，方许归宗”；对违反“笞责跪香例”的族人，规定由“族长或其亲长令跪祠堂祖宗前，用细竹枝把笞其背，伤皮而不伤骨，用竹板恐成杖痕或受伤也”；对违反“跪香例”的族人，规定由“族长引至祖宗前跪香，教而释之”。[1] 由上可见，在和顺李氏宗族内，族长是对各类不法族人实施惩处的代理人。

7. 宗族对外事务处置权

族长作为宗族利益的全权代表，负责维护宗族的利益，稳定宗族内部的社会秩序。当不肖族人不服宗族治理或宗族内部遇到其他处理不了的问题时，往往由族长负责处置对外事务，“鸣之于官”“呈公理论”“呈官究治”，出面与官府打交道，以寻求支持。在明清云南汉族移民宗族社会中，族长往往通过告官惩治或告官寻求保护的方式，捍卫本族的利益和维护本族内部秩序的稳定。

清乾隆年间，玉溪杨氏族人违反宗族规约，“将伊父丧柩盗葬邻村，及平治风月处士坟茔，抗众不服改正”。以族长为首的多名族人告府，“蒙准照遗嘱，差人勒令堆砌处士坟茔，及起改伊父丧柩，仍杖徒三年，以警其后”。该族又强调：“冢林坟脑皆祖约禁地，惟科贡竖旗外，毋得搭台演戏，污亵祖宗”，并规定：“倘后仍有冥顽故违祖约者，族长会众呈官究治。”[2]

清光绪年间，大理毛氏宗族制定的《家规》指出：

大族之下岂无争兢，除不遵处外，方许经官明正其罪，无辄便。但犯词讼，许族长呈官。[3]

昭通李氏宗族“族祖安葬土名寒坑山，上养荫木”，为确保祖墓安全，该族曾“请有示禁，立碑于山”，并“加立架牌于祠，以期永保无害”。然不肖族人“将族祠加禁木牌打毁，辱骂逞凶”[4]，对宗族利益构

① 李鸿．和顺李氏宗谱：卷三　族规 [M]. 写本 .1878（清光绪四年）.
② 杨元亨．杨氏族谱：卷三　坟茔 [M]. 抄本 .1786（清乾隆五十一年）.
③ 毛其盛．毛氏家谱：卷六　家规 [M]. 写本 .1899（清光绪二十五年）.
④ 李正荣．云南恩安李氏宗谱：卷三　坟茔 [M]. 刻本．上海：中西书局,1908（清光绪三十四年）.

成危害。该族族长为保祖杜害上控官府，请求惩治不肖族人。

8. 其他权力

除上述权力外，云南汉族移民宗族族长还拥有族内人事决定权。清嘉庆保山《戈氏家乘》卷七《家规》载：

督总以宣忠支下司敦本祠者管理，如宣忠支下不司祠总，则听族长、文会议佥，以宣忠支下贤而能者承管。

在该族内部，族长决定着宗族重要人事的选任。

而族长在物质分配方面所拥有的超越于一般族人的特权，更是他作为宗族领导者、控制者身份的体现。据清道光《和顺刘氏家谱》卷三《祭祀》记载：

元旦拜祖，支丁到祠，与拜者每人给祭饼一双，不拘老幼同。惟族长及九门门长加给饼一双，老人递加。

春冬二祭，植下支丁陪祭拜毕，每人给祭饼一双，长幼同。族长、九门门长，每祭给猪胙一斤，祭饼一双，执事礼生亦同。

在该族内部，族长等人在祠堂祭祀后的颁胙、分饼过程中拥有不同于普通族人的特权。

此外，族长的特权还体现在日常生活的细微之处，据清宣统《钟英杨氏族谱》记载：

元旦及春秋二祭行礼，照依世数牌序立，不得紊乱僭越，入村时必让族长前行。[①]

杨氏祭祀结束后进村队伍的行列也体现出了严格的等级，族长享有前行的特权。

在宗族族长拥有上述各项权力的时候，若不对他们进行适当的监督与反控制，这些拥有较大权力的宗族领导者也就不可避免地、有时甚至

① 杨准曾 . 钟英杨氏族谱：卷二　祭礼 [M]. 抄本 .1911（清宣统三年）.

是更加轻而易举地会滥用职权，或徇私舞弊，或玩忽职守。鉴于宗族族长制存在的弊端，明清云南汉族移民宗族有些在制度设计时，对族长本人设定了一些约束和处罚的举措。

而据临沧《顺宁厚丰村杨氏族谱》记载，明清时期临沧顺宁杨氏宗族内部也有类似的族规：

城都能干管各近查刷，遇有故丁报知司值，注故于发包丁簿，汇单饬催进主。其生子上丁，照例交丁粮于公匣，斯文收账，遵式登上牌行丁簿，随入发包丁簿，以换班之年为限期，或生即上丁，或于冬至、春分二祭，或届限期听其自便。惟过期不上，定按例罚，查刷能干倘敢隐瞒，一经访闻，罚跪，对祖焚香一炷，仍着查刷押令补上，倍罚丁银，对祖跪香三炷，以儆疲玩。若斯文、族长、司值徇情互隐，一体罚跪不贷，各宜禀遵。[①]

族长对及时、动态地掌握宗族人口的真实信息负有重要的监督责任，倘若徇情互隐，要给予相应的惩罚。

上举事例涉及云南汉族移民宗族防止族长玩忽职守、滥用职权的惩罚、约束措施，这在一定程度上有利于遏制宗族族长制的不利因素，使云南汉族移民宗族族内秩序沿着较为和谐有序的轨道良性推进。

（三）房长

明清时期，在云南汉族移民宗族内部，族的下一级组织为房。关于房的称谓，各宗族不尽相同，有“房”“门”“堂”“支”“家”等。而“房”结构中的首领则有“房长”“门长”“堂长”“支长”“家长”等头衔。这一时期云南汉族移民宗族内部的房长，是族长之下宗族领导层的重要人员，根据宗族内部分层管理的制度设计，他们拥有属于自己的权力，对所在房的房众拥有较大的控制力，对所在房乃至宗族的内部管理和运作

① 杨治烈．顺宁厚丰村杨氏族谱：卷五　族规[M]．写本．1931（民国二十年）．

都发挥着极其重要的作用。

明清时期，云南汉族移民宗族内部房长的控制权主要体现在以下方面。

1. 宗族内部行政事务管理权

就宗族内部行政事务管理而言，明清时期云南汉族移民宗族中的房长在祭祀管理、祠务管理、族谱编纂与管理、族规家法与相关规约的设计与制定、宗祧承继、族人教化、族人处罚等方面拥有程度不等的权力。

（1）祭祀管理。明清云南汉族移民宗族视祭祀为族内极为庄重的大事，在宗族祭祀管理方面，除了规定族长主持宗族祭祀，掌控与祭祀相关的大权外，宗族内部各房长在祭祀方面也拥有重要的议事权与决策权。清乾隆年间，玉溪杨氏宗族内部四大房派因存在“冠者渐多，胙渐不敷，更有子姓不肯遍诣各墓展拜，是其胸中只重祠胙，全无尊祖敬宗之心”的情况，该族决定：

应照依墓所几处，将胙分为几筹，每到一墓给与（予）一筹，方无滥给之弊。但此事须文会、门长同为经理，非司年寥寥数人所能整顿也。[①]

在该族四大房派中，祖墓祭祀流于形式，不少族人只顾及领取些许胙肉而丧失了尊祖敬宗之心，完全违背了宗族尊祖敬宗的初始意图。为确保对宗族祭祀的管理与控制，在宗族内部进行制度决议时，各房长参与集体议决并起主导作用，在宗族制度变革时享有重要的议事权与决策权。

（2）祠堂、祠务管理。祠堂是明清时期云南汉族移民宗族内部最重要的物质设施之一，是宗族用以实施族内统治的重要场所，因此，云南

① 杨元亨．杨氏族谱：卷二　祠规［M］．抄本．1786（清乾隆五十一年）．

汉族移民宗族十分重视对祠堂及祠务的管理。在祠务管理方面，宗族强调祠堂管理中的执事人员一般由宗族集体或各房推举，并实行任期制。在这一过程中，各房房长拥有决策和举荐的权力。据清道光《苏氏族谱》记载，昆明苏氏宗族意识到“祠务纷纷，必须司值”，该族关于司值的推举办法如下：

今照旧例，长分绍公派下、四分孟仲二公派下各派村乡，照戊子人丁作数品搭分班，各举司值一人，三年一换，届九年轮转。①

并规定由各房房长进行举保：

挨班司值，三年一换，每逢来年挨班，先年冬至前，各分长者聚集公议，举保派丁内殷实老成者一人司值祠事。②

该族还规定：

轮挨司值，管祠三年，四月初一换班。祥公分下一人，发生公分下一人，连生公分下一人。三分每逢挨班，村乡先年冬至前，各分长集议，每分公举殷实老成者一人接管司值。③

（3）族谱编纂与管理。在族谱编纂与管理过程中，明清云南汉族移民宗族中的房长拥有一定的主导权。就族谱编纂而言，清嘉庆年间，保山戈氏宗族重新编纂家谱时，“稽之五房分长、阖族斯文，厘定章程，分为八卷，颁之同族”④。该族内部五大房的房长拥有议事权和相关章程的制定权。

在族谱管理方面，清光绪《玉溪钱氏宗谱》卷二《谱制》载：

祖宗名讳事迹，皆在谱，子孙万宜宝藏。每年新正，各房长先自稽验，至初三会祭日，带赴统宗祠，祀首会众再验。如损坏及鬻非族者，罪坐不孝。房长、祀首即鸣众，轻则易人收掌，重则闻官追究。祠谱先

① 苏富南．苏氏族谱：卷二　祠制[M]．写本．1839（清道光十九年）．

② 苏富南．苏氏族谱：卷二　祠制[M]．写本．1839（清道光十九年）．

③ 苏富南．苏氏族谱：卷二　祠制[M]．写本．1839（清道光十九年）．

④ 戈问达．戈氏家乘：卷首　谱序[M]．写本．1805（清嘉庆十年）．

削其名，仍罚本房银二十两置祭田，示戒。

该族各房长负责族谱的日常管理，对损坏或私鬻族谱者施以处罚。

清嘉庆昆明《王氏族谱》所载《谱规》云：

各房收谱务什（世）袭珍藏，每年于标祀团公日，各执赴公所会验。污坏者罚银，损失叶（页）数者罚银，私借他族誊抄者，定以非我族类叱逐之。或有遗弃转鬻者，除叱逐外，众共经官究治，仍坐本房房长子姓押查追出。①

对遗弃转鬻族谱的，该族强调由房长等负责予以追缴。

（4）族规家法与相关规约的设计与制定。族规家法是明清时期云南汉族移民宗族内部的根本大法，宗族相关规约则是宗族内部极为重要的专门规章。在族规家法与相关规约等宗族制度设计与制定方面，明清时期云南汉族移民宗族中的房长拥有一定的主导权，如清道光年间，保山张氏宗族五门门长共同议定祠规十八则。② 在该族内部，房长拥有商议制定族规家法的权力。

在宗族相关规约制定方面，清嘉庆年间大理宾川杨氏宗族制定祖墓保护规约的经历是一个极为典型的事例。杨氏宗族“七十岁族长发春”及四大房房长“八十一岁门长仲祥”“八十岁门长仲涝”“八十四岁门长仲景”“七十四岁门长仲悌”等共七人，为确保祖墓产业安全、加强对祖墓产业的管理而订立了禁约。在订立保护祖墓义约时，四大房房长都已是宗族内部年事较高的耆老。时至宣统年间，由于守墓旧规屡遭破坏，该族族长又会合各房房长制定了祭祀条约，对族内祖墓祭祀的相关事宜做了严格的制度规定。③

又如清乾隆年间，保山杨氏宗族族长及各房房长集体商议制定了大酬功规条：

① 王灿南．王氏族谱：卷三　谱规［M］．写本．1807（清嘉庆十二年）．

② 张仪．张氏族谱：卷三　祠制［M］．写本．1835（清道光十五年）．

③ 杨准曾．钟英杨氏族谱：卷二　祭祀［M］．抄本．1911（清宣统三年）．

祖制输银百两以上者，春秋祠祀准祔祭筵一席，此酬功定规也。惟是急公祠墓，不吝囊金，捐逾千两及数千两以上者，业大功隆，已非寻常可比。若循照百两一席则酬之不胜酬，泛而无纪，亦觉非体，且更无以昭特出而崇报享也。族长圣立门仲茂、门长上门廷禄、上族门景昭、中门永承、易魁门云从、下门非石、裕公门巷亭、嘉会门斌玉、均安门友清等在祠集议，特添立大酬功之条。①

各房房长在参与制定宗族族规家法时，一般需要在族长领导下实施其决策的控制权。

（5）族人教化。在教化族人方面，明清云南汉族移民宗族中的房长拥有一定的权力。清光绪《蒙化刘氏宗谱》卷五《家规》载：

族内有孝子顺孙、义夫节妇，此其人砥德砺行，有关风化甚大。各堂长及斯文会倡众殷勤慰问，使人知所激劝。

该族各房房长对族人拥有教化权。

（6）族人惩处。明清时期，云南汉族移民宗族内部因物质利益等原因而存在一些违法违规的不肖子孙和不法族人。在惩处这些不肖子孙和不法族人方面，明清云南汉族移民宗族中的房长拥有程度不等的权力。

据清嘉庆《蒙化陈氏家谱》记载，大理巍山陈氏宗族规定，对触犯族内条规者，由各房长依家法进行处罚：

兴山之后，各家秩丁必须谨慎野火。倘有不测，无论故诬，公仝将火路验明。查出，罚银十两，演戏十部。如不遵罚，即令本家房长入祠，以家法重责三十板。元旦，祠内停饼十年。②

在该族内部，房长对于不法族人及身为监护人却对妻子管教不力的男子施以严厉的惩罚。

清光绪《云南恩安李氏宗谱》卷二《家规》载：

子妇殴打父母舅姑，乃伦常大变，人所不容，非但逐革已也，分长

① 杨朝经．杨姓家谱：卷二　祠制 [M]．写本 .1784（清乾隆四十九年）．

② 陈德．蒙化陈氏家谱：卷三　家法 [M]．写本 .1815（清嘉庆二十年）．

邻右即行将逆子逆妇送官重治，免生逆案，株连宗族。

该族房长对本房内有严重越轨行为的族人拥有直接的处罚权。

2. 宗族内部经济生活控制权

就宗族内部经济生活监督控制而言，明清时期云南汉族移民宗族中的房长在族产收支与出卖、族产经营与管理、族内物质分配、族内经济纠纷调解等方面拥有程度不等的控制权。

（1）族产收支与出卖。在处置族产，如收支与出卖祠产、会产等族内共同产业时，明清时期云南汉族移民宗族中的房长拥有决策权。清道光年间，昆明苏氏当宗族需要开支时，必须报知房长批准：

本祠粜卖租粒及一应银两，如有应用之项，凭众酌量多寡，同门长、文会开匣称给司年之手支用。

本祠屋宇，每逢应修之年，会同文会、门长、司年公同酌估，权其缓急，于匣中支银，交司年之人修理。①

此外，昆明苏氏对于“进主银两”等相关族产的进项，则规定“司年者会同斯文及各堂堂长公封入匣”②。据清光绪《祥云周氏宗谱》记载，大理祥云周氏宗族规定，族内各房长在动支租谷等方面拥有决定权：

大厅及祠宇，先人创造维艰，今复重新，光昭遗泽，遇有渗漏及竹枧损坏，务须随时修理，不得膜置，所需工费，司祠、管年会同支长动支租谷，仍将用过细数开载祀簿，以便稽查，但亦不得轻易借名收拾，滥动公项。收租什物间有损坏，应须添补，司祠、管年知照支长再行修理，仍将用过银两数目附载祀簿，以便稽查。③

（2）族产经营与管理。据清咸丰《符氏族谱》记载，曲靖宣威符氏

① 苏富南．苏氏族谱：卷二　祠制[M]. 写本．1839（清道光十九年）.

② 苏富南．苏氏族谱：卷二　祠制[M]. 写本．1839（清道光十九年）.

③ 周世荣．祥云周氏宗谱：卷五　祠规[M]. 刻本．昆明：会云楼，1880（清光绪六年）.

宗族规定，各房房长拥有对宗族义仓经营的监督权：

仓谷议以每年二月十五日公祠祭毕，文会、各分长公诣仓所，核簿盘查，倘亏少至一二十石，惟督总及襄事三人是问，数逾三十石之外，则系舞弊。将舞弊之人究出，追谷偿仓，另佥妥人接办。①

同时，该族还规定各房房长拥有祀产经营管理权：

征租办祀设立大簿三本，一本征租，一本粜谷，一本办祀。另立总簿一本，将逐年征租、粜谷、办祀总数注明于上，公交支长收藏，以备大簿遗失弊窦。②

在该族内部，各房长在经济领域中拥有较大的决策权与监督权，各房长对宗族财产及经济活动的有效监管，有利于宗族经济秩序的稳定和宗族日常事务的正常运转。

（3）宗族内部物质分配。在宗族内部进行义租发放等物质分配时，明清时期云南汉族移民宗族中的房长拥有监督权。清道光年间，保山张氏族人商人志道妻陈氏捐资为公产，用于资助族内妇女，在对这份资产的管理与发放方面，主要依赖族内三大房的房长：

每年租谷归司祠与司年公管，房长稽查。收租，三大房房长监收，司祠及三大房管年经收，眼同晒干，上宣忠堂仓内，记明簿扇，实贮干谷若干。次年三月二日，司祠与原监收房长暨原经收管年会同当年管年三面开仓，除去当年应完钱粮营米及册书贴头并坐存秋收时交租租酒晒谷工饭收拾收租家伙等项，粜谷易银应用外，余者查询本堂现在愿要此谷女眷名数，均匀分派，订期以三月初二日，风雨不移。③

①在该族内部，各房房长有对义租分配发放权和监督权。在义租分配和发放时，明清云南汉族移民宗族对各类救助对象有诸多考察条件，其中有的宗族规定由各房房长负责审查本房受助族人是否符合接济

① 符定甲．符氏族谱：卷五　义田［M］．写本．1855（清咸丰五年）．

② 符定甲．符氏族谱：卷三　契约、族产［M］．写本．1855（清咸丰五年）．

③ 张仪．张氏族谱：卷五　族产［M］．写本．1835（清道光十五年）．

的条件。清道光年间，曲靖宣威戴氏宗族制定了族内义租分配规条，最后云：

计开今查明：门　世　某人　现年　岁；门　世　某妻　氏　现年　岁　年守志；门　世　某子名　现年　岁　年　月生。嘉庆　年　月门长某　亲房某　公同查开。[①]

②该族内部主要由各房房长负责审查族人的受助资格。

（4）族内经济纠纷调解。在族内发生经济纠纷时，明清时期云南汉族移民宗族中的房长拥有调解权。清光绪年间昭通关氏宗族所订《族规》规定：

或有因财产争论，族房长及公直贤能者力为处分，勿使擅自告官，以全宗族恩义。兄弟既翕，则妯娌相观而化。如争钱谷，纵长舌牝鸡之鸣，族房长先论其不友不恭，而后正其曲直。[②]

在该族内部，房长对族内经济纠纷拥有调解权。

3. 宗族对外事务权

明清时期云南汉族移民宗族中的房长所拥有的对外事务交涉权，主要是指与异姓宗族交涉的权力，或与官府打交道的权力。清代光绪《和顺李氏宗谱》记载，和顺李氏族内各房长拥有“呈官究治”的权力：

嗣后司匣者倘有亏空等事，分长及支众等即行查核追理。如亏空银钱，追偿银钱，不得援前陋弊，以屋宇山地作抵。如恃强硬抵，即以欺祖论。公同呈官究治，断不宽容。[③]

这里所谓的“呈官究治”，即指云南汉族移民宗族中的房长有权与官府打交道，以寻求官府对不肖族人的惩治。

① 戴应元 . 戴氏族谱：卷六　义田 [M]. 写本 .1841（清道光二十一年）.

② 关旭 . 关氏族谱：卷六　族规 [M]. 写本 .1903（清光绪二十九年）.

③ 李鸿 . 和顺李氏宗谱：卷三　族规 [M]. 写本 .1878（清光绪四年）.

4. 其他权力

与其在族内拥有的身份和地位相一致，明清时期云南汉族移民宗族中的房长在物质分配方面也拥有超越一般族人的特权。据清咸丰《云南元江小羊街房氏家谱》卷三《祠规》记载，元江房氏宗族的颁胙制度规定：

祭时惟斯文、头首、堂长及各派远来族人，于会心处照例用饭，其余族众不能一概供给。

据清乾隆《谢氏宗谱》记载，昭通谢氏宗族的颁胙制度规定：

支长：猪胙二斤、炙弗三个、寿桃一双。主祭、司祠、管年：胙与支长同。礼生、年至七十老人、与祭文会、与祭冠丁、与祭幼丁、祠役等人，依次递减。

祭品内祭羊一口及祭品所余，均归支长、主祭、礼生、司祠、管年分散。[①]

在上述两个云南汉族移民宗族内，与一般族人相比，房长在颁胙数量上占有一定的优势。

客观地说，上述颁胙制度方面各房长所享有的优势权力，在某种程度上既体现为一种经济特权，也是一种对他们从事宗族日常事务管理的酬劳，带有明显的奖励和荣誉的成分。

在拥有一定控制权的同时，房长是宗族内部处于族长之下一个层级的管理层的首领，由于房长主要负责管理所在房的房众，倘若管理、控制不力，房长就要受到适当的责罚。清道光《云南柿园宋氏宗谱》卷四《族规》，对于族人的职业控制有较为严格的规定，要求族人选择士农工商为职业，并由房长负责监督：

士农工商，所业虽不同，皆是本职。士者则领先德行，次文艺，切

① 谢楚湘．谢氏宗谱：卷三　祠制 [M]. 写本．1760（清乾隆二十五年）.

勿因读书识字，舞弄文法，颠倒是非，造歌谣，匿名帖。生员举监不得出入公门，有玷行止。仕宦不得以贿败官，贻辱祖宗。真有富贵不能淫、贫贱不能移、威武不能屈的造诣，方是丈夫。农者不得窃田水，纵牲口，作贱欺，赖佃租。工者不得作淫巧，售敝伪器什。商者不得纨绔冶游，酒色浪费。亦不得越四民之外，为僧道，为胥隶，为优戏，为椎埋屠宰等件。犯者，即系故违祖训，罪坐房长。

明清云南汉族移民宗族上述“罪坐房长”“责坐房长”“咎归房长”的规定表明，倘若房长在本房内部成员日常生活中的一些重大问题上疏于管理，发生影响宗族声誉的后果，他们是要负一定的连带责任的。其实质也是为防止房长等宗族管理层的首领利用职权，或徇私舞弊，或玩忽职守，而对他们所拥有的控制权进行的一种约束。对过失房长等宗族领导层成员的惩戒，在一定程度上有助于遏制明清时期云南汉族移民宗族自治中的不利因素，使宗族能够沿着稳定有序的惯性发展。

（四）执事人员

明清时期，一些云南汉族移民宗族的人口规模较为庞大、内部事务较为繁杂，因而除了设立族长、房长进行内部事务管理外，宗族内部还设置祠首、祠长、祠董、司值、头首、能干、查刷、祠差、与祭礼生等名目繁多的执事人员，由他们协助处理宗族内部一些特定领域中的具体事务。清嘉庆《蒙化孙氏族谱》卷二《祠规》载：“一族虽以族长为主，而理财必由合族公举正直精明之人为祠董，或加一二人副之，以司出纳。”由于这些执事人员的人数相对较多，责任较为重大，因此他们已成为云南汉族移民宗族内部一个重要的阶层。对于一般族人而言，在某些特定领域中，这些具体执事人员拥有一定的管理权和控制权，实际上已成为控制的实施者。由于祠堂是明清时期云南汉族移民宗族实施管理与控制的中心，宗族事务往往多围绕或集中于祠堂，因而上述执事人员一般多为祠堂具体事务的管理者与实施者，如祠首、祠长、祠董、祠差等称谓就其典型的体现。

祠堂管理等执事人员一般由宗族集体或各房进行推举，并实行定期责任制，即执事人员有一定的任期，期满予以更替。据清嘉庆《王氏族谱》记载，昆明王氏宗族的总理祠事人员产生办法如下：

一切祠事，每班内或拈阄或公举总理三人，注名于值年牌上，三年一换，逢换之年，春分日交递，周而复始，轮换班者务各尽心竭力，方无愧能干之名。①

至晚清时期，云南汉族移民某些宗族内部还出现模仿国家选举法，由全体族人投票公举，按照得票数多少决定人选的现象，如清宣统《钟英杨氏族谱》卷三《祠制》载：

本祠首执事人等，宜仿国家新定选举法，由族众投票公举，以得票多寡为去取准绳。一经选定，不得推诿，一年一次，善则留任，不善则不举。如肯任劳怨而公直者，谓之善；如毫无建白而诡谲者，谓之不善。

对于祠首等执事人员的人选选择范围，有的宗族规定得较为宽松。如清乾隆《杨氏族谱》载：

每年祠首，议定年逢四十岁者，无论斯文派丁，一仝协力承办。②

对于执事人员，各宗族还根据其所承担的具体事务提出了具体的素质或身份要求。据清光绪《和顺李氏宗谱》记载，保山和顺李氏宗族对祠差提出了“本分伶俐、勤于行动、善于言语、毋谮唆多事”等素质方面的要求：

凡派丁入祠品理及一切犯家训家法者，必须传唤其人入祠，而传唤之人受祠董差往，谓为祠差。与衙门差役贱为皂隶者不同，必选一二人充当，要本分伶俐、勤于行动、善于言语、毋谮唆多事。③

① 王灿南．王氏族谱：卷四　祠规[M]. 写本 .1807（清嘉庆十二年）.

② 杨元亨．杨氏族谱：卷二　祠规[M]. 抄本 .1786（清乾隆五十一年）.

③ 李鸿．和顺李氏宗谱：卷二　祠制[M]. 写本 .1878（清光绪四年）.

而该族对与祭礼生则提出了具体的身份条件：

凡春分、冬至祭祖，与祭礼生必有顶戴，文武荫袭以外，必真正捐纳功名，如孔生介宾、乡约功牌，必其人品行端方、名望素著者乃得与祭。若猥琐陋鄙邪僻之徒，适足玷辱宗祠，贻笑外人，概不准与祭。①

由于祭祀仪式在宗族事务中有极为重要的意义，因而对与祭礼生的身份要求也极为严格，需要由知识精英阶层担任。

清宣统《钟英杨氏族谱》载：

其被选者只论公正，不论有无功名，选人者必平日省事正派，方准列名投票，以防弊端。至被大众留任至五年之久者，其为正直勤劳可知，应列入纪善籍，以表劳勘，异日修谱当立传以表章之。②

该族对宗祠首事人等提出了“正直勤劳”、为宗族公正办事等要求。

在明清云南汉族移民宗族中，各种名目的执事人员主要拥有宗族祭祀、财务管理等方面的控制权。在大理云龙解氏宗族内部，祠堂管理者包括经理、头首等具体执事人员：

经理四人，由族中公举之。管钱一人，由经理四人中择一身家般实者充之；司账一人，由经理四人中择一公直勤慎者充之；头首四人，每年排年长者充之。③

除了上述权力外，一些云南汉族移民宗族的执事人员还拥有祭祀物品的分配权，如清光绪《玉溪钱氏宗谱》所载《祠规》规定：

祭祖所用猪羊，除元旦八桌桌面胙俱有主祭、陪祭、分献、执爵等支丁领去外，清明、冬至桌面胙仍余什之四五，尽听祠长分给。其羊胙在元旦亦听祠长分给。

族、房长虽拥有总管一族或一房事务的权力，但宗族内部更多的日常事务则交由执事人员处理，在许多情况下族、房长自己并不直接参

① 李鸿．和顺李氏宗谱：卷二　祠制 [M]. 写本 .1878（清光绪四年）.

② 杨准曾．钟英杨氏族谱：卷三　祠制 [M]. 抄本 .1911（清宣统三年）.

③ 解云鹏．云龙天耳井解氏家谱：卷三　祠制 [M]. 写本 .1938（民国二十七年）.

与。为了加强对这些拥有较大权力的执事人员的监督，宗族一般实行相互制约、相互监督的管理体制。

清乾隆保山《杨姓家谱》所载《祠制》曰：

司值查察，每年轮派斯文八人，及能干内公举两人，经管祠务，稽查盘算。倘遇有不公不法事件，及刁佃负租，俱系十人经公理论，毋得推诿。

该族强调，在族内设立司值以负责“经管祠务，稽查盘算”。

该族还规定：

祠首收租，议定在祠公处，不得私收入家。谷麦贮存祠内，其租谷每百斤折干谷八十斤，麦每斗折瓮麦十升半，豆每十升折干豆八升，俱于办祭时照时价出支，不得多收报少，少支报多。着令司值随时查核，如祠首有此情弊，即时鸣众，将侵蚀之项照数追出公罚，永不给胙。司值或徇情庇护，查出罚胙三年。每于四月初一日，司值、头首邀同族长、斯文诣祠开报，新年四十岁头首，并派新班司值，公全核算，除办祭上粮，仍剩若干，司值即时登记，将项银封贮公匣置产，毋许派丁挪借。违者，议罚经手之人纹银五两，即令将借项追出，一同交匣，断不徇情。[①]

在保山杨氏宗族内部，司值对祠首等祠堂管理者进行稽查、审计，司值与祠首在遇到重大事务时要向族长汇报或会同族长、斯文一道办理。这样就在宗族内部形成了一种由祠首、司值、族长、斯文等构成的既有明确分工又相互监督的祠堂各项主要事务的管理机制。

（五）家 长

明清时期，个体家庭是云南汉族移民宗族社会的细胞，是构成宗族社会的基本单位。对于普通族人而言，家庭是与他们生产生活联系最紧

① 杨朝经．杨姓家谱：卷二　祠制 [M]．写本．1784（清乾隆四十九年）．

密的社会经济单位。在各自的家庭中，“家长总治一家之务”。一般来说，云南汉族移民宗族家庭中的家长对于家庭成员的控制较为严厉，家长所施加的控制也是家庭成员在日常生活中最易感受和体会最深的。明清云南汉族移民宗族一般皆强调，在家庭成员面前，家长要起到模范作用。清光绪《云南恩安李氏宗谱》卷二《家规》载：

家长总治一家之务，必须谨守礼法，为家人榜样，不可过刚，不可过柔，但须平恕容忍，视一家如一身。在卑幼固当恭敬，而尊长亦不可挟此自恣。至于攘臂奋袂，忿言秽语，皆足启后人暴戾，尤宜首戒。若卑幼有过，当反复告诫，屡诫不悛则以家法惩之。

清道光《和顺刘氏家谱》卷五《家法》云：

为家长者，视听言动一以正直，不可轻信妇人仆隶之言。

上述两个宗族对家长的素质提出了具体的要求。

在家庭中，家长拥有督教、控制家庭成员的权力。清光绪《玉溪钱氏宗谱》卷四《家规》载：

若子孙有过，则家长以正言诲之，使得自新；训之不改，则继之以怒，又不改，则鸣其罪以责之，毋得互相容隐以成其过。

由此可见，家长拥有对家庭成员的管教权，对于不法子弟则有告官惩治等权力。

对于家庭成员而言，除日常管理与控制外，家长在培养他们的为人处世能力和社会实践能力方面也发挥着教导作用。清乾隆《玉溪吴氏宗谱》卷八《家规》载：

子弟当轮随家长入城办纳粮差，置买物料，庶日后无不诸人情世故之患。至于增拓产业，必预使子弟亲去看视肥瘠，及查册税是否清楚，来脚契共有几张，毫无舛错，方可交易，切不可卤莽草率，以贻子孙之害。

至于那些对家庭成员督教不严的家长，按照宗族的规定，他们要负一定的连带责任，并受到相应的责罚。清道光《和顺刘氏家谱》的家规规定：

妇女宜恪守家规，一切看牌嬉戏之具宜严禁之。违者，罪家长。三姑六婆概不许入门。其有妇女妄听邪说、引入内室者，罪其家长。[①]

从以上事例可以看出，明清云南汉族移民宗族企图通过对家长实施一定的责罚，以督促与确保他们对于家庭成员实施严格有效的管理和控制。

（六）尊长

明清时期，云南汉族移民宗族内部的年长尊者对于族人也有一定的控制权。若从年龄与血缘的标准进行划分，宗族族人可分为尊长和卑幼两大类。在云南汉族移民宗族社会中，尊长有时又称“长者”“长上”“宗长”“族老”等，前述宗族中的宗子、族长、房长、家长，有时往往也被包含在这一称谓范畴内。相对于卑幼者来说，尊长这一群体人数规模相对较大，只要是卑幼的身份，就摆脱不了尊长的控制。

明清时期，朝廷实行尊老优老政策。在朝廷的倡导下，云南汉族移民宗族对尊老优老十分重视。清乾隆《谢氏宗谱》载：

族中有望高而齿尊、分卑而年迈众者，均属家之着老，所宜格外优崇，以示尚齿引年之义。[②]

该族呼吁对族中尊长给予优崇。

宗族尊长在物质分配方面也享有优先权。大理巍山高氏宗族达成共识：“年之贵乎天下久矣，朝廷尚有敬老之礼，乡里可无尚齿之风？”该族强调，祭祀颁胙时要对族尊予以优厚待遇：

今酌立定制，年登七十者，春冬二季颁其寿胙，八十以上渐次加倍。[③]

① 刘卿岳．和顺刘氏家谱：卷五　家法 [M]．写本 .1848（清道光二十八年）.

② 谢楚湘．谢氏宗谱：卷三　祠制 [M]．写本 .1760（清乾隆二十五年）.

③ 高铎．蒙化高氏族谱：卷三　祠规 [M]．写本 .1809（清嘉庆十四年）.

清道光年间昆明苏氏编纂的《祠制》规定：

居乡八旬族老，每祭颁腥胙一斤，仰体圣天子养老大典，与祭听便。看祠仆送胙。①

在该族内部，族老等尊长在颁胙时享有一定的特权。

云南汉族移民宗族有优老尊老的传统，敬老之礼常常被宗族加以利用作为实施内部控制的手段之一。以年龄和德望为标准的尊长们对于族人的控制，在明清云南汉族移民宗族社会中是普遍存在的。

明清时期，云南汉族移民宗族尊长对于宗族的控制权主要体现在以下方面。

1. 宗族内部控制权

（1）惩治族人的权力。清咸丰《云南元江小羊街房氏家谱》卷二《族规》载：

卑幼不得抵抗尊长，其有出言不逊、制行悖戾者，会众诲之，诲之不悛则惩之。

该族强调族内卑幼对于尊长的服从及尊长对于不肖族人的惩治。

清光绪《云南恩安李氏宗谱》卷二《家规》载：

子孙受长上诃（苛）责，不论是非，但当俯首默受，毋得分理。

对于那些受到尊长斥责的子弟来说，无论是非对错均要默默地忍受，不得争辩。

（2）教化与表彰族人的权力。在明清云南汉族移民宗族社会中，族老是封建传统伦理的维护者。族老还是宗族内部正统伦理的践行者、奉公守法的模范者。昭通缪氏族人缪文清“操履有常度，内外井井，子姓严惮，毋敢越礼训妄行”②。缪瑛“明理义，敦五伦，善烛群情，诈不信，无所遁。人有患难，必竭力拯之。性善弈，外无他好。邑侯以齿德推

① 苏富南．苏氏族谱：卷二　祠制 [M]. 写本 .1839（清道光十九年）.

② 缪汝恒．缪氏族谱：卷七　家传 [M]. 抄本 .1943（民国三十二年）.

三老"[①]。大理弥渡张氏族人张惠"平居衣冠整肃，操行果断。有司举为耆老，守法奉公，凡有所委，黧然不紊"[②]。宗族尊长自身具备的学识修养、高尚品德及行为规范，使得他们成为族人甚至官府倚重的对象。

与封建传统伦理的维护者、践行者及奉公守法的模范者等身份和品德相对应，宗族尊长还拥有教化与表彰族人的权力。清光绪《祥云周氏宗谱》卷三《族规》规定：

凡有孝子顺孙、义夫节妇，皆系圣朝作养、上司培植所致，大裨风化，礼当敬崇。各门尊长查的鸣众，即动支祠银一两，备办花红鼓乐，率本宗职官斯文族众登门奖劝。有堪奏请表扬者，或本家贫乏，族众合力举闻。

该族强调宗族尊长对于族人的教化与表彰。

（3）编纂族谱与制定族规家法的权力。在大多云南汉族移民宗族中，尊长们积极响应编修族谱，并在一定程度上主导着族谱编修的控制权。清乾隆年间，玉溪吴氏族老吴文林偕弟吴文芳"搜索各派旧谱，统修名曰《玉溪吴氏宗谱》鸠工锓梓以传"[③]。

宗族尊长大多还拥有主导制定族规家法的权力。清乾隆年间，保山杨氏"上遵国法，远稽祖训，近采众议""屡经佥议，逐条斟酌"，经过长期酝酿与斟酌，制定了旨在"奉先、睦族、遇下"的宗族法规《杨氏家典》。该族族谱编成后，族老杨华芝、杨之锡等人又将家规的主要条文进行摘编，附录于族谱中作为约束、控制族人的工具。[④]又据记载，明清时期大理巍山姚氏宗族制定宗祠规条诸则，参与议定者有该族的尊长及文会诸公。[⑤]

① 缪汝恒．缪氏族谱：卷七　家传［M］．抄本．1943（民国三十二年）．

② 张大龙．张氏族谱：卷五　传记［M］．写本．1939（民国二十八年）．

③ 吴嗣维．玉溪吴氏宗谱：卷七　传记［M］．刻本．昆明：同安坊，1765（清乾隆三十年）．

④ 杨朝经．杨姓家谱：卷七　家典［M］．写本．1784（清乾隆四十九年）．

⑤ 姚宁范．蒙化姚氏族谱：卷四　祠规［M］．抄本．1920（民国九年）．

（4）宗族纠纷调解人与宗族重要事务见证人。昭通关氏族人关中举“举耆老，释祠讼，乡里无怨”[①]。该族族老参与宗族内部纠纷调解。清乾隆年间，大理巍山境内发生灾荒，高氏“族内待赈者数百丁”，族人高惠明“独力买米平粜，事毕，延族老者面焚名籍，以杜后人口实”[②]，为消除族人的忧虑和担心，邀请宗族长老扮演见证人的角色。

（5）宗族内部礼仪的权力。在明清云南汉族移民宗族内部，尊长还拥有干预和控制族人婚姻的权力。道光《戴氏族谱》卷四《族规》记载，该族要求“男女之家，各推尊长一人主婚”，强调尊长对族人婚姻仪式的参与和控制。

宗族尊长对族人的控制权还体现在宗族的日常礼仪、礼节等方面。清光绪《和顺李氏宗谱》卷三《族规》载：

祠堂祭毕，燕胙照昭穆次序坐定。司年家于尊长前，奉爵斟酒以致敬，如尊长未到，卑幼不得先坐。或尊长已坐，其次尊长有事后到，弟侄辈皆起立，不得箕踞不顾，致乖长幼之序。

清光绪《毛氏家谱》卷六《家规》规定：

子弟见长者，坐必起身，行必随后，应对必以名，动止必以恭，饮食必后，言语必信。诸妇亦然。长者远归，子弟必整肃衣冠序立堂上，施礼毕，方许各退。

上述两个宗族皆强调宗族内部上下长幼按照名分、伦理行事，突出尊长的权威和地位。

2. 宗族经济生活的控制权

清道光《苏氏族谱》卷二《祠制》规定：

司年终岁勤劳，有罚无赏，恐起人规避之念，应照大宗祠之例，司钱谷者酌给辛力四两。但既得祖宗辛力，一应租利自应尽心竭力，不避

① 关旭．关氏族谱：卷八　传记［M］．写本．1903（清光绪二十九年）．

② 高铎．蒙化高氏族谱：卷六　人物传［M］．写本．1809（清嘉庆十四年）．

嫌怨，按期催讨。如有顽梗不还者，亦应会同五门尊长坐索。

该族强调对于宗祠租利“顽梗不还者”，司年要报知各门尊长一同催索。

据清咸丰《符氏族谱》记载，该族强调尊长对于宗族义田经营的监督：

户田若干亩，塘若干亩，岁输粮若干两，入谷若干石，赤契税票若干纸，隶本图六甲，籍其数，上我族尊长，归宗祠，以其岁之入，养宗人之鳏寡孤独者。①

四、小 结

明清时期，云南汉族移民宗族内部组织结构的特征总体上可归结为宗族—房派—家庭的一般模式。其中，房这一中间环节的情形最为复杂，房派环节的多变性与复杂性使得宗族内部的组织结构呈现出多元性的特征。云南汉族移民宗族内部的组织结构大致具有以下几种类型或模式，一般宗族：宗族—房派—家庭；大宗族：宗族—房派—支派—家庭；联宗宗族：始居地宗族—迁徙地宗族—房派—支派—家庭。

明清时期，云南汉族移民宗族内部的组织结构从总体上决定了其内部控制结构的特征和趋势。与其组织结构相对应，明清时期云南汉族移民宗族内部的控制结构也呈现出单个家庭—房派—门派—宗族等鲜明的层级控制的特征。各宗族在实施其内部控制时，是依据结构分层次进行的。

明清时期，云南汉族移民宗族内部的成员结构主要由以宗子、族长、房长、家长等为代表的宗族领导层，以祠首、值年等为代表的宗族执事阶层，占人口绝大多数的普通族众阶层等组成。各宗族内部存在着较为明显的社会分层现象，宗族成员被区分为高低有序或尊卑有序的不

① 符定甲．符氏族谱：卷五　义田[M]．写本．1855（清咸丰五年）．

同等级和层次，各成员之间在宗族内部存在着社会地位的差别。其中，宗族领导层是宗族内部实施控制的最主要的行为主体，在族内通常拥有较高的社会地位。在宗族领导层之下，一般设立执事人员以对族内各种纷繁复杂的事务进行分类或分项管理与控制。对于普通族众而言，这些拥有一定管理与控制权力的宗族执事人员，也是族内控制的重要实施者。就普通族众而言，这一群体在宗族内部占人口的绝大多数，包括除宗族领导层、执事阶层之外的拥有本宗族血缘关系的全体男性成员、未嫁女子，以及不拥有本宗族血缘关系但拥有族籍、由外族嫁入的女性成员。通常情况下，他们是宗族领导层、执事阶层实施控制的最主要的对象，是宗族内部人口数量最庞大的控制接受者阶层，在族内的社会地位相对较低。

明清时期，云南汉族移民宗族内部控制的实施主体主要包括宗子、族长、房长、家长、尊长、执事人员等。其中，族长、房长、执事人员往往由宗族内部推举产生，有一定的任期。他们在族内占有一定的地位，拥有一定的权力，对普通族人实施管理与控制。由于他们不同程度地拥有处理族内事务的权力，因而在他们实施管理与控制的同时，宗族在制度设计方面也针对他们制定了一些防范与反控制措施。

从总体上看，明清云南汉族移民各宗族内部形成了一张经过精心编织的较为严密的控制网络，宗族中的每一位成员都不同程度地处于这张控制网络的一个环节上，既包括普通族众，也包括宗族内部控制的实施者自身。

第二章　明清云南汉族移民宗族内部的控制载体

明清时期，云南汉族移民宗族内部用以控制族人的物质载体主要有祠堂、族谱、祖茔等。祠堂、族谱、祖茔等成为云南汉族移民宗族实现祖先崇拜、实施族内控制的重要物质条件。

一、明清云南汉族移民宗族祠堂与族内控制

明清时期，云南汉族移民认为，“子孙各有子孙之家，祖宗合共有祖宗之堂。家，私也；堂，公也”[①]；“祠宇，祖灵所栖，子孙报本追远地也”[②]。由于祠堂供奉着历代祖先神主，能够起到“安祖宗之神灵”[③]的作用，并且宗族往往以祠堂为中心开展各种集体活动，因此，祠堂理所当然地成为族人心目中最为重要的宗族公共活动场所。族人的日常行为举止和各类活动，除了私的“家”之外，也都离不开祠堂这一宗族公共机构。

清光绪《云南恩安李氏宗谱》卷二《家规》载：

立祠堂一所，以奉先世神主，出入必告。至正朔望，必参俗节，必荐时物。四时祭祀，其仪式并遵文公《家礼》。

清光绪《玉溪钱氏宗谱》卷四《家规》载：

① 缪汝恒．缪氏族谱：卷四　族训［M］．抄本．1943（民国三十二年）．

② 阎宁浩．阎氏宗谱：卷三　祠规［M］．写本．1938（民国二十七年）．

③ 吴祖荫．吴氏族谱：卷四　族规［M］．写本．1927（民国十六年）．

立祖先神主于厅堂，凡我子孙出入必告，朔望必谒，时食必荐，生忌必祭。

以上列举的宗族都强调族人的日常生活要以祠堂为中心，并能够做到将自己的行为通过祠堂及时向祖先禀报，祈求祖先庇佑。

更为重要的是，在明清云南汉族移民宗族的族人心目中，祠堂的控制功能是普遍被接受的。大理云龙《云龙天耳井解氏家谱》卷三《祠制》载：

祠之创修有先后，堂构之规摹有同异，萃精神，致孝享，典礼之最重者胥此焉。

清宣统《钟英杨氏族谱》卷三《祠制》载：

管摄天下之人心莫善于立祠堂。盖祠堂立，则报本反始，上以敦一本，即下以亲九族，而宗法亦隐寓于其中。

明清云南汉族移民宗族祠堂所具备的“萃精神，致孝享”“管摄人心”、统合族人等控制功能，使之日益发展成为这一时期宗族实行族内控制的公共机构。这一时期云南汉族移民宗族祠堂作为实施族内控制的机构，主要作用体现在以下方面。

（一）通过祠堂祭祀仪式的举行及相关祭祀制度的执行，以融洽宗亲、收拢人心、增强宗族凝聚力，进而达到尊祖敬宗、合族收族、控制族人的目的

共同的祖先是宗族成为血缘群体的主要条件之一，宗族通过祖先崇拜的方式增强向心力和凝聚力。明清时期，云南汉族移民宗族的祖先崇拜是以祭祀祖先来实现的，因此祭祀祖先成为宗族通过祠堂凝聚族内人心、实施族内控制的最重要的途径和方式之一。

在族人看来，修建祠堂，就是为了达到“妥祖睦族”的目的：“祠

之所以建修者，无非妥祖睦族也。”① 要真正达到这一目的，则要借助于祠堂祭祀活动和祭祀仪式的举行这一具体途径。清嘉庆昆明《王氏族谱》卷四《祠规》载：

祠，祖宗神灵所依；墓，祖宗体魄所藏。子孙思祖宗不可见，见所依所藏之处，即如见祖宗一般。时而祠祭，时而墓祭，皆展亲大礼，必加敬谨。

该族强调族人应对祠堂祭祀予以足够的重视。

清咸丰年间，《云南元江小羊街房氏家谱》卷三《祠规》载：

贤子慈孙，入祖祠则知祖宗神灵之所依，过祖墓则识祖宗体魄之所藏，则祠祭墓祭如见宗祖一般。

该族强调祠祭收拢人心的现实功用。

由上可见，明清云南汉族移民各大宗族往往通过频繁、定期和制度化了的祭祀活动和祭祀仪式的举行，达到“合祀死者，所以萃聚生者”这一合族收族、控制族人的目的。祖先崇拜仪式的频繁举行，使得宗族中的各位族人在已故祖先神灵的感召下重新凝结在一起，宗族也通过这一方式较为轻易地实现了对族人的精神进行控制的目的。

明清时期，除了通过祭祀仪式的举行以实现收合宗族、控制族人之外，宗族还在祠堂祭祀的时候对族人实施直接的处罚与制裁。对于云南汉族移民宗族而言，祠堂祭祖是极为神圣而庄严的大事，因此，宗族的领导者牢牢掌握着对祭祀的控制权。与此同时，各宗族都强调族人对于祭祀的积极参与和祭祀时对祭祀秩序与祭祀规范的遵守。对那些借故不参与祠堂祭祖或虽参与祭祀但不遵守祭祀规范、触犯规范的族人，宗族则多实行惩罚性控制措施以儆效尤。

以下是明清云南汉族移民各宗族族规家法中关于实行惩罚性控制措施以规范祠堂祭祀的一些事例。

① 孙学正．蒙化孙氏族谱：卷二　祠规[M]．刻本．昆明：兴运堂，1800（清嘉庆五年）．

清光绪昭通关氏宗族《祠规》规定：

宗祠原以敦彝伦，序昭穆，凡散胙宴会，当欢叙一堂，雍容循礼，毋得喧哗。违者，公罚银三钱，作修葺祠宇之用。

行祭礼仪，遵照云岚祀典，礼生各宜严肃，毋得造次失仪。①

清嘉庆《蒙化陈氏家谱》卷三《家法》云：

祭祀务在孝敬，以尽报本之诚。其或行礼不恭，离席自便，与夫跛倚、欠伸、哕噫、嚏咳，一切失容之事，立司过督之。

民国临沧杨氏《顺宁厚丰村杨氏族谱》卷五《族规》收录该族清代的规定：

凡子姓于值祭之期，齐集宗祠，起伏兴拜，以致如在之诚。有嬉笑失仪者罚，无故不到者罚，如此日子弟或当应试，或出外经商者，不在此例。祭毕饮福，依齿序坐，对尊长作揖辞归，贪饮乱事者责。

清宣统时期，大理宾川杨氏宗族在《钟英杨氏族谱》中规定：

凡具有功名以及应试童生，均得与祭。祭毕，入奖劝祠祭奠。如有在家无故不到，以及不入奖劝祠与祭者，永不给胙，示罚。

该族的经济处罚措施之所以贯穿于祠堂祭祀活动的始终，其主要意图在于通过对宗族内部失范的族人惩罚，对其他族人起到警示作用；对具体执事人员或相关人员施以适当的处罚，以警戒其失职行为，从而达到使族人把各自分内事办好的目的。

上述各宗族都对不遵守祭祀规范的行为予以轻重不等的惩罚，以确保祖先祭祀的严肃性，这也是明清时期云南汉族移民宗族实施内部控制的常用手段。

明清时期，云南汉族移民宗族在用惩罚性举措控制族人的同时，为了吸引族人积极参与祠堂祭祀活动，还常用物质手段吸引族人，达到控制目的，宗族常用的于祭祀后在祠堂内举行的颁胙活动即是其中之一。

① 关旭．关氏族谱：卷五　祠规［M］．写本．1903（清光绪二十九年）．

据清嘉庆保山《戈氏家乘》记载，“元旦，合族集宗祠，致祭祖先神灵，祭毕，与祭者分胙。”[①] 颁胙活动既是源于宗族祖先名义的一种恩赐，在某种意义上也是鼓励族人参与祭祀的一种物质奖励措施。

明清时期云南汉族移民宗族祭祀制度设计本身也往往贯穿着等级秩序控制的特征。一般而言，宗族的祖先祭祀是通过对祠堂供奉着的祖先神主的顶礼膜拜来实现的。而各宗族则往往根据祖先的血缘亲疏及其对宗族贡献的大小，确定其在祠堂中的位置尊卑，祖先神主的供奉本身就体现为一种等级差别与等级秩序。据清道光《张氏族谱》记载，保山张氏宗族祠堂神主供奉制度为“寝室之制，龛座三间，中为正寝，左右为昭穆室”，在此基础上该族制定了祖先神主供奉规则。该族规定：

始祖以下五世考妣，聿开巨族，泽利后人，其神主敬宜供奉寝室正中，永远不迁。

荣膺封赠神主、文武仕宦神主、甲第科贡神主、仁贤盛德神主、忠孝节义神主、各门门祖神主，爵德兼隆，光前裕后，并宜祔享中龛左右，永远不祧。输金急公神主、建修祠墓神主、襄粮效力神主、捐辑谱乘神主，凡百金以上有功祠族者，于昭穆室特为酬功位，供奉祔祭，永远不祧。

各祖考妣神主、捐职考职未邀封典神主、例捐贡监文武库生神主，并安昭穆室，五世则迁。

已祧神主，供奉高阁，春秋行祭之时另文荐享。

侧室神主，安右旁侧室。[②]

除去宗族内部天然的血缘因素外，上述祠堂祖先神主供奉规则中所确定的根据族人对宗族贡献大小以决定神主祧否的规定，对于劝导族内族人时刻以宗族为中心、为宗族利益做贡献，起到了重要的示范和激励作用，这也是明清云南汉族移民宗族通过祠堂祭祀对族人实施控制的一

① 戈问达．戈氏家乘：卷四　祠规 [M]. 写本 .1805（清嘉庆十年）.

② 张仪．张氏族谱：卷三　祠制 [M]. 写本 .1835（清道光十五年）.

种重要手段。

（二）通过以祠堂为场所进行族内教化和族规家法宣传活动，实现宗族内部控制

除祭祀功能外，祠堂也是明清时期云南汉族移民宗族聚会与教化族人、进行族内法规宣教活动，以实施族内控制的最重要的场所。乾隆时期玉溪杨氏宗族定期于宗祠内举行全体族人聚会、祭祀、宣读祖训活动，是一个云南汉族移民宗族通过积极主动的族内教化以实施族内控制的事例。

玉溪杨氏宗族内部，每年于春秋祀日举行定期燕饮聚会活动以融洽族谊。在全体族人进行娱乐和物质享受的同时，宗族长者要讲说古往今来的嘉言善行以训诲族中子弟：

岁为燕饮之会以洽族人。其时以春秋祀日，其物以时祀之余，其肴以五品，其酒以九行为节，其礼主于敬让，其言为孝弟忠信，勿亵也，勿哗也，勿违礼也。择子弟二人为司礼以佐酒，酒至，揖请饮。既饮，揖请肴，皆后长者。酒凡三行，司礼者歌诗一阕以侑，其诗则《棠棣》《頍弁》《行苇》《蓼莪》《葛萧》《唐》之《林杜》《雅》之《黄鸟》，歌三阕。长者讲说古今嘉言善行以示训。将歌也，将说也，司礼揖曰：请肃以听。众皆拱而应曰：诺。燕毕，揖而退。凡族人见必揖，虽贵贱贫富不敌，皆以其属称，吉必庆，凶必吊，死以其属服而群哭之、群祭之、群葬之。[①]

与此同时，该族每年在冬至祠堂祭祀完毕后还举行“礼仪之会以聚族人”，其间举行读谱活动，并对族人进行劝善惩恶的思想教育。对于“族人不与于会者、六悖伦纪者、斗争者、相讼者、虐乡里者、言伪而行违者、过累书而不改者”，剥夺其与会的权利：

① 杨元亨．杨氏族谱：卷五　族规[M]. 抄本．1786（清乾隆五十一年）.

岁为礼仪之会以聚族人。冬至祭毕，举族会于别堂。宗正坐堂上，次长者率昆弟子姓奉觞称寿，毕，皆拜，遂以次饮酒，相拜如礼。司谱者执谱北面抗声读曰：凡我族人有善恶者悉书于籍，毋隐。别设二席于两楹，东曰嘉善之位，众推有善者书之，司礼请就位，宗正命以酒，俾少者揖之；西曰思过之位，众推有过者书之，有能改过者亦命以酒。于是，宗正取谱所载传绪盛衰绝续之故，明言之，而告以常训曰：为善如嗜醇酒，去恶如远毒螫，慎思哉，勿坠先祖之祀。众拱而应曰：诺。乃揖而退。夏至序会，不饮酒，不相拜，读谱之仪如之。岁正庆拜如冬至礼，不读谱。凡族人不与于会者、六悖伦纪者、斗争者、相讼者、虐乡里者、言伪而行违者、过累书而不改者，皆会之所弃也。①

类似玉溪杨氏的做法，其他宗族也多通过在本族内部进行族规家法宣教活动以实现族内控制的目的。

清光绪《毛氏家谱》卷六《家规》载：

族讲定于四仲月择日行之，先释菜，后开讲，族之长幼俱宜赴祠肃听，不得喧哗。其塾讲有实心正学，则于朔望日二三同志虚心商兑体验，庶有实得。

该族通过在宗祠举办定期的族内宣讲活动以达到控制族人的目的，在举行族讲过程中，“实心正学”等封建正统学说和伦理观念得以在宗族中被广泛宣传。

清乾隆年间，昭通谢氏宗族也于宗祠内举行祭祀后的宣读祖训的活动以教化族人：

祠有规，祭毕有燕，燕有训，训诸族人，各唯唯而退，此其大较也。岁时奉祀之时，长幼燕集之际，布其家规而聆其训词。②

该族通过“布其家规而聆其训词”这一定期举行的族内家法宣教活动，实现对族人的控制。

① 杨元亨．杨氏族谱：卷五　族规 [M]．抄本．1786（清乾隆五十一年）．

② 谢楚湘．谢氏宗谱：卷五　族规 [M]．写本．1760（清乾隆二十五年）．

蒙化刘氏宗族认为：

家训必须粗言俗语，妇孺皆知，又必每年春分冬至祭祖以后宣讲一次。报功祠，子孙每适春秋二种祭日，早至祠中。敬叩神主，幼者向尊长拜揖，收摄敬心。以严对越至主祭官至，长幼之位，昭穆之次，各不容紊，诚敬以祀先灵，如在其上，祭毕，族长择其贤者，焚香宣读圣论一条。合族静听，均受约束。[①]

宗族通过定期宣读族训、家规的方式，进行族规家法的普及宣传活动，实现了引导或控制族人按照族规家法行事、维护宗族尊严、礼仪的目的。除在祠堂宣读族规家法外，有的宗族还在宗族祭祀之日向族人宣读圣论，控制族人。

除了上述控制措施外，有些宗族还在宗祠中，通过树立彰善与瘅恶牌匾的方式，将族人的善恶举止向全体族人公布，运用宗族舆论的力量进行劝善惩恶活动。据清嘉庆《蒙化陈氏家谱》记载：

立彰善、瘅恶二匾于祠，善可书也，从而书诸彰善之匾；恶可书也，从而书诸瘅恶之匾。屡善则屡书而善者知所劝，屡恶则屡书而恶者知所惩，使其惩恶而为善则亦同归于善，是亦与人为善之意也。树德务滋，与众旌之，积恶不悛，与众弃之，人何不改恶趋善哉！[②]

有些宗族则通过将族规家训张贴于祠堂墙壁的做法，以教育、控制族人。清咸丰年间，曲靖宣威符氏将祖先关于孝敬、亲睦、修齐、教养等四个方面内容的祖训张贴于祠堂墙壁，以便族人遵守：

以上乃前人谆谆垂训以贻我后人者，皆坐而言、起而行之事。爰书而揭诸祠堂壁，以冀吾宗英俊是则而是效。[③]

① 刘其仁．蒙化刘氏宗谱：卷五　家规[M]．写本．1900（清光绪二十六年）．

② 陈德．蒙化陈氏家谱：卷三　家法[M]．写本．1815（清嘉庆二十年）．

③ 符定甲．符氏族谱：卷四　族规[M]．写本．1855（清咸丰五年）．

（三）通过在祠堂执法实施对族人的控制

明清时期，云南汉族移民宗族除了使用各种带有宗族人情的情感控制方式外，还经常根据宗族法的规定，使用强制措施和手段对不法族人或不肖子弟实施执法控制。而实施执法控制的场所一般多选择在宗族祠堂。

在保山，清嘉庆《戈氏家乘》规定：

派下以强凌弱，以长欺幼，以下犯上，及撒泼生事者，两族集祠公处，以敦族谊。

派下有忤逆不法者，轻则两族集祠斥责，重则呈公究治，令其自新。倘仍前不悛，逐出宗祠，永远毋许复入，以正伦常。[①]

该族重视通过祠堂执法以惩治不肖族人，从敦睦族谊的角度维护族内秩序。

清嘉庆保山《郑氏族谱》卷四《祠制》记载：

本族规条，用粉牌大书悬于祠内，俾族人触目惊心，善者劝，恶者惩，如有不遵约束，有大坏族规者，族长命值年传集祠内，声明条约，分别轻重，责以家法，如再不改，送官严办，父兄不得偏袒，是在合族之自重者。

郑氏宗族将族规书于祠堂内，使族人遵守，如有违背，则在祠堂对其执行家法，再不悔改则呈官严办。

（四）其他控制功能的实施，如族内纠纷调解、族内赈济、宗族祠堂管理等这些行为也多以祠堂为中心

宗族内部发生诉讼纠纷时，往往由族长、族老等在祠堂内进行调解。清光绪《祥云周氏宗谱》所载《祠规》规定：

① 戈问达．戈氏家乘：卷四　祠规[M]. 写本 .1805（清嘉庆十年）.

凡派丁与亲属有不平之事，鸣祠理论，原造俗语谓之开祠堂门，被造谓之关祠堂门。然必事关宗祠，方与公道品论，勿使成讼，庶与家训所谓息争讼者相符，切不可各为其党。[①]

该族强调以祠堂为中心进行“公道品论”，将族内纠纷及时加以解决，维护宗族秩序和谐。

有些宗族还通过祠堂举行优老礼贤、劝学赈饥等活动，如清代道光年间，昆明苏氏宗族祠堂的一大功能即是“冬至兼设优老礼贤、劝学赈饥等事”[②]。可以看出，该族祠堂是宗族实施优老礼贤、劝学赈饥功能的主要场所。

祠堂是宗族内部最为神圣的场所，明清时期，云南汉族移民宗族一般都重视加强对祠堂的管理，禁止在祠堂内有失规范，对于有损祠堂的各类行为，宗族都制定惩罚措施予以责罚或制裁。这种责罚或制裁也是对族人实施控制的一种方式。清乾隆年间昭通谢氏宗族编纂的《谢氏宗谱》卷三《祠制》规定：

祠宇内外毋许堆贮私己豆麦柴薪杂项，作贱违者，将所贮之物公罚归祠变价修葺之用。

该族对破坏祠规的族人实施没收私属物品的经济处罚。

清光绪《和顺李氏宗谱》卷三《族规》规定：

祭器乐器，或祭祀，或燕会，凡有事于祠者，必资以为用也。后人不知所重，视为众物，委弃之，私借之，以至毁坏遗失，其为弊也久矣。今立一簿以录之，如笾豆簠簋、锣鼓铜器、碗碟方盘、牲盘酒海之类，具载簿中。先年轮首于祭祀以后，即集次年轮首之人，面稽簿籍，照数交代，毁坏令其修，遗失责其偿。轻者置于祠中，而器之重者寄附近土库房内，有事则取而用之，事毕则珍而藏之，不得私诸家，不得假

① 周世荣.祥云周氏宗谱：卷五　祠规[M].刻本.昆明：会云楼，1880（清光绪六年）.

② 苏富南.苏氏族谱：卷二　祠制[M].写本.1839（清道光十九年）.

诸人，下年交代亦如之。不率者严其罚，循环传递，以示世守。

该族对于祭器等祠堂祭祀用品保管不善者，“毁坏令其修，遗失责其偿”“不率者严其罚”，用赔偿等经济处罚手段控制族人。

清嘉庆保山《戈氏家乘》卷四《祠规》载：

寝室为先灵栖息之所，理宜严密，不得擅行开视，致滋异议。凡新主入祠，男左女右，照旧安置享亭中，俟二、八月移入正寝。倘有违例私开，从重议处，并惩司钥之人。

该族强调对私自滥开祠堂寝室之门的族人实施惩罚。

清道光保山《张氏族谱》载：

厅堂立有香火，祖先神位务宜严肃洁净，时时洒扫焚香，子孙毋许将秽物柴草堆入，以亵慢神祖。违者，家长责戒。①

该族强调家长对违反祠堂管理的子孙予以惩戒。

二、明清云南汉族移民宗族谱牒与族内控制

族谱，也称宗谱、家谱、家乘、家典等，是宗族内部编纂的以血缘谱系为中心的族史记录。

在明清云南汉族移民宗族及族人看来，作为一族之史的族谱，其地位和国家对正史的重视度一致，是宗族内部最重要的档案文献，也是宗族的大典：

家之谱，犹夫国之史也。

国不可以无史，家不可以无乘，乘与史相为表里者也。

谱者，家之大典，姓氏之统于是乎出，宗祖之绩于是乎章，子姓之绪于是乎传，宗法于是乎立，礼义于是乎兴，胡可缓也。②

族谱的基本功能之一在于其对宗族历史的系统收录和普遍记载，以及对于宗族历史的贯通：

① 张仪．张氏族谱：卷二　族规 [M]. 写本 .1835（清道光十五年）.

② 缪汝恒．缪氏族谱：卷首　谱序 [M]. 抄本 .1943（民国三十二年）.

谱者，录也，录其身所从出，及其派所由分也。有身而不知所从出，无祖也；有派而不知所由分，无族也。无祖无族，人道弊矣，谱其可以不修乎！

夫谱者，普也，叙系奠姓，别生分类，凡以普其族焉耳。

家之有谱，犹人之有身也。谱有支派宗属，身有肢体脉络，不贯则不成身，宗属不明即家非其家矣。宗谱之作，所以仁子孙也，正所以仁祖考也。①

明清云南汉族移民宗族及族人还将族谱作为强化宗法思想与精神的重要介质：

谱牒因次以系，凡昭穆继序、嫡庶相承、尊卑长幼、爵位名号，与夫忠孝节义、幽贞闺范，班班可考。虽数千年之族，枝分叶散，而入其祠、观其谱，凛然有不可犯之色，则宗谱者所以济宗法之穷也。②

族谱又是宗族作为贯彻执行礼教的重要载体：

谱也者，礼之善物也。③

族谱还是宗族统同辨异、征实象贤，立人道、收宗族的重要工具：

谱牒之作，所以原本始、收宗族、别尊卑、叙昭穆，而亲亲尊尊之情由是而生，则人道因之而立矣。

谱有四善：溯远以统同也，详迁以辨异也，献文以征实也，昭德以象贤也。远弗溯，本源湮；迁弗详，支派混；实弗征，稽证谬；贤弗象，光裕微。故四善，谱之珍也。④

明清云南汉族移民宗族通过谱牒对族人进行族内控制，主要体现在以下几个方面。

① 周世荣．祥云周氏宗谱：卷首　谱序[M]．刻本．昆明：会云楼，1880（清光绪六年）.

② 吴嗣维．玉溪吴氏宗谱：卷首　谱序[M]．刻本．昆明：同安坊，1765（清乾隆三十年）.

③ 王灿南．王氏族谱：卷首　谱序[M]．写本．1807（清嘉庆十二年）.

④ 苏富南．苏氏族谱：卷首　谱序[M]．写本．1839（清道光十九年）.

（一）从族谱凡例看明清云南汉族移民宗族通过族谱对族人控制

所谓族谱凡例，是指族谱中对族谱编纂的指导思想及族谱编纂时所遵循的具体准则、细则所做的规定性文字。族谱能否起到凝聚人心、控制族人、维系宗族制度的作用，关键在于它遵循什么样的指导思想和准则编修。明清云南汉族移民宗族对族谱编纂的指导思想及应遵循的准则、书法非常重视，在编纂族谱时都在谱首设置有《凡例》一项，对修谱细则做详细的交代和规范。曲靖宣威戴氏宗族制定于明嘉靖十一年、沿用清道光年间的族谱凡例即规定：

例也者，酌礼义之中而条约之，以示一定而不可移也。故法曰法例，乡曰乡例。矧谱有宗派，有世系，有迁徙。设不定例，则昭穆何由而叙，亲疏何由而别，是非何由而分，详者何以独详，略者何以独略，展谱者人人或愦愦焉。今定凡例于前，庶览者如挈纲而振领云。[①]

族谱凡例具有不得随便变更的特征，该族通过凡例对族谱编纂加以约定和规范，有提纲挈领的功效。

清嘉庆《王氏族谱》所载《凡例》云：

谱法以明族属，辩少长，尚同姓，避讳名，为子孙者慎之。

该族强调族人对谱法的严格遵守。

清光绪年间昭通关氏宗族《关氏族谱》的《谱例》载：

我族谱例经先贤订定，极其精当，乃保族宜家、谨身寡过之要道也。世世子孙遵循罔替。

该族将族谱凡例视为保族宜家、谨身寡过的重要凭借，要求族人世世代代予以遵守。

随着时间的推移和族谱编纂经验的日益丰富，云南汉族移民各宗族的族谱凡例在大的原则上逐渐趋于一致，都强调在坚持“为亲者讳，为

① 戴应元．戴氏族谱：卷首　谱序[M]．写本．1841（清道光二十一年）．

尊者讳”的大原则下，做到血缘世系清晰，并对族人能否上谱、哪些人上谱等做出规定，即宗族通过族谱凡例的制定，对族人的行为规范提出了一个最低限度的要求。达不到要求的族人被剥夺上谱的权利，有的族人即使上了谱，倘若违背族谱凡例，也会在以后续修时失去这种权利。这说明除了一般对修谱涉及的技术性问题规定之外，明清云南汉族移民宗族族谱及其凡例所具有的价值判断即所谓“谱法劝惩”的控制功能得到了强化。云南汉族移民宗族对于族谱及其凡例所具有的敬祖法宗、劝善惩恶、激劝后人等功能是非常重视的。而上述谱法劝惩的功能也是宗族利用族谱对族人实现控制功能的体现。

明清时期，云南汉族移民宗族族谱及其凡例所具有的价值判断的功能，主要体现为对恶的惩罚和对善的褒奖与宣扬，即通过族谱对族人实施惩处和奖励两个方面的控制。

明清云南汉族移民宗族在族谱编纂过程中强调对恶的惩罚，实现对族人强硬的控制。

昆明吴氏宗族在实施族内控制方面制定了所谓“六不书”条款，直到民国年间仍被族谱加以收录，在族内持续生效：

谱有六不书，凡此六者皆有玷于祖宗，有一于此，黜而削之。

一曰弃祖。弃卖祖坟地于异姓，货鬻族谱于非族者，谓之弃祖。

二曰叛党。前人叛逆抄没，而余党苟全于世者，谓之叛党。

三曰犯刑。积世恣恶，代遭刑狱者，谓之犯刑。

四曰败伦。彝伦渎乱，男女无别，禽心兽行者，谓之败伦。

五曰背义。不思祖宗义重，惟图苟行微躯，甘为下流者，谓之背义。

六曰杂贱。不肖无耻，甘与下贱为婚者，谓之杂贱。①

上述条款，在明清云南汉族移民宗族社会中具有一定的代表性，对这一时期违背宗族伦理和危害宗族秩序行为的重要方面做了概括性总

① 吴祖荫．吴氏族谱：卷首　凡例[M]．写本．1927（民国十六年）．

结，应该说这既是宗族最为关注的方面，也是宗族予以严厉惩罚和打击的主要方面。从某种意义上说，云南汉族移民宗族的强硬性控制措施在很大程度上也是针对上述行为的。

清乾隆玉溪《杨氏族谱》卷首《凡例》云：

倘不孝不义、行止有亏及败伦伤化者，黜而削之。

该族主张对违背宗族伦理之人予以黜削。

清嘉庆大理巍山《蒙化陈氏家谱》所载《凡例》主张：

子孙无问隐显，有过恶不悛、蔑视同姓、伤悖伦理、侵犯先墓、鬻卖谱牒、毁弃手泽及昏不计良贱者，并黜不书。

该族主张对危害宗族利益和宗族伦理的族人予以黜革不书的处罚。

清嘉庆保山《戈氏家乘》卷首《修谱凡例》载：

其有犯前所训者亦书之，能改则削之，久而愈甚，则不削而泯其名。

该族通过对族人的恶行予以记载以示惩罚，但仍给犯过族人留有一定的改过自新的余地，而对屡教不改者则予以族谱除名的处罚。

清道光年间，昆明苏氏宗族在修族谱时强调：

本谱谨遵前谱，其有犯十恶及弃卖祀产、祖墓、山业、盗鬻新旧宗谱者，各派开报，会众集议，黜之示戒。①

该族主张对严重侵害宗族各种利益的不肖之徒予以黜革除名的处罚。

在保山境内，张氏宗族在明崇祯年间所订《旧凡例》中规定：

族有恶逆显著者、弃毁祠墓者，讳其名，泯其行第、生殁、葬所，示弃也。鬻宗谱者、婚非族者，则纪其实，以讳其名，泯其行第、生殁、葬所，亦示弃也。妻无故，则例注其氏行、生卒、葬所，而并录其子孙，罪不及孥，亦迁善改过之门也。②

至道光年间该族重修族谱时，对此条仍旧遵守并予以保留：

① 苏富南．苏氏族谱：卷二　祠制［M］．写本．1839（清道光十九年）．

② 张仪．张氏族谱：卷首　凡例［M］．写本．1835（清道光十五年）．

按，前例之惩不肖者，有讳其名、泯其行字生殁而不纪其实者，有讳其名、泯其行字生殁而纪其实者，此酌其事之重轻，要在名分之必正，前贤岂过为刻哉？亦严非种必锄耳。所谓使夫人观之面热内惭、汗出而食不下者，亦此志也。今人虽有爱憎，莫能为之损益矣。[①]

保山张氏对于本族恶逆显著者、弃毁祠墓者、鬻宗谱者、婚非族者等不肖子孙采取严厉的惩罚措施，在族谱编纂时根据情节严重程度，或予以实录记载，或予以隐恶不载；并指出族谱记载不肖族人的恶行及其惩罚措施的真实意图在于达到使其他族人"观之面热内惭、汗出而食不下"的目的。这是明清时期云南汉族移民宗族通过族谱载体教化、约束族人，实施族内控制的通用方法，对族人起到极大的示警作用。

再者，明清时期云南汉族移民宗族在族谱编纂过程中强调对善的褒扬与激励，贯彻对族人实施积极的软性控制。

在保山境内，清道光《和顺刘氏宗谱》卷首《凡例》载：

懿行宿望必书，重彰善也。若勤劳祖庙、收族归宗、振兴祀事，则详书之，尚典型而嘉茂绩也。

学而入政，名登金榜，闺闱挺秀，巾帼完人，并为家国所重，宗祊之光。兹谱分支分门以下未续，后图不及尽载，统作《科第录》《节孝志》，用彰既往，以励后来。

该族强调对有功于宗族及为本族争得荣誉的族人予以专卷记载，以激励后人。

该族还规定：

各派历代修谱人物，特表于首卷，其序、跋、记、考以及恩纶、诰敕、传状、志铭、碑记、嘉言懿行文献，均应分卷纪（记）载，阐扬祖德，佑启后人，第必慎选文与事之可传者录之。[②]

这在强调对阐扬祖德、劝导启迪后人的宗族文献予以收录。

① 张仪．张氏族谱：卷首　凡例［M］．写本．1835（清道光十五年）．

② 刘卿岳．和顺刘氏家谱：卷首　凡例［M］．写本．1848（清道光二十八年）．

清光绪昭通《关氏族谱》卷首《凡例》载：

文翰，纪德行也。凡先世所得名公金石制作，编录于后，以垂范方来。

该族重视记载族人德行的文献所具有之垂范后人的作用。该族主张对有功于宗族及为宗族争得荣誉者予以记载。

清光绪《兰坪营盘张氏族谱》载：

立谱纪世系名字，以族之文而有行者掌，其有事亲孝、事长弟、睦姻戚、和乡里，临财相让，临难相恤，修德务学，谨行体仁，为众所推者，则书之。累有可书者，没则为之立传于谱。①

该族对于认真遵守宗族秩序和践行宗族伦理的族人予以记载，并对事迹较为突出者予以立传传世。

清嘉庆《蒙化陈氏家谱》卷首《凡例》载：

节孝，性之纲也，家之维也。凡孝子顺孙义夫节妇贞烈，皆为补传，振纲也。

彰善而旌义，好德之盛心也。故凡族有敦善尚义之人，必为立传以劝后也。

事非义弗成，今刻谱之费乐助以费者，非义心之萌乎？乃为列名于左，昭义也。

该族主张对族中节孝、敦善尚义、捐资修谱之人予以记载，以收到彰善旌义的模范效果。

清宣统《钟英杨氏族谱》卷首《凡例》载：

子孙繁衍，贤智愚不肖不等，其有忠孝节义、奇才异行、宦迹学业品诣超郡（群）者，固所备书。间有文章骚墨术业诸色人物，亦得各以所长附录。

闺门为风化之首，安常处顺，志不胜志，间有苦节幽贞。为士大夫

① 张景望.兰坪营盘张氏族谱：卷首 旧凡例[M].写本.1907(清光绪三十三年).

所能者扬之彤管，例亦宜之。兹家乘告竣，谨将合族列汇成一编，生卒月日，历节年所，各纪本氏名下。其年例已符律得请旌者，固宜特书。至饮冰茹蘖、抱痛穷天、格于例不能旌表者，尤当显微阐幽，用垂永久，以俟采风者择焉。

该族强调对族中忠孝节义、德才卓异之人、仕宦及节烈妇女予以特别记载。

在临沧境内，民国《顺宁厚丰村杨氏族谱》卷首收录清康熙年间《旧凡例》载：

本谱凡祖宗诰敕、功德以及旧谱序文、仕宦赠遗、缙绅哀挽、村居景致、祠堂图记碑铭、列祖诗文遗稿，均经逐加修辑，并谱俱传，为子孙者皆当熟读世守。

该族族谱所记载的关于宗族祖先的成功业绩及宗族制度设施的相关内容，是对族人进行教化的有效素材，有助于引导、约束、控制族人的行为。

清乾隆昭通《谢氏宗谱》卷首《凡例》载：

凡男子不论仕隐，有存心光明、立身正大、可为子孙矜式，女子有妇德懿行、洁志坚操、可为闺阃模范者，据实备书。其夫死而妻能守节无暇者，节妇类必列姓名。有文赞之佳者，附载以示表彰之意。

该族强调对“可为子孙矜式”“可为闺阃模范”的族中男女均予以详细记载，以示表彰。

清嘉庆昆明《王氏族谱》卷首《凡例》载：

家谱之作，虽为尊亲者讳，然尚贤而简不肖，则劝惩之意存焉。苟以一事讳之，则将无所激劝，而迁善改过之机阻矣，岂垂世之典哉！今日之谱虽不敢妄加褒贬以定是非，然亦不能尽无规勉，且明备圣学之谓贤，抱负经济之谓才，道义实有之谓德，取与不苟之谓义，事亲竭力之谓孝，侍长有礼之谓弟，居官尽职之谓忠，临乱不避之谓节，广施恩惠之谓仁，善决是非之谓智，不苟然诺之谓信，不枉是非之谓直。此数者或有一焉，则特笔以表之，或附之本传下，所以勉人向善之意。

该族通过对族人之贤、才、德、义、孝、弟、忠、节、仁、智、信、直等品质或事迹的记载，突出显示了族谱劝人向善的引导、控制功能。

清光绪《祥云周氏宗谱》卷首《凡例》载：

图系书名下，其人或科甲贡监、饮宾耆德，及节孝之类，遵前例注明，以示贵贵尊贤之意。

男子不论仕隐，妇人无论妻妾，凡有孝节懿行可为族党仪表者，例得立传赞以表章之。

忠孝节义、名臣隐逸、道学文艺及妇女节烈，宜分类立传。

该族十分重视对本族贤贵之人、节孝懿行的表彰，为对宗族声誉有贡献的人物立传传世，对族人行为规范起到控制作用。

从以上诸多宗族族谱凡例可以看出，明清时期云南汉族移民宗族通过对族谱的积极修谱，利用族谱劝善惩恶的舆论导向功能，从惩戒、褒奖两个方面实现了对族人的控制。

（二）通过强化族谱血缘谱系的纯洁性，实现对族人的控制

明清时期，云南汉族移民宗族通过族谱收族，一般强调以始迁祖为中心，收合始迁祖以下的子孙。清嘉庆年间，大理巍山高氏宗族认为族谱的重要功能之一即在于明世系、辨昭穆、防止异姓伪冒：

族之有谱，所以劈冒也。吾族高长庆蒙化统宗祖祠，即郡邑志载澈公祠。祠之谱以明世系、辨昭穆，珍如拱璧，诚綦重矣！并认为：冒认之弊，统宗难以及防，贵在各派各支邻近之族共体斯志，公同劈冒，自严纠察，不致张冠李戴，使统宗者为其朦混也。是又属各修支谱之为重矣。[①]

该族强调宗族内部各派都要认真履行纠察劈冒的义务。

对于那些存在“非吾族类”、谱系“讹舛失次”的族谱，多数宗族则强调要予以彻底清查，以考镜源流。清乾隆昭通《谢氏宗谱》卷首

① 高铎．蒙化高氏族谱：卷末　后序[M]．写本．1809（清嘉庆十四年）．

《凡例》载：

非吾族类概行清查删正，断不容紊乱宗支，以坏祖宗家法。

明清云南汉族移民宗族之所以如此重视血缘谱系的纯洁性，主要是因为这对族内控制具有极为重要的作用。而这一时期各宗族积极致力于防劈伪冒、强化血缘谱系的纯洁性这一修谱实践活动，实际上也是其对族人实施控制的过程。

清乾隆《玉溪吴氏宗谱》卷首《凡例》载：

其有异姓承祧、无禅宗祊、徒紊宗脉者，已削不录。盖我祖不歆非类，律例亦严乱宗。以后更有犯者，其支并削。

该族主张通过削除异姓世系以确保本族内部宗脉不紊，此处防劈伪冒的过程，即是对族人实施控制的过程。

伴随这样的修谱实践，明清时期云南汉族移民宗族围绕族谱管理以防止异族伪冒的实践活动，对本族族人的控制作用十分明显。

清道光《和顺刘氏家谱》卷首《凡例》载：

家之有谱，如国之有史，所系匪轻。虑有不肖子孙，或奉守弗谨而失之，或贪牟货利而鬻之。如此者，众声其罪，追出原谱，仍逐出祠。

该族主张将贪牟货利而私鬻族谱者逐出祠堂，开除族籍。

清光绪年间，大理毛氏宗族所订《谱规》载：

每年宗祠祭先之日，必考核全书，各支谱牒皆送至叙伦堂内，当面验过，然后各支复行领收，戒无私鬻。违则遍告同宗，呈公追究，并削其人世系，屏诸他乡。若藏贮不慎以致损坏及私行填改者，重罚不贷。[①]

该族族谱检查验收制度较为完备，将私鬻族谱者开除族籍，赶出村外，使之丧失在原宗族村落的居住权。与此同时，对私行篡改族谱者亦实施重罚。

清光绪《蒙化刘氏宗谱》卷首收录明万历年间《旧谱例》载：

① 毛其盛．毛氏家谱：卷首　谱例 [M]．写本 .1899（清光绪二十五年）．

饮福之先，各将收到统宗世谱对众呈看，不持至者罚银五分，有损污者罚银一两，有失去者闻官追究，得获罚银十两，并入拜扫公用。

该族主张对损坏族谱者施以经济处罚，对遗失族谱者予以“闻官追究”的严惩。

清咸丰宣威《符氏族谱》卷首《凡例》载：

谱牒成编，刻梓印本，惟吾同派，各受一帙，告于宗祖，贻厥子孙，什（世）袭珍藏，传之永远。如有所失，族众诘之，或售于人，责令取赎，仍罚白银二十两入祭田，用以警将来。

该族对将族谱私售于人者，责令取赎，并处以罚金。

清嘉庆保山《戈氏家乘》卷首收录明崇祯年间《旧凡例》载：

谱之所载，皆宗族父祖名号，为子孙者，目可得而见，口不可得而言。收藏贵密，各宜珍重，以便永远稽查。如有侵污，则系慢祖，众议酌罚，另择本房收管。或有不肖子孙卖谱盗写觅利，致使真赝溷淆，支派紊乱，得罪祖宗极矣，众共绌之，不许入祠拜墓，仍会族众追谱惩治。

该族强调对保管族谱不善者、盗卖族谱牟利者予以严惩。

清光绪年间，昭通《关氏族谱》卷首《谱例》规定：

族谱之修，所以惇伦彝、谨匪类也。支衍既繁，其间弊有不可胜言者，今九祠谱成之日，凡各祠所领以及好事愿领者，俱编成字号，某字号某人领，即将人名字号刊列于后，其板即公全焚毁。所领之谱，每篇上必用某人领三字图章，日后有事稽查，如有一字号失落并改移不对者，定合众鸣官，逐出族外。

谱书既已印订，其板即焚，各祠领谱谨遵旧例编成字号，每篇用某字号某人领印章。至递年冬至之日，各祠均将谱书带入统祠，公同照验，验毕，付原领者各自收藏，如有变移，合众逐出族外，仍须追还谱书。其人殁后，谱中不得载入。

该族强调对遗失或私自篡改族谱者给予鸣官惩治、逐出族外、族谱除名等严厉的处罚。

清光绪大理《毛氏家谱》卷首《谱例》载：

各派领谱，除公立谱约、各出领字，不得霉蠹遗失外，仍每年冬至各支祠会议一次，以严防检。而一年内生没娶葬，可于次日查明，收录宗祠。则三五年会议一次，即于此时通修谱稿。会谱时，有将宗谱损坏遗失者，照约领取罚不贷。

该族强调对于损坏、遗失族谱的族人予以惩罚。

玉溪通海宋氏家族则对收掌族谱者提出了严格的要求：

不许涂抹改补及贪财转售他人，添刊世系，率乱宗族。如有此等，族众察出，将原售之人罚银十两入始祖公墓所公用，仍依会通世谱为据。①

该族强调对贪财转售族谱、致使世系紊乱者实行经济处罚。

清乾隆玉溪《杨氏族谱》卷首《凡例》载：

卖谱之禁须严，每见有非我族类，出身微贱，不知来历，偶尔暴富，即思冒入世族，而不肖支丁贪其多金，暗将领谱私卖，致下届续修，得以执谱插派，乱我宗支。倘各族有此不肖，一经察（查）出，即鸣众斥逐出祠，其子孙永不得入谱。

该族强调对私卖族谱导致异族插派搅乱本宗血缘世系者，其本人斥逐出祠，其子孙永远不得入谱。

明清时期，云南汉族移民宗族通过对私鬻族谱行为的惩治与打击，既严格地实施了对族人的控制，又有效地防止了异族的插派伪冒，这对于维护宗族血缘的纯洁性及宗族秩序起到了一定的积极作用。

（三）通过族谱的记载，及时准确地了解和掌握同居族人或支派、本族外迁族人或支派以及本族出继异姓的族人或支派的信息，实现联宗收族，或为联宗收族做准备，从而达到控制这些族人或支派的目的

明清时期，云南汉族移民宗族通过族谱记载以收族，其第一个方面

① 宋学志.云南柿园宋氏宗谱：卷首 凡例[M].写本.1838（清道光十八年）.

是收同居族人或支派，第二个方面是收外迁族人或支派，第三个方面是收出继异姓的族人或支派。

（1）收同居族人或支派。清咸丰宣威《符氏族谱》卷首收录明万历年间《旧凡例》载：

收族之礼，先亲后疏，先近后远。谱我祥、顺、盛三大房，自亲近始。

该族强调按照血缘亲疏的次序记载宗族内部祥、顺、盛三大房派的信息，以达到收族目的。

清道光年间，保山腾冲和顺刘氏宗族认为：

族之有谱，上以征祖宗之渊源，下以绵子孙之血脉，族大丁繁，非有谱以统之，将四十余年之人丁尽皆收续，一十八代之阙略备悉载登。今幸告成，由迁腾越以来，年历三百，丁发四千，支支祖妣循序而求，恍如列眉，派派子孙按籍而稽，快同指掌。①

该族强调对迁徙并定居于腾冲的宗族子孙进行广泛记载，“谱以统之”，以达到收族的目的。

清乾隆年间，玉溪杨氏宗族在族谱《凡例》中规定：

同姓不可混也，是吾族者虽微不弃，非吾族者虽显不录，盖以明一本之亲而杜谬援之失也。②

该族强调通过对同宗族人的收录，以明一本之亲。

以上三个宗族的记载较为笼统，大体还是以对同居族人的收合为主体。

（2）收外迁族人或支派。清光绪大理巍山刘氏宗族认为：

迁徙宜载，凡本宗有迁徙者，备录其郡邑乡村于始迁之祖讳下，以为后日子孙会宗之符券。③

① 刘卿岳．和顺刘氏家谱：卷首　凡例 [M]. 写本 .1848（清道光二十八年）.

② 杨元亨．杨氏族谱：卷首 凡例 [M]. 抄本 .1786（清乾隆五十一年）.

③ 刘其仁．蒙化刘氏宗谱：卷首　凡例 [M]. 写本 .1900（清光绪二十六年）.

该族强调对族人流动与迁徙动向的及时掌握，而及时准确地把握住有关族人迁徙的信息，有助于日后联宗修谱、同宗结合等活动的开展，在一定程度上有助于控制或联合这些外迁族人及其在侨寓地所建的分支宗族。

清道光《云南柿园宋氏宗谱》卷首《凡例》载：

吾族有经商为客，子姓文章已散四方，不得不亟亟搜求，详列居止，使后世有志祖宗者，咸有凭籍（借）焉。

该族强调对为生计四处经商、流散各地族人信息的记载，以利于收族。

清嘉庆保山《戈氏家乘》卷首收录的明嘉靖年间的《旧凡例》载：

迁徙内乡外郡，凡属远年近日迁居出继及商贾外方、娶妻生子之类，必登记详明，庶不至三五代后支派无稽。

该族强调对外迁族人的相关信息予以详细登记，以利于日后收族。

清乾隆昭通《谢氏宗谱》卷首收录明万历《旧凡例》规定：

谢氏旧谱于迁徙之族不无遗漏，今请各系以其家乘质对，如合则录。

该族强调在对迁徙之族信息准确把握的基础上进行收族。

民国《祥云孔氏家谱》卷首收录清康熙年间《旧条例》载：

有原系本枝、因散落在外者，后归，考是，源流不能接下，许于号后标题书入。

该族强调对先前散落在外、后回归宗族的族人，在考辨世系真伪后进行收录，从而达到收族的目的。

清光绪昭通《关氏族谱》卷首《凡例》载：

子孙有迁徙者，详注迁某处。

该族强调对外迁族人信息予以详细记载，以便于收族。

（3）收出继异姓的族人或支派。明清时期，因生活所迫或其他原因，云南汉族移民宗族都或多或少有族人出继异姓宗族，对于这些被迫出继异姓的族人及形成的支派，宗族多怀有同情的心态，以期他们有可能回归原宗族。在族谱中对他们的出继及形成的支派情况和动向予以详细记载，也是为了实现收族的需要。清嘉庆《蒙化高氏族谱》卷首《凡例》载：

支下有出继异姓者，有随母他适者，有赘居外家者，书之，不忍弃也。既未归宗，当比无传例。

出于不忍割舍抛弃的心态，高氏对出继异姓、随母改嫁而至他族、赘居外家的本族子弟及形成的支派予以记载。

清光绪《玉溪钱氏宗谱》载：

凡随母过继，依戚完姻，虽改名易姓，果系吾家支裔，真知灼见，无不备载，以征祖宗一脉相传，不忍轻弃。[①]

出于“不忍轻弃”的心态，该族对过继异姓并改名易姓的族人及形成的支派也加以详细记载。

此外，清嘉庆昆明《王氏族谱》卷首《凡例》载：

子孙有出继他姓与出赘为子者，皆当立图注明“出继”“出赘”字样，庶日后归宗有可查考。

该族强调编纂族谱时要留意为出继与出赘他姓之人的日后归宗做准备。

三、明清云南汉族移民宗族祖茔与族内控制

祖先崇拜是人类最原始的信仰之一，它来源于鬼魂崇拜。中国古人认为，人死后灵魂不灭，灵魂具有超人的能力，可以对活人施以祸福。对于祖先魂灵，人们怀有一种畏惧的、依赖的心态。[②]根据《礼记·郊特牲》的记载，人死后“魂气归于天，形魄归于地”，强调通过葬埋的途径掩藏先人的形体。到后来，人们又强调通过祖茔祭祀的形式招揽、

① 钱凤举．玉溪钱氏宗谱：卷首　凡例[M]．写本．1899（清光绪二十五年）．

② 常建华．宗族志[M]．上海：上海人民出版社，1998：112．

愉悦祖先的魂灵，为宗族或族人祈福避祸。因此，祖茔祭祀在古代一直较为盛行。

明清云南汉族移民宗族认为祖先坟茔是宗族的根本。清嘉庆年间，昆明王氏宗族认为：

坟墓为本根之地，子孙枝叶荣瘁所系。①

该族将坟墓视为宗族的本根之地。

清乾隆年间，保山杨氏宗族认为：

坟墓者，祖宗形骸之所托，灵爽所凭，渊源一线，命脉攸关。岁月既深，侵没尤易，子孙世世宜保护勿替也。②

鉴于祖茔对于宗族“命脉攸关”的重要性，该族强调对其进行认真保护。

作为宗族最重要的控制载体之一的祖茔，明清时期云南汉族移民宗族通过它进行族内控制，主要表现在以下几个方面。

（一）通过祖茔祭祀的定期举行，发挥控制族人的作用

明清云南汉族移民宗族强调祖茔对于祖先及活着的族人所发挥的“依归”“荫庇”的双重功能。对活着的族人所发挥的荫庇功能，主要是通过祖茔祭祀的途径得以实现的，通过墓祭，祖先与活着的族人实现了沟通，并对活着的族人起到荫庇、控制的作用。曲靖宣威符氏在明崇祯年间就规定：

贤子慈孙，入祖祠则知祖宗神灵之所依，过祖墓则识祖宗体魄之所藏，则祠祭墓祭如见宗祖一般。③

该族强调通过墓祭的途径与已故祖先实现沟通。

明清时期，云南汉族移民宗族皆强调族人对于墓祭的参与，对不积

① 王灿南．王氏族谱：卷四　祠规 [M]. 写本 .1807（清嘉庆十二年）.

② 杨朝经．杨姓家谱：卷二　祠制 [M]. 写本 .1784（清乾隆四十九年）.

③ 符定甲．符氏族谱：卷二　祠制 [M]. 写本 .1855（清咸丰五年）.

极参与祭祀的族人实施惩罚，即对他们实施族内控制。清嘉庆年间，保山戈氏宗族定期举行祭祖墓的活动："清明前三日，照原额出银，各户早晨至宗祠聚齐，往祭。"① 该族硬性规定，始祖等墓的祭祀活动由宗族内部各支派采取统一行动。该族认为：

墓者，所以藏先君子之魄也。墓而不祭，非孝也；祭而不以类齐，非子孙也。子孙异居，岂可不皆赴祭会之时耶！②

该族强调墓祭是展示"孝"的一种途径，而异居各处的子孙积极参与墓祭，并通过"以类齐"，能够在一定程度上达到控制族人的目的。

清光绪《和顺李氏宗谱》卷三《族规》载：

吾宗坟墓非一处，标祀亦非一日所能遍也，是宜群族人而扫松楸也。有不至墓所者，其罚胙。

该族强调族人对墓祭的积极参与，对未参与者进行罚胙处分。

明清云南汉族移民宗族通过祖茔祭祀控制族人，还体现为在墓祭时通过礼仪控制族人。曲靖宣威戴氏家族在明崇祯年间制定的《祠规》中载：

合祀原属尊祖敬宗之举，须衣冠齐整、礼仪娴熟者，恪恭乃事，不得蹈习故常，聊备人数，有坏本派体面，且无以壮观瞻，各派宜痛惩已前陋习，共图维新。③

该族在墓祠祭祀时，通过对祭祀礼仪的强调，达到控制与祭族人的目的。

该族规定：

当祭扫之期，文会中应轮派四人，与七家头首同往墓所执事行礼，不可计胙之有无而甘为不孝之归也。④

① 戈问达．戈氏家乘：卷二　坟茔［M］．写本．1805（清嘉庆十年）．

② 戈问达．戈氏家乘：卷二　坟茔［M］．写本．1805（清嘉庆十年）．

③ 戴应元．戴氏族谱：卷二　祠规［M］．写本．1841（清道光二十一年）．

④ 戴应元．戴氏族谱：卷三　坟茔［M］．写本．1841（清道光二十一年）．

重视墓祭礼仪的执行对于控制族人所发挥的积极作用，并强调祖茔祭祀是宗族礼仪的一种展示，是子孙孝行的体现，宗族子孙不能只顾及胙肉的有无而决定是否与祭。

道光年间大理《王氏家谱》卷三《家训》规定：

禾里坡祖茔，是为始祖及各支二世祖埋葬之所，每届清明，应由祖祠经管人员，集合族人，恭诣祭奠。其各支私茔，应由各家子孙如期拜扫，不得荒废。

该族要求族人定期拜扫祖茔，不可以荒废。

清嘉庆《蒙化孙氏族谱》卷四《族规》载：

清明墓祭，分胙之际，饮而丧仪，醉而败德，讥讪轮首，侮慢尊长，是宜查明，以罚其胙。

该族强调对不遵守祖茔祭祀礼仪的族人进行罚胙处分。

（二）重视对祖茔的保护，对损害祖茔的行为进行直接惩罚，对犯过族人实施硬性控制

在保山，清光绪《和顺李氏宗谱》规定：

祖茔朝山树木，倘有风雨摧损，俟守山人报明，族公同砍伐归祠。支下子孙毋得借端私取肥己，查出，会众祖前责逐出祠，仍将私得银两追出，为修祠之用。如恃强不遵，定行呈公究治。如有私自借端砍伐者，亦照宗祠盗砍祖茔树木条例公究。①

该族强调对族人私自借端砍伐祖茔树木肥己者，予以责逐出祠或呈公究治的处罚。

清光绪年间，大理毛氏宗族制定的《家法》规定：

坟墓乃祖宗所凭依之域，若平塌浅露，须于祭奠之日率众择土培之，不致暴露平没，启人窥伺。凡冢上木植、坟茔疆界，不时经理巡

① 李鸿．和顺李氏宗谱：卷二　祠制［M］．写本．1878（清光绪四年）．

视，以防不肖之侵犯。若支下私伐丘木者，重罚之；侵葬者，倍罚改正。倘恃强不遵，族长呈公理论。[①]

该族强调对族人私伐丘木或侵葬者实施重罚。

清乾隆《玉溪吴氏宗谱》卷八《家规》载：

祖墓除各图山势地名载入家谱外，每年于清明前，家长照旧规率众，分行展墓，共伸孝思。各墓地，若有本姓子孙侵葬盗卖，或外姓谋买占业者，各支下即会众检举，仗义鸣官。盖人各有祖，上下所同，害及祖宗，官亦心侧，必令改正退还乃已。

该族主张将侵葬盗卖祖墓的族人呈官治罪。

临沧杨氏宗族清代制定的族规也规定：

各墓林安葬坟穴已定，以坟心为率，三面各开交，后面来龙不得侵凿。……毋许先期开占，必待临时作迁，各房毋得阻当（挡）。其昭穆不应，亦无许安葬。违者，经公理告，准不孝论。[②]

该族强调对族人私自侵葬墓林的行为以不孝论处。

昭通缪氏家族清代制定的族训规定：

各处祖坟，为首人须约聚斯文，如礼祭扫。遇有崩坏堆塞，即时修理，毋得因循。

本里宅墓来龙、朝山、水口，皆祖宗血脉、山川形胜所关，各家宜戒谕长养林木，以卫形胜。毋得泥为己业，掘损盗砍，犯者公同重罚理论。[③]

该族强调对危害祖茔风水的族人予以重罚。

清乾隆《玉溪吴氏宗谱》卷八《家规》载：

其墓田、墓地、坟山，子孙须至贫极微弱不得变卖，其富强者不得占据入己，以绝祖宗祭祀，均为不孝。

① 毛其盛．毛氏家谱：卷六　家法 [M]．写本．1899（清光绪二十五年）．

② 杨治烈．顺宁厚丰村杨氏族谱：卷五　族规 [M]．写本．1931（民国二十年）．

③ 缪汝恒．缪氏族谱：卷四　族训 [M]．抄本．1943（民国三十二年）．

该族主张对变卖、私占祖茔产业的族人以不孝论处。

清咸丰元江房氏家族规定：

君子为官室不斩丘木，重先兆也。不能自立，稍不如意，每归怨于祖，或发其冢而鬻其地，或妄信堪舆家言，谓某房吉某房凶，遂至此房欲改葬面彼房强阻，一切凶煞水蚁置诸不问，竟听其父祖骸骨损坏，忍心害理，莫此为甚。倘族中有此等不肖子，亟宜会同族众力攻其罪，并罚洋二十元充公，以示惩儆。①

该族强调对私鬻祖茔产业、侵葬祖茔的族人予以追责问罪，并给予一定的经济处罚。

玉溪通海宋氏宗族规定：

吾宋氏宗主之墓，土名处所皆纪于谱，为子孙者当毋分世远迩，每于清明令节须当祭扫，勿令失业。如远世之墓，后世子孙知而不标挂而使损坏者，其不孝莫甚焉。②

该族强调对保护祖茔不力者予以处罚。

清咸丰宣威《符氏族谱》卷四《族规》载：

祖宗祖茔非但为子孙风水，实安先人体魄。近见有等倍众顾私者，每将众共祖坟傍穿己亲墓穴，孰知祖宗不安，己亲未必便利，更有惑于方术之士迁移改筑者，俱以不孝论。

子孙有盗葬祖坟者，族众齐集，押本人即时起掘，如本人逃匿，即押其兄弟子侄起掘，随鸣官以不孝论。

该族主张对盗葬祖坟的族人予以告官论罪的处罚。

（三）通过祖茔祭祀规条、祖墓议约等制度规定，对祖茔及其祭祀进行规范管理，对违反规条的族人实施处罚与控制

昆明王氏宗族在明正统年间就通过制定规条的形式筹集祖茔祭祀

① 房永胜．云南元江小羊街房氏家谱：卷二　族规［M］．写本．1857（清咸丰七年）．

② 宋学志．云南柿园宋氏宗谱：卷四　族规［M］．写本．1838（清道光十八年）．

经费：

众因买田标挂拜扫，盖有人心之异者分为三股，已经四十余年，致疏族义者有矣，可不念哉！兹于戊午年中，志道会集宗族长幼定议，将前三股田亩仍归于一，众皆悦而从之。立簿为规，开载数目，每岁租赋之入收贮一处。文以同宗之人但遇诞子者，则日庆喜，出银一钱资于其中，以为增益之用。毋许以一违众，及私于己。如有此等，众即惩治，执正于官，以复规约。①

该族强调对违反祖茔祭祀规约的族人实施惩治，并借助官府强制力来恢复规约的效力。

在玉溪钱氏宗族内部，“清明墓祭，向无定主，惟近蓦宗家岁荐常事，各族属间一行之”。清光绪年间钱氏“嗣复约宗族子孙各捐金三两，为粢盛恒产，置簿，立祭规，轮流主祭”。② 该族通过订立祖茔祭规，运用制度化的手段确定并规范了宗族墓祭的主祭班次。

清乾隆年间，昭通谢氏宗族规定：

今后子孙但有故违此约私砍柴木者，被获送官，以不孝论罪。倘有各枝子孙见知，互相容隐，均亦不孝，罚银五两。及知他人偷砍受赂卖放者，罚亦如之。其获赃具指名来报者，赏银一两。拿获盗木人等，敢有强梁不服，在义约者鸣鼓攻之。如有推却傥众，是无祖宗之人，真畜类也。③

该族重视通过制定墓约的途径，以实施对不法族人的控制。

四、小结

明清时期，云南汉族移民宗族的控制载体主要有祠堂、族谱、祖茔等，它们是各宗族实现祖先崇拜、实施族内控制的重要凭借。

① 王灿南．王氏族谱：卷二　坟茔[M]．写本．1807（清嘉庆十二年）．

② 钱凤举．玉溪钱氏宗谱：卷一　坟茔[M]．写本．1899（清光绪二十五年）．

③ 谢楚湘．谢氏宗谱：卷二　坟茔[M]．写本．1760（清乾隆二十五年）．

首先，明清云南汉族移民宗族祠堂的控制功能有日益强化的趋势。这一时期各宗族通过祠堂实施族内控制主要体现在：①通过祠堂祭祀仪式的举行及相关祭祀制度的执行，以融洽宗族、收拢人心、增强宗族凝聚力，进而达到尊祖敬宗、合族收族、控制族人的目的。②通过以祠堂为场所进行族内教化和普法宣传活动，实施宗族内部控制的功能。③通过祠堂执法实施对族人的硬性控制。④族内纠纷调解、统一族人意志、族内赈济等其他控制功能的实施，也多以祠堂为中心，在祠堂内进行。⑤围绕宗族祠堂的管理开展族内控制活动。

其次，明清云南汉族移民宗族通过族谱实施族内控制主要体现在：①通过族谱及其凡例的制定对族人实施控制。这一时期各宗族族谱及其凡例具有极强的劝善惩恶的价值判断功能，即各宗族常常通过族谱对族人实施硬性、软性控制。②通过防劈伪冒、强化血缘世系的纯洁性等途径，加强族内认同，凝聚宗族人心，实现对族人的控制。③通过族谱的记载，及时准确地了解和掌握同居族人或支派、本族外迁族人或支派以及本族出继异姓的族人或支派的信息，实现联宗收族，或为联宗收族做准备，从而达到控制这些族人或支派的目的。

最后，明清云南汉族移民宗族通过祖茔实施族内控制主要体现在：①通过祖茔祭祀的定期举行，发挥控制族人的作用。这一时期，各宗族强调族人对于墓祭的积极参与，对不参与祭祀的族人实施惩罚，即对他们实施硬性控制。通过祖茔祭祀控制族人，还体现在各宗族在墓祭时对礼仪控制的运用上。②围绕祖茔保护，对损害祖茔之人进行直接的惩罚，即对犯过族人实施硬性控制。③通过祖茔祭祀规条、祖墓议约等制度化的规定，对祖茔及其祭祀进行规范与管理，对违反规条的族人实施处罚与控制。

第三章　明清云南汉族移民宗族内部的控制手段及其运用

一、明清云南汉族移民宗族内部的制度控制手段及其运用

此处所谓制度，是指明清时期以宗族及其成员的集体名义制定并颁布的，用以对族内全体或部分成员的行为进行制约与调节、对族内相关事务进行规范与调整的各种规章的总称。而制度控制手段是指这一时期宗族及其成员利用自身所制定的各种规章制度，对族内全体或部分成员的行为进行制约与调节、对族内相关事务进行规范与调整的途径和方式。

明清时期云南汉族移民宗族内部所制定的用以制约与调节族内全体或部分成员的行为规范与调整族内相关事务的各种规章制度，以族规家法为其主要代表。此处所论述的制度控制手段，主要是指运用族规家法实施宗族内部控制的途径和方式。

所谓族规家法，是指明清时期云南汉族移民宗族领导层或相关族人，为维护宗族社会秩序的稳定，以国家法律、民间习惯、纲常礼教等为原型，经过删减增补、加工整理而成的，在宗族内部具有普遍约束力和控制力的各类宗族法规。而族规家法控制手段，是指这一时期宗族及其成员利用族规家法，对族内全体或部分成员的行为进行制约与调节，对族内相关事务进行规范与调整的途径和方式。

明清时期，云南汉族移民宗族的族规家法内容丰富，种类繁多，有族规、族训、祠规、祠训、家规、家法、家训等。族规家法作为宗族内

部一项极为重要的制度设计和制度规定，虽然在各宗族内部，其规范与调整的对象和范围不尽相同，但都具有较强的约束力与控制力。族规家法控制手段是明清时期汉族移民宗族内部使用频率较高、实施效果较为明显的制度控制手段。

（一）族规家法的性质

明清时期，许多云南汉族移民宗族及族人对于族规家法的性质做了解说。清道光年间保山《张氏族谱》引用了明嘉靖年间该族举人张翰详的观点：

夫祠之设，朱考亭所以权庙制而申士庶之孝养也；祠之规，陆象山所以通宗法而著合族之章程也。[①]

清乾隆昭通《谢氏宗谱》卷五《族规》指出：

规者，矩之别名也。圆之则规，方之则矩，一也。规则运之以情立法，矩则絜之以义推心，亦一也。观谱者谛观于宗规，斯知作者之意乎。

上述云南汉族移民宗族或族人认为，族规家法作为宗族内部一项重要的制度规定，是整齐宗族的章程、规矩、大法，强调其权威性与规范宗族事务的作用。

清光绪年间编纂的《云南恩安李氏宗谱》则将族规家法置于族谱的次卷：

祖训家法录于次卷，每年正月识字者宣讲，男东女西共听，以示警惕。[②]

该族强调族规家法的权威性，并重视宗族内部普法宣传活动的开展。

---

① 张仪．张氏族谱：卷三　祠制［M］．写本．1835（清道光十五年）．

② 李正荣．云南恩安李氏宗谱：卷二　家规［M］．刻本．上海：中西书局，1908（清光绪三十四年）．

值得指出的是，族规家法自身的制度权威性，在很大程度上决定了其规范与调节宗族内部社会行为以及实施族内控制的权威性。

（二）族规家法的取材来源

明清时期，云南汉族移民各宗族族规家法的内容因时、因地、因族而异，所订条款不尽一致，但总体来看，族规家法多取材于国家法律、前代祖训家规、异姓宗族的族规家法成例、民间习惯、纲常礼教等内容，且各有侧重。

清道光昆明《苏氏族谱》收录的明嘉靖年间的苏氏家规载“上遵国法，远稽祖训，近采众议，酌成家规”[①]。该族的族规是以国家法和前代祖训为蓝本，近采众议制定而成。清光绪年间，蒙化刘氏宗族则直接收录《范文正公家规》十三条[②]，大规模地照抄照搬范仲淹宗族的族规家法条文，其目的是借此以为本家族的行动指南。

在昭通境内，清乾隆年间谢氏宗族在订赡茔录的基础上，对该族的赡茔条规加以续订：

取处士旧规而裁酌之，稍寓宗法，为合族之本，兼用乡例，通随俗之宜，举废典以广孝思，庶几祖宗之所以望其子孙，与子孙之所以报其祖宗者，两得之也。[③]

谢氏宗族以旧规约为基础，结合民间俗例，制定了新的规条。

清嘉庆昆明《王氏族谱》在《族规》中指出：“右宗规十六款，总之皆遵圣谕之注脚。”[④] 清道光保山刘氏所订家法规条，“其义独取今圣谕孝顺数事”，“是规也，即古乡司徒、党正之遗，而今朝乡约之设、圣

① 苏富南．苏氏族谱：卷四　族训 [M]. 写本 .1839（清道光十九年）.
② 刘其仁．蒙化刘氏宗谱：卷五　家规 [M]. 写本 .1900（清光绪二十六年）.
③ 谢楚湘．谢氏宗谱：卷五　族规 [M]. 写本 .1760（清乾隆二十五年）.
④ 王灿南．王氏族谱：卷六　族规 [M]. 写本 .1807（清嘉庆十二年）.

谕谆谆之象指也”。[①] 清咸丰年间，曲靖宣威符氏在订立祠规时指出：“右祠规诸款，非明臆说，皆推圣谕之遗意也。”[②] 上述三个宗族的族规制订，皆以皇帝圣谕为指导。

清乾隆年间玉溪《杨氏族谱》卷二《祠规》载：“皆从旧牒祠规、前贤宗规，与夫近事之宜整者，酌量参订，通族核定以示劝诫。”该族的《祠规》，主要取材于本族旧祠规和历代前贤宗规，并结合当时宗族内部的实际状况制定而成。

清光绪年间，大理毛氏宗族参照旧谱规约制定条规：“以上诸条，俱从旧谱规约内扩充行之，匪敢独出己见也。”[③] 该族新的宗族规约是根据旧族规家法条款加以变更制定而成的。清道光年间，玉溪通海宋氏宗族“僭采有关伦理切日用者，分为十五条，俾子姓有所持循，绍先世之美于不替”。[④] 该族族规取材于纲常伦理等内容。

（三）族规家法的制定

明清时期，云南汉族移民宗族的族规家法主要由族长、房长、族老、斯文等宗族领导层、知识层负责制定，他们是宗族中的上层人士和精英分子，往往掌握着宗族内部事务的主导权和话语权。在保山境内，《和顺李氏宗谱》卷二《祠制》载，和顺李氏宗族宗祠规条计三十二则，乃族长及族老诸公于清康熙五十三年议定。该族五门门长、文会则于清康熙五十八年在祠中列祖之前公同议定祠规二十三则。宗族内部的族长、房（门）长、族老、文会诸公等拥有议定族规家法的权力。清乾隆《玉溪吴氏宗谱》卷三《祠规》载：“以上八条，均系族众妥议，余难胪列细载，一切准情度理而行，无违，切切。”此处所谓经由全体族众妥

① 刘卿岳．和顺刘氏家谱：卷五　家法 [M]. 写本 .1848（清道光二十八年）.
② 符定甲．符氏族谱：卷二　祠制 [M]. 写本 .1855（清咸丰五年）.
③ 毛其盛．毛氏家谱：卷六　家规 [M]. 写本 .1899（清光绪二十五年）.
④ 宋学志．云南柿园宋氏宗谱：卷四　族规 [M]. 写本 .1838（清道光十八年）.

议，是指在宗族领导层的直接过问下，族规家法的制定以族内民主的形式与面目出现，而最终的决定权与控制权仍掌握在宗族领导层手中。

在昭通境内，清光绪《关氏族谱》卷八《传记》记载关氏宗族邑庠生关源达“葺家谱，立祠规，置祀田，示不忘本也”。清光绪《兰坪营盘张氏族谱》卷九《家传》记载族人张孝谨“弱冠游庠，有孝行。村族多瘠农，芳倡立祠规，殷实乐施者谢祀”。清乾隆《玉溪吴氏宗谱》卷七《传记》记载族人吴琼芳“幼习诗书，家贫，未获卒业。持躬方正，训蒙善诱。晚年经理祠务，酌定规条，祀奉孔明，堪传永远”。清光绪《蒙化刘氏宗谱》卷七《人物传》记载族人刘永庆“少弃儒，佐父服贾，族故有祠，祀典常缺，鉴与衿耆倡建条规，兴举祀事”。清嘉庆《蒙化陈氏家谱》卷六《家传》记载族人陈廷芳“舌耕以供甘，支祖缺祭，爰集同志兴祀典，立规条，以垂久远”。上述云南汉族移民各宗族的族规家法皆由族中绅士及知识阶层等负责制定。

（四）族规家法的执行

明清时期，云南汉族移民宗族族规家法以维持既定的宗族社会秩序为直接目的，起到支持国家政权施政、维护封建统治的重要作用，因此，对它的遵守与执行是以宗族自身力量和国家力量作为其强制执行的保证的。

清光绪《祥云周氏宗谱》规定：

支下子孙务须永远遵守，如有紊乱祠规、变坏成例及玩忽怠惰不遵者，俱以不孝论。①

清乾隆《玉溪吴氏宗谱》卷三《祠规》规定：

宗祠公议载簿条约，分颁族内各派，凡我族属务宜恪遵，以正彝伦，以敦风化。前两族公议诸款，如有不遵公罚者，执条议会众呈公

① 周世荣．祥云周氏宗谱：卷五　祠规[M]．刻本．昆明：会云楼，1880（清光绪六年）．

究治。

上述两个宗族皆强调对族规的认真遵守与执行，并规定在宗族无力解决不肖族人违反族规家法正式条款的时候，主动邀请官府的介入，试图凭借政权强制力的支持，以确保族规家法能够得到顺利的实施与执行。

在保山境内，清乾隆年间《杨姓家谱》收录了明万历年间该族制定的祠规：

祠规虽立，无人管摄，乃虚文也。须会众公同推举制行端方、立心平直者四人，支内每房推选一人为房长，总理一族之事。遇有正事议论，首家邀请房长裁酌，如有大故难处之事，会同概族品官、举监生员、各房尊长，虚心明审，以警人心，以肃宗法。①

该族强调由房长、品官、举监生员、各房尊长等宗族上层人士和精英分子来确保族规的顺利执行。

清宣统大理《钟英杨氏族谱》对该族族规的编纂、族规的功能及其遵守与执行等有如下记载：

吾家自祖以来，其奉先睦族遇下，各有定额，但行之既久，不能无弊，其通变损益以趋时者，今日不得不然也。于是上遵国法，远稽祖训，近采众议，酌成家规。夫规之为言戒也，又言式也。事有不趋于时、不合于理，不可纵也，故戒之。戒之而趋于时、合于理，可世守矣，故式之。此规之所由立而人之所当遵也。其或有干于此者，则礼罚炳炳在也。条陈于后，期毋犯。

右族训立自嘉靖三十五年，屡经佥议。逐条斟酌，至后益加详妥。兹因家乘既成，摘其要略附梓于末，族老责成，以便观守云。②

大理杨氏的族训是经过多次讨论、逐条斟酌后才最终定型的，对它的遵守与执行，则由族老等人负责监督。

① 杨朝经．杨姓家谱：卷二　祠制 [M]. 写本 .1784（清乾隆四十九年）.
② 杨准曾．钟英杨氏族谱：卷五　族约 [M]. 抄本 .1911（清宣统三年）.

清光绪大理《毛氏家谱》卷六《家规》规定：

家法以尊治卑，不得以卑治尊。凡族中子弟犯家法者，叔伯父兄得以家法治之。

该族强调由族中尊长负责族规家法的执行。

清乾隆玉溪《杨氏族谱》卷五《族规》载：

苟不立之宗规，何所约束群情，萃涣修睦，作求世德，引诸有永？故特立规若干条，勒之贞珉，昭示族众，凡我父老子弟各宜涤心体悉，实践力行。

该族强调全体族人都要重视对族规的践行。

上述明清时期云南汉族移民宗族族规家法的执行过程，也是对族内社会行为和社会秩序进行规范与调整、对族人实施约束与控制的过程。明清时期云南汉族移民宗族社会秩序能够总体上长期保持相对和谐稳定的态势，在很大程度上与这一时期族规家法的有效执行密不可分。

（五）族规家法的主要控制功能

1. 从族规家法的主要内容看其规范范围与控制功能

明清时期，云南汉族移民宗族族规家法的内容相对丰富，虽然各族由于自身的实际情况不尽相同，族规家法的关注重点与控制重点不尽一致，但还是能够看到其所存在的共性的一面。

（1）清道光《云南柿园宋氏宗谱》卷二《祠制》收录了明万历年间制定的祠制，包括“圣谕当遵”“祠墓当展”“族类当辨”“名分当正”“宗族当睦”“谱牒当重”“闺门当肃”“蒙养当豫”“姻里当厚”“职业当勤”“赋役当供”“争讼当止”“节俭当崇”“守望当严”“邪巫当禁”“四礼当行”，共计十六条。

清嘉庆《蒙化孙氏族谱》卷二《祠规》包括“尊祠宇”“守坟墓”“守祀田”“厚风俗”“正闺门”“崇礼教”“育人才”“慎嫁娶”“时供赋”“谨

财用”“止词讼”“御群下”，共计十二条。

（2）清乾隆玉溪《杨氏族谱》卷二《祠规》包括“圣谕当遵”“祠墓当展”“族类当辨”“名分当正”“宗族当睦”“谱牒当重”“闺门当肃”“蒙养当豫”“姻里当厚”“职业当勤”“赋役当供”“争讼当止”“节俭当崇”“守望当严”“邪巫当禁”“四礼当行”，共计十六条。后来该族重修族谱时又增订祠规十六条，具体包括“敦孝悌”“崇信义”“明礼让”“重廉耻”“尊祖训”“礼高年”“慈卑幼”“恤孤寡”“隆师傅”“慎交游”“戒赌博”“息争竞”“厚风俗”“给祭胙”“饬保甲”“严禁蓄”。

（3）清道光宣威《戴氏族谱》卷四《族规》包括“尊崇族长”“公举族副”“整饬宗祠”“彰善瘅恶”“元旦团拜”“庆赏元宵”“春秋祭祀”“春祈秋报”“清明墓祭”“经理祭田”“举行冠礼”“正始闺门”“男女婚嫁”“居丧吊丧”“养正于蒙”“振作士类”“居家孝悌”“敦义睦族”“交邻处友”“抚孤恤寡”“表彰节义”“剖决是非”“救灾恤患”“各治生业”“擅兴词讼”“游戏赌博”“制御仆从”“小过鞭扑”“送官惩治”“祭器乐器”，共计三十条。

（4）清咸丰宣威《符氏族谱》卷四《族规》包括“隆孝养”“宗友爱”“笃义方”“睦宗族”“正婚姻”“重丧祭”“重宗祧”“别内外”“定尊卑”“务正业”，共计十条。

清光绪大理《毛氏家谱》卷六《家规》包括“孝顺父母”“友爱兄弟”“和睦族邻”“区别男女”“保守坟茔”“谨循礼节”“辨正名分”“专务本业”“崇尚朴业”“敬重师傅”“戒勿争讼”“整理公堂”，共计十二条。

从以上所举云南汉族移民宗族的族规条目归纳来看，族规家法主要涉及：①有关宗族控制设施与宗族产业的条款，如“展祠墓”“重谱牒”“守祀田”“给祭胙”；②有关宗族内部伦常秩序与社会秩序的条款，如“辨族类”“正名分”“睦宗族”“肃闺门”“厚风俗”“敦孝悌”“重廉耻”“尊祖训”“礼高年”“慈卑幼”“止争讼”“严守望”“饬保甲”“御群下”；③有关宗族成员行为规范与社会交往的条款，如“勤职业”“崇节俭”“禁邪巫”“行四礼”“崇礼教”“崇信义”“慎嫁娶”“慎交游”“戒赌博”；④有关宗族教育的条款，如“豫蒙养”“育人才”“隆师傅”；⑤有关宗族社会保障的条款，如“恤孤寡”“救灾恤患”；⑥有关生态环境保护的条款，如“严禁蓄”；⑦有关遵守国家法规与履行义务的条款，如“守国法”“供赋役”；⑧有关处理与异姓宗族关系的条款，如“厚姻里”。

由上可见，作为宗族内部最重要的制度规定，明清时期云南汉族移民宗族的族规家法所涉及的范围相对广泛，基本涉及与宗族生存发展、社会秩序、社会关系相关的领域，也是宗族着力规范与控制的重点范围。

上述明清时期云南汉族移民宗族族规家法的控制功能主要可归结如下：

第一，维护宗族内部伦常秩序与社会秩序的稳定。明清时期云南汉族移民各宗族都在族规家法中设置“辨族类”“正名分”“睦宗族”“肃闺门”“厚风俗”“敦孝悌”“重廉耻”“尊祖训”“礼高年”“慈卑幼”“止争讼”“严守望”“饬保甲”“御群下”等条款，并强调对这些条款的遵守与执行，这对于维持宗族内部伦常秩序与社会秩序的稳定起到了一定的积极作用。

第二，维护国法与支持政权施政的功能。明清时期云南汉族移民各宗族在族规家法中时刻强调与敦促族人要遵守王法，要及时、足额、保质保量地完纳国家赋税、承充各种徭役。各宗族的族规都设置“国法当遵”“赋役当供”一类的条款，协助国家对族人进行控制。

第三，其他有关宗族成员日常行为规范与社会交往的条款、处理与异姓宗族关系的条款、宗族控制设施与宗族产业的条款、宗族教育的条款、宗族社会保障的条款、宗族生态环境保护的条款，都是从某一特定领域或专门方面对族人进行规范与控制的制度规定，也具有较强的约束力和控制力，从而有助于这些领域内社会关系的调整和社会秩序的维护。

2. 从族规家法看明清云南汉族移民宗族族内控制手段的层次性及繁杂性

明清云南汉族移民宗族多数内部制度设计较为严密，许多家庭制定了家规，各级祠堂也制定了自己的祠规，形成了层级控制的结构特征。此外，各个宗族还有保墓规条、祭祀规条等各种类型的专项规条。上述各种类型的族规家法，使得宗族族人被置放于一张经过精心编织的控制网络之中。

大理巍山孙氏宗族在明代万历年间就制定了统宗之规：

谱有统宗祠，有蒙化宗祠，祠各有规。兹刻统宗祠者何？蒙化之宗规，规蒙化者也，小宗之所有事也。统宗之规，规三族者也，大宗之所有事也。矧蒙化宗规既（即）刻布矣，统宗为族愈众，为俗愈参差不齐，众则情易涣俗，参差则传易伪。且谱之简铁重大，编号分藏，世守惟谨，非可以朝夕披阅、出入得携笥中者。夫谆谆谕之，尚虑不免于愆忘，况耳目罕及乎！用是特刻此规，遍谂族彦，使贤智各因便迪其宗人，而有志向限颛蒙，亦缘此刻渐知祠中大理，触目警心，弦韦在佩。若饥之于食，渴之于饮，冬夏之于裘葛，小用则小效，大用则大效，极之为忠臣义士、孝子顺孙、节妇烈女，以期不负先宗止善之训，皆此为筌蹄矣。或谓规中款目，有从俗而省者，有据情而更者，有雅言而非迂者，有但言而非凿者，因机利导，于国乎何有？①

蒙化孙氏的统宗祠规是从大宗的角度出发，对始祖以下全体族人实施规范与控制的规章制度，即所谓“统宗之规，规三族者也，大宗之所有事也”。从控制对象看，其实施规范与控制的对象十分广泛，涉及始祖以下的三族子孙。

玉溪杨氏针对本族实际而重新订立了用以约束与控制本派族人的规

① 孙学正．蒙化孙氏族谱：卷二　祠规[M]．刻本．昆明：兴运堂，1800（清嘉庆五年）．

章制度，从内容与体例看，杨氏祠规的制度设计更加丰富和严密，对本派族人的控制也更加繁复和严厉。

明清云南汉族移民宗族制度的族规家法也体现了族内控制的繁复和细化。清光绪大理巍山刘氏宗族家规规定如下。

家训三章：凡为同居者，父子有亲，兄弟有义，长幼有序，朋友有信，夫和妻柔，姑慈妇听。士勤诗书，农勤稼穑，工勤造作，商勤经营。无好赌博，无好争讼，无酣声色，无惑异端。过失相规，患难相恤，强不欺弱，富不欺贫。家训俱在，永不可违。幽有鬼神，明有法度，崇善抑恶，祖宗无私。

监事戒谕：凡吾门子弟，士农工商，各勤其业。长幼内外，各守其礼。苟或疏违，有家法在。

监家戒谕：凡为吾门女妇，孝顺舅姑，和睦妯娌，善相夫子，勤理家园。若听此言，是为贤妇，不听此言，是为恶妇。[①]

保山张氏族人张代昌“自少至老，持己庄严，不失尺寸。申明家规数条，以率同堂，又以率同族，又因之以最同居邻里。处人气象阎间，子弟奉令惟谨，见之辄屏立，无敢倾侧喧诙。村落肃雍者数十余年”。[②]张代昌通过制定家规以约束本家子弟，收到了较为明显的效果。

从上述事例可以看出，明清云南汉族移民宗族制度族规家法以约束本族成员，族内人群要受到各种层次的族规家法的约束与控制，这在一定程度上体现了明清时期云南汉族移民宗族社会中以族规家法为主要代表的规章制度对族人控制的严密性与繁杂性。明清时期云南汉族移民宗族所采用的族规家法控制手段是一种正式的制度化控制手段，即以明文规定的形式规范与调整宗族成员的行为与宗族社会秩序。通过正式制度的形式以确保宗族内部控制的顺利执行，是宗族社会管理与控制正规化、制度化、常态化的体现。宗族成员集体商讨并制定正式的制度规

① 刘其仁．蒙化刘氏宗谱：卷五　家规 [M]．写本 .1900（清光绪二十六年）．

② 张仪．张氏族谱：卷六　家传 [M]．写本 .1835（清道光十五年）．

定，可确保宗族社会管理与控制功能的正常发挥，而不致流于形式或达不到控制功能。

二、明清云南汉族移民宗族内部的物质利益控制手段及其运用

所谓物质利益控制手段，是指公开地或含蓄地提供某些好处以换取人们对社会与政治秩序的接受。[①] 从类型上说，它是一种经济控制的手段，而在明清时期它更多的是以社会保障的形式出现的。[②] 明清云南汉族移民宗族积极实行宗族内部社会保障措施，通过物质救济救助等手段，以实现族内控制和宗族社会秩序的稳定。此外，这一时期各宗族还通过物质奖励措施实现对族人的软性控制。除制度控制手段外，物质利益控制手段也是明清云南汉族移民宗族常用的一种族内控制手段。

（一）明清云南汉族移民宗族对族人物质救济的态度

从血缘和道义的角度讲，救济贫困族人是宗族及其他族人特别是族中富人必须履行的义务，这也是明清云南汉族移民宗族睦族收族的基本要求。

清光绪《玉溪钱氏宗谱》卷四《家规》载：

族人乃一本所生，彼辱则吾辱，当委曲庇覆，勿使失所，切不可视为途人，以忝吾祖。其鳏寡孤独及老幼无能者，尤当量力赋急。

该族强调对宗族弱势人群实施救济的必要性。该族还规定：

族内有孝子顺孙、义夫节妇，此其人砥德砺行，有关风化甚大。各堂长及斯文会倡众殷勤慰问，使人知所激劝。遇郡邑甄举，阖族绅衿父老连名呈报，以祈奖异，有不足者，酌捐钱谷佐之。[③]

该族重视为族人提供钱谷等方面的经济救济。

① 万明．晚明社会变迁问题与研究[M]．北京：商务印书馆，2005：302.

② 孙光德，董克用．社会保障概论[M]．北京：中国人民大学出版社，2000：40.

③ 钱凤举．玉溪钱氏宗谱：卷四　家规[M]．写本．1899（清光绪二十五年）.

清咸丰曲靖宣威《符氏族谱》卷四《族规》也有规定：

今后凡遇灾患，或所遭之不偶也，固宜不恤财、不恤力以图之，怜悯救援，扶持培植，以示敦睦之义。

该族要求对遭遇不测的族人提供救济，以帮助宗族弱势人群渡过难关。

该族的族内救济有一套较为具体详细的措施：

族中有志守节贤妇，及年老孤贫无依者，每名每月给以口粮五钱。岁暮，阖族贫士与亲邻。由亲及疏，自四金起至五星止，皆送炭费。其有婚娶无力者，查明，助以四金。殁而不能殓者，给棺一具，衣衾银一两。无力葬者，自置地葬，助以二金。无地葬者，置义冢二所，听其安葬。

冬月量制男女布棉袄若干，查族中寒苦者，登簿给领，以三年为率，四年再给，不得频年冒领也。①

该族主张针对不同需求向弱势人群提供不同类型的宗族救济。

清光绪昭通《关氏族谱》卷首收录明崇祯年间的《旧凡例》载：

睦族敦宗，乡间是尚，恤茕赈乏，仁义其滋。里中义田之举，所以嘉惠通族之鳏寡孤独废疾者，至优至渥，诚善事也。

该族强调恤茕赈乏、嘉惠族内鳏寡孤独废疾之人是敦宗睦族的善事，提倡族人多行义举。

清嘉庆年间昆明王氏宗族通过“岁行周恤之礼以给族人”，使族内救济经常化、制度化。其具体做法如下：

凡同族者，自十亩百金之家以上，随其财产厚薄，岁出银谷以为积贮，俾族长与族之富者掌之。立簿二本，籍其数，以稽出入，岁量族人所乏而补助之，其赢则为棺椁衣衾，以济不能葬者。若嫁娶者、产子者、死丧者、疾病者、患难者，皆以私财相赠。②

在该族内部，各类弱势人群或经济匮乏之人都能得到一定的救助。

① 符定甲．符氏族谱：卷四　族规[M]．写本．1855（清咸丰五年）．

② 王灿南．王氏族谱：卷六　族规[M]．写本．1807（清嘉庆十二年）．

清光绪年间大理毛氏家族制定的《家规》规定：

族内贫穷孤寡，实堪怜悯，而祠贮绵薄，不能赒恤，赖族彦维佐输租四佰，当依条议，每岁一给。顾仁孝之念，人所同具，或贾有余财，或禄有余资，尚祈量力多寡输入，俾族众尽沾嘉惠，以成巨观。[①]

该族呼吁宗族中的商人、官僚等为族内贫穷孤寡之人提供经济救助。

清咸丰《云南元江小羊街房氏家谱》卷二《族规》载：

鳏寡孤独乃天下之穷民，圣王发政施仁，在所必先。矧痛痒相关，尤有不容恝置者乎。善睦族者，当思穷于天弗穷于人，穷于外弗穷于内，置义田以赒恤之，时馈问以安辑之，俾得各保其生，毋致向隅莫告，亦仁人君子推广孝思之一端也。

该族呼吁族人救助族中鳏寡孤独者，以使他们的生存能得到保障。

在保山境内，清乾隆《杨姓家谱》卷七《家典》规定：

每遇荒年，如既无义仓又无祀租可拨，族长、祠董会计合族富户，捐资以保合族贫户，断不至家家赤贫、家家无粮。务求一族之富人能保全一族之贫民，不使一人独受饥寒。富者有钱出钱，有谷出谷，倘明明有钱有谷，为富不仁，凡以上各条，从中违拗，以致祖训家政徒为具文，贫民求生无路，则由本族持此谱呈官求究，以不孝不义之罪治之。

该族主张采取富户帮贫户、富者济贫者的做法实施族内救济，并对为富不仁者实施制裁。

（二）明清云南汉族移民宗族社会救济的主要内容

1. 通过义田实施宗族救济

义田是指为赡养或救恤宗族设立的田产。明清时期云南汉族移民宗

① 毛其盛．毛氏家谱：卷六　家规 [M]. 写本 .1899（清光绪二十五年）.

族或族人十分重视义田赡恤宗族的功能，纷纷予以捐输设立。宗族通过义田实施救济，帮助贫困族人和弱势人群渡过难关或摆脱困境，以软性控制的方式达到维持宗族内部秩序稳定的目的。

清咸丰年间，曲靖宣威符氏《符氏族谱》卷五《义田》规定：

以其岁之入养宗人之鳏寡孤独者，田既归宗祠，惟宗祠主之，请与宗人约，凡体源户田率以为我族鳏寡孤独者长久经费，不得藉（借）祖宗公事移用侵削，我后人亦不得过问，违者，呈官治之。

该族主张将义田交由宗祠经营管理，强调专款专用，族人不准挪移他用乃至侵夺。

清乾隆年间，昭通谢氏宗族的义田主要用于荒年接济族中贫困之人，采用平价粜谷给族人的办法。族谱交代了设立该义田的缘由与目的：

第吾邑地饶，族丁繁盛，其间贫乏者，每届青黄不接之际，众口嗷嗷，一本关怀，疚心遗训，亟又置义田五百余亩。所收租息，以应纳钱粮营米作为价值，逢春粜与族人，每谷一升取钱不过四五文，已足完粮，而贫族不无有裨朝夕。所有义田悉归宗祠，既归宗祠，即为公物，我后人不得过问，族人亦不得藉（借）端擅卖，违者，呈官治之。[①]

义田为谢氏宗族后续置产，该义田也交由宗祠经营管理，不准族人借端擅卖。

清嘉庆年间，保山戈氏宗族有部分义田专门以族内妇女为救济对象：

每年租谷归司祠与司年公管，房长稽查。除应完钱粮营米及交租租酒、晒晾沿簟贮篓等费，多余之谷，记明簿扁，尽贮仓内，俟次年青黄不接时公同开仓，按宣忠堂三大房女券公分。除去不要此谷者，总按要者名数均匀分派，所有男丁童稚暨未出嫁女一概不与。以汝嫂系妇人，只惠及妇人一辈。[②]

① 谢楚湘．谢氏宗谱：卷六　义田[M]．写本．1760（清乾隆二十五年）．

② 戈问达．戈氏家乘：卷七　家规[M]．写本．1805（清嘉庆十年）．

戈氏部分义田的救助对象，只限定为宗族内部的妇女，只惠及妇人这一群体，在青黄不接时发放租谷。

明清云南汉族移民宗族中多有族人热心于义田的建设：

保山李氏，李祥瑞置田三十二亩九分零，岁收其入，以给其族之贫乏者。[①]

大理祥云周氏族人周启元“念族巨丁蕃，不乏寒窘，率同堂诸昆弟置义田”。

元江房氏族人房卫才“置义田，设义学，乍兴一族，泽被三党。族中节妇孤儿，与出嫁守志以及贫乏无依者，生有月粮，寒有冬衣，死有棺衾，葬有义冢，嫁有赠，要有助，莫不一一均沾其惠”。

清乾隆《玉溪吴氏宗谱》卷七《传记》记载族人吴增庆“尝慕范希文遗事，置义田二十余亩以赡族人，急者赒之，灾者恤之。其尤贫不能具棺，则倍给不少靳”。

清乾隆保山《杨姓家谱》卷六《家传》记载族人杨正泰“置义田六十亩，每岁周族穷乏”。

清乾隆昭通《谢氏宗谱》卷七《传记》记载族人谢维汉“倡置义田，立祀典，以培植根本为心”。

清嘉庆保山《戈氏家乘》卷八《家传》记载族人戈旭照“捐赀（资）倡率族人共立义田，以接给老幼废疾”。

清嘉庆《蒙化高氏族谱》卷六《人物传》记载族人高朝相“输田三百亩为义田，请缙绅先生序之，订（定）为条例。烝尝无缺，塾教有赖，学成有资。族之婚者、嫁者、丧者、葬者、嫠妇无依者、穷民无告者，均以赈给，大约皆师范希文法”。

清嘉庆昆明《王氏族谱》卷七《人物传》记载族人王世礼“创置义田以供祭祀”。

① 李鸿．和顺李氏宗谱：卷七　家传 [M]. 写本 .1878（清光绪四年）.

清光绪《兰坪营盘张氏族谱》卷九《家传》记载明万历年间张氏族人张定远“置义田五十亩于祠中”。

清光绪《玉溪钱氏宗谱》卷五《传记》记载族人钱宏纪“输义田数十亩，以恤族之孤寡”。

清宣统《钟英杨氏族谱》卷六《人物传》记载族人杨举“尝因岁歉平粜，输数百金入祠，公置义田为久远计”；杨紫光“捐金四百置义田，入祠赡族”；杨任远“置义田百余亩以周贫族”。

民国大理《阎氏宗谱》卷七《人物传》记载明万历年间阎氏族人阎显佑“置义田以膳其族”。

民国《蒙化姚氏族谱》卷六《传记》记载清雍正年间族人姚庆柱“买义田百亩”。

除了义田之外，还有族人通过捐输义租、义米、银钱实施宗族救济。例如，清道光年间，保山刘氏宗族族人刘敬胜“尤笃意周恤族邻，输租二百秤入祠，为岁歉平粜之助，贫者赖之”。清代，玉溪吴氏族人吴安下“慕范公义田，输租二百，当青黄不交济族饥困，率以为常”。清代，大理祥云周氏族人周禹伯“念族繁田少，荒年苦无告籴，毅然捐谷三囷防备灾侵，减价平粜，乡沾其惠”。清代，曲靖宣威符氏族人符文炳“祠租歉薄，训输租三百秤、银二百两以资膏火”。清嘉庆《蒙化陈氏家谱》卷六《家传》记载“富民输粟助赈，夏秋丰收。前年六月至秋，大旱八十余日，豆蔬俱无。至春，民益饥，乡之富人各周其亲族，城中大户富贾输银籴米”。玉溪通海“清乾隆十八年，夏旱，米贵，民众饥乏，宋周元、宋周庠、宋周文、宋周鼎、宋周宪共捐银一千二百余两，赈给本族贫窭。先数年前，宋周庠、宋周文、宋周鼎等已两行之，兹三见矣。又，宋周元捐田百亩入祠为义田，亲支宋周文董其事。每遇荒歉，出息以周族人之困。又，宋尚麟、宋祥麟等买米数百石在宗祠中平粜”。在灾害饥荒之年，云南汉族移民各宗族特别是族内富人，通过捐输米谷等形式积极开展族内救济，以帮助贫困族人渡过难关。

民国大理《李氏族谱》卷四《族规》收录该族清代制定的义田收益使用标准：

族内七月以及年终家道匮乏者，各户用米一斗，钱五百文。随谷价之低昂临期量为增减。族内无力婚嫁者，婚用银十两，嫁用银五两。族内无力丧葬者，用银八两。族内入学赴科者，各用银五两。族内中式赴京者，用银四十两。祠堂递年香镫开费，用租三石。守祠人，递年用租四石。

该族对义田收益的使用制定了较为详细的标准。

2. 通过义仓实施宗族救济

义仓是指存留赡族谷米的仓储，有时也称社仓。南宋时，朱熹曾创立社仓法，将义仓之法用于乡党，是一种民间自救制度。[①] 明清时期云南汉族移民许多宗族对此加以借鉴，通过设仓贷粮以救助族人，实施族内救济和宗族内部的软性控制。

清乾隆玉溪《杨氏族谱》卷八《人物传》记载族人杨万尧库生江源进“尝输腴田百亩有奇为义田，置大厦为义丰仓，以贮仓谷，公之村内江、滕二族及异姓细民，丰积歉散”。族人杨云瑞为村中义丰仓捐数百金以备赈甲。杨泽瑞“晚因子文挺未娶而没，不忍瓜分其产，尽以输公，颜曰‘济福仓’，为救荒备”。杨珍下捐输义田建义济仓。杨荣下“父仕任，志切救荒，输租立永济义仓，章程甫定而病危，鳌克承之，终身经理不倦。现置租千有余秤，遇荒平粜，族以无饥”。

清乾隆昭通《谢氏宗谱》卷七《传记》记载族人谢正魁“倡建社仓，多输积谷，以备凶荒”。谢顺才倡议合族置田积谷，平粜赈荒。

清乾隆保山《杨姓家谱》卷六《家传》记载族人杨景铭“本里创建义仓，输田十余亩”。杨启教为义仓“输田十余亩，赞成其美”。族

① 常建华. 宗族志 [M]. 上海：上海人民出版社，1998：330.

人杨从文因父故弃举子业，理家政，“尝念族大户稠，与同志创常义仓，储谷备荒”。杨朝聘倡议姓合族捐输。

清乾隆《玉溪吴氏宗谱》卷七《传记》记载族人吴得琳“尝创立义仓积粟，族内遇荒无饥人”。吴得梅建集积仓，有田产二顷三十六亩零。吴文亮倡议合族捐银万余，建造义仓，并设置田产。吴胜贺倡议族人众捐，籴谷贮义仓，岁歉平粜。

玉溪钱氏宗族族人钱光杰于清嘉庆元年遵照祖父遗命建设仓屋，内进楼堂三间，置重墙，外两庑，设廒六间，每廒可贮谷二百五十石，又三间为每秋佃户交谷之所。宗族义仓救济对象为族中鳏寡孤独四穷无告之人。该族义仓“仿朱子社仓之意，丰年蓄而凶年平价出之”。嘉庆六年，平粜八十八日，折银二百三十五两。嘉庆七年，平粜四十五日，折银一百一十二两。[①]

清嘉庆《蒙化陈氏家谱》卷六《家传》记载族人陈大信“先是，族无义仓，岁歉民困”。陈玉林“仿社仓遗法，倡捐义仓，力为经纪。今宗祠嘉德堂已成两局，是以人不知饥”。

清嘉庆《蒙化孙氏族谱》卷五《人物传》记载族人孙钟寅“倡首起义塾，立义仓，总理宗祠，清剔夙负，岁添租谷”。孙文魁曾输田入义仓。在义仓经营管理方面，合族捐输田亩钱谷，立义济户，积贮平粜。

清嘉庆昆明《王氏族谱》卷七《人物传》记载族人王君甫“与兄共置义田，岁饥仿社仓法，按户周给，人感其德”。

清嘉庆《蒙化高氏族谱》卷六《人物传》记载族人高炳贤授徒多所成就，以生殖余赀（资）建义仓。高文珠捐资建义仓，积谷备荒。

清嘉庆保山《戈氏家乘》卷八《家传》记载族人戈顺克“族推司义仓，廉慎公正。时逢大水饥，仓积告罄，复与素封市谷平粜，族人赖以不困”。戈兴圣为义仓“置田三十余亩，犹复捐田十五亩二分”。戈

① 钱凤举．玉溪钱氏宗谱：卷五　传记[M]．写本．1899（清光绪二十五年）．

加翔、戈相允、戈相凡、戈顺寅等创建义仓，合族捐输田租，立永丰等户，岁歉平粜，并给考费。

道光年间，保山张氏宗族族人张壮图为赡族而设置义仓：

少读义田记，慕范文正公之事，晚岁割田百余亩以赡族之贫者，故建义仓以为出入之所，且请于官，别立户收税，以为永久之计。有司上其事，抚台锡扁嘉奖，鼓乐导送，以为里俗之劝。

清道光《和顺刘氏家谱》卷六《家传》记载族人刘文雄捐田十亩倡立义仓。

清道光昆明《苏氏族谱》卷五《人物志》记载族内故有前明时所建义仓，年久颓废。至清代，族人苏达正“倡捐重造，委身经理，不辞劳瘁。贫乏沾德惠，寒畯就栽培，时与有力”。苏子齐置田三百余亩立义仓，“丰年积贮，遇凶祲，减价平粜”。

清道光《云南柿园宋氏宗谱》卷五《人物志》记载族人宋子兴于族内创义仓。清族人宋志清“创义输金，市米平粜。余赀（资）复立积仓，经理一本朱子遗法，贫窭赖济”。

清道光曲靖宣威《戴氏族谱》卷五《人物传》记载族人戴才下“疾革，犹以族多贫窭，荒岁艰于自给，属子镛兴立社仓赈粜”。

清道光保山《张氏族谱》卷六《家传》记载族人张文敬“输谷平粜，谷尽，典贷买米以济。又捐租倡首，劝同族建义仓，亲任经理，积谷数百石，灾祲有备”。

清道光年间，保山《张氏族谱》记载了设立义仓的目的：

族有宗祠报功祠，祠有谱牒，有文会，外有显宦富商，而独无义仓。恐其好施善贯名天下而不善于求福也，因以朱子求福之法为之序，而立义仓焉。

一、义仓仿朱子社仓法，苟诚心乐善，虽寒士亦能为之。

二、先捐己资为仓，存祠堂公屋内，而后捐谷。其捐钱者亦代为买谷而记谷数。有不愿捐而愿寄者，约以不论久近，年荒还本。

三、所收之谷，无论为捐为存，一概春粜秋籴，夏放秋收，稍取其息，四五年谷必倍之。

四、谷多之后，非特赈饥备荒，凡一族之鳏寡孤独及亲老子女多，一人力作，事畜不赡，与夫遇水火灾病告贷无门者，皆有以赈济之。务求一族之人无饥寒愁苦、流离乞丐、辗转沟壑及不得已而男为盗贼、女失身者，而后兴立义仓之心庶几无憾。

五、本族既保其鳏寡孤独仰事俯畜，水火灾病皆有以赈济之，而不至饥寒愁苦、流离乞丐、辗转沟壑、为盗失身等事。本族既赡而有余力，则以推恩于族之乡邻亲戚，使本族之义仓子母相生，而延恩泽于无穷，且使他族慕而仿之，愈以行良法于靡尽。自近而远，同登仁寿，倡首者之子孙何患不富贵绵远哉！①

《张氏族谱》对设立义仓的益处做了说明，又在义仓制度设计方面做了规划。为了保证义仓救济制度的顺利实行，张氏宗族还通过宗族法的形式对义仓救济加以规范：

凡家贫孤儿寡妇与疲癃残疾，及年壮遇灾遇病、素行归真、衣食无赖而无服亲者，祠董拨祀租以赈之。如祀租无余，于合族上户及其近房派送月米。在节妇则尤当加礼，其寡妇与疲癃残疾俱赈之终身。孤子、病人以年长、病好为度，孤子日后发财，则捐资为义田义仓以济后之贫者。②

该族强调受到宗族义仓救济的族人，倘若日后渡过难关，发家致富，要捐资创设义仓以救济其他贫困族人。该族还规定每年冬至会谱，“如有霉烂、破损、涂污、遗失不全，照违误轻重、家资厚薄公议取罚。罚款买谷入义仓”③，将罚款收入用于购买义仓谷。

清咸丰曲靖宣威《符氏族谱》卷六《人物传》记载族人符夏华“输

① 张仪．张氏族谱：卷八　义田[M]．写本．1835（清道光十五年）．

② 张仪．张氏族谱：卷二　族规[M]．写本．1835（清道光十五年）．

③ 张仪．张氏族谱：卷二　族规[M]．写本．1835（清道光十五年）．

谷二千入家祠，置仓曰‘庆丰’，每岁出陈易新，以防荒歉”。

清咸丰《云南元江小羊街房氏家谱》卷六《传记》记载族人房顺本“佐父倡建义仓，输谷备赈”。房启诰为义仓捐输八百金，“每岁暮必散钱米以周贫乏，历数十年不衰”。房万铭佐父经营，“义仓初置，捐费四百金”。房相炳为义仓输千金。

清光绪大理《毛氏家谱》卷七《家传》记载族人毛朝政建义丰仓，“悯凶年贫者乏食，捐田若干亩入祠为义仓，以周窘困”。

清光绪《蒙化刘氏宗谱》卷七《人物传》记载族人刘朝举“输田数亩，嘱子丹圃请示勒石”。刘圣奇“尝集同志创建义仓，置田数十顷，族中贫乏均有赖焉”。

清光绪《玉溪钱氏宗谱》卷五《传记》记载族人钱必鹏“少负长才，佐父经纪”，“岁荐饥，与绅士捐米平粜，颇仿朱子南康遗法”。

清光绪昭通《关氏族谱》卷八《传记》记载族人关子永忠“倡捐千金，偕族人设义丰仓，经理十余载，减价平粜。所赢，置田八十余亩，谷贮义仓备赈，自是人不知饥”。

清光绪《云南恩安李氏宗谱》卷五《人物传》记载族人李得柏捐置义仓，“备岁歉，兴文教”。李启智“尝捐费创建义仓，遇荒平粜，一族均沾其惠”。李顺详“尝悯族人鬻薪易米，午犹未炊，倡立义仓，首捐谷三百石，劝众集成，以备岁荒”。李顺仁捐千金置义仓。

清光绪《兰坪营盘张氏族谱》卷九《家传》记载张良将“尝念村四面崇山峻岭，千家无田，遇荒年燃眉莫济，与族中同志创建义仓，首捐租谷三百石，孳息置产”。张得忠“念村遇岁歉告籴无从，因创建义仓，积谷筹备。家不甚丰，首捐银租共二百金，劝合族量力勉输，襄成善举”。

清光绪《祥云周氏宗谱》卷八《传记》记载族人周顺泗建义仓，“置租约三千余金，以备荒歉”。周得润家贫，借馆谷养亲，“族欲立义仓，奖劝以成”。周相旌“创建义仓，储谷济乏”。

清光绪《和顺李氏宗谱》卷七《家传》记载族人李文清“创立义仓，首捐谷百余石，复藉（借）众力输助，得谷二百石。修独孳息二十年，置田产，建仓厂，岁给贫户，乡里尸祝之”。李伏昭与弟德昭、庆昭，共输银千两建积义仓，以济荒歉。

清宣统大理《钟英杨氏族谱》卷六《人物传》记载族人杨文海“业茶稍裕，置产悉与兄均。捐赀（资）置义仓，值岁饥，减价平粜，族赖以安”。杨达臣等创建义仓，合族捐输，备赈养士。

民国《祥云孔氏家谱》卷六《家传》记载，清代族人孔朝贵捐田三十亩入祠孳殖。“嗣经司理善筹，散户襄助，积累巨费，建仓置产。每当青黄不接时，减价平粜，族赖以济饥，至今感德无已”。

民国大理《阎氏宗谱》卷七《人物传》记载，清代族人阎再品创建善裕仓，有田产二百五十余亩，“岁歉平粜，并津贴考费”。阎良瓒“劝族中殷实创立义仓，时家拮据，亦捐百金襄助”。阎相义经商致富，“归家建义仓，修桥路，善举多赖襄成”。阎从福与族人阎从寿创立嘉丰仓，“减价平粜，历久不废”。

上述云南汉族移民宗族及其成员积极创办义仓或为义仓捐粮捐资的做法，增强了宗族内部保障的物质经济基础，是宗族凝聚、救助、控制族人的重要手段。

3. 通过学田、义学、义租等实施宗族救济

明清时期，随着儒家文化在云南地区的传播、科举制度的施行，云南汉族移民宗族对教育均十分重视，教育经费开支也呈现出逐渐增长的趋势。宗族要将族人培养为一个合格的科举成功者或有用之才，为家族声誉增光，往往要花费很大的代价。而各类名目繁多的教育花费和开支，对于培养族人、造就科举成功者实在不可缺少。清乾隆年间，玉溪吴氏宗族对族人用于教育方面的开支做了一个大致的罗列，可作为云南汉族移民宗族重视教育的一个缩影：

族之兴也，必有贤子孙为之纲纪。子孙之贤，必先纳之党塾之中，俾读圣贤之书，明义理之归，授之成法，宽之岁月，涵育熏陶，而后人才有所成就。然方其入学也，有修脯执贽之仪，有礼傅膳供之费。及其长而能文也，则有笔札之资、图籍之用、膏火之需；其出而应试也，则有行李往来之供；其从师访友也，则有旦夕薪水之给、朋友庆吊酬酢之情。故欲教之使之有所成就，尤必先有以资其养，使之有所藉（借）赖而卒其业。是故，得所养则所谓修脯执贽、礼傅膳供、笔札膏火、行李往来、旦夕薪水、庆吊酬酢之费皆有所出。其暴弃者不足道。有志之士则莫不诗书风雅，大之观光上国，作宾王家；次亦侧身庠序，不失为识理之君子。不得所养则费无所出，其昏愚者不足论。聪明才俊之子，埋没于贫寠之中者，不知凡几矣。即有一二自好者流，饥寒迫其中，衣食乱其性，谋道之心不敌谋生念，则往往辍其好修之志。及无聊不平，则易他途以自营其衣食者，又不知凡几矣。如是而犹望贤子孙以光先德，此不易得之数也。伊川先生曰：士农不易业，既入学则不治农，然后士农判。在学之养，若士大夫之子不虑无养，虽庶人之子，既入学则亦必有养，明乎人有养而后定志于学也。今欲其定志于学而无以资之，亦殊非祖宗所以培植人才之至意也。吾族自先世以来无学田，或其时有未便，或其志有未逮，皆不可知。其在今日族将大矣，岂必尽有以资之，豪杰之士虽无文王犹兴，亦岂必藉（借）祖宗膏火之资而后奋发兴起，而在善体祖宗之意，以教育一族之人才，自宜创立学田，垂之永久，使世世子孙有所凭藉（借）而为善。①

在吴氏宗族看来，上述名目繁多的教育花费，对于振兴宗族教育、培养合格人才、造就科举仕宦之才十分必要。而对于宗族贫困家庭和贫困学人来说，这的确是一项沉重的经济负担。若没有外来经济援助，实现个人的人生目标和理想，对于宗族贫困家庭和贫困学人来说极为困

① 吴嗣维．玉溪吴氏宗谱：卷八　家规[M]．刻本．昆明：同安坊，1765（清乾隆三十年）．

难。有鉴于此。明清时期云南汉族移民宗族及其族人经常通过捐输学田、兴办义学等途径，为贫困族人的日常教育或参加科考提供经济资助，这是云南汉族移民宗族在教育领域内实施救助的一种体现。

清光绪昭通《关氏族谱》卷六《族规》规定：

子姓十五以上、资质颖敏、苦志读书者，众加奖劝，量佐其笔札膏火之费，另设义学以教宗党贫乏子弟。

该族还规定：

宗祠钱粮丰裕之日，酌助本族贫生赴试卷资。

清咸丰曲靖宣威《符氏族谱》卷四《族规》规定：

凡在学，家事贫乏，有志向上，勤苦读书，每岁祠中量给纸笔、灯油之费。

清光绪大理《毛氏家谱》卷六《家规》指出：

族中子弟有器宇不凡、资禀聪慧而无力从师者，当收而教之。或附之家塾，或助以膏火，培植得一个两个好人，作将来模楷，此是族党之望，实祖宗之光，其关系匪小。

清嘉庆保山《戈氏家乘》卷八《家传》记载族人戈洪昌“念族中子弟无力从师，文风未振，捐田二十亩倡兴义学，尤为宗族利赖焉”。清嘉庆昆明《王氏族谱》卷七《人物传》记载族人王国昭勇于为善，“堂弟志仁，幼时家贫，几废学，助之膏火赀（资），遂领乡荐”。清乾隆玉溪《杨氏族谱》卷八《人物传》记载族人杨正良设置“膏火田廿余亩，以资后学”。清光绪《蒙化刘氏宗谱》卷七《人物传》记载明代族人刘光辉割田二十亩捐入宗族创办书院，资助族中子弟能读书者。清乾隆《谢氏宗谱》卷七《传记》记载族人谢运亨“在族兴立塾学，嘉惠寒偶，永垂为例”。清光绪《兰坪营盘张氏族谱》卷九《家传》载：“族中子弟读书三五年，如果天资高妙与天资平等而志大心专者，其家贫无力，则祠董于祀租每年拨助学资。如祀租无余，则于上户亲房劝其扶助，中举则偿其本。”

上述云南汉族移民各宗族及其成员通过兴办义学，捐输义田、义租等形式，对贫困族人施以教育救济，使家族中不少人实现了自己的人生目标和理想，在某种意义上也壮大了所在宗族自身的实力，充实了家族的文化底蕴。宗族教育救济，有助于凝聚族中贫困学子的人心，是云南汉族移民宗族常用的一种控制族中知识分子的手段。

4. 通过义屋实施宗族救济

义屋是指宗族或其成员为贫困族人提供的房屋。明清时期，云南汉族移民宗族及其成员往往出资出力，为那些流离失所无屋居住的贫困族人建造义屋或提供居所，以实施族内救济。

清道光年间昆明《苏氏族谱》卷五《人物志》记载，明代族人苏锐“大出其橐装，首创屋为堂为楼为室为仓庾七十七所，灶井之溷厕称是，聚其族而居”。民国大理弥渡《张氏族谱》卷六《家传》记载清代族人张海潮“输赀（资）建义屋数十间，以睦亲族”。清道光曲靖宣威《戴氏族谱》卷五《人物传》记载族人戴文渊“构义屋数百楹”。清嘉庆《蒙化陈氏家谱》卷六《家传》记载族人陈思定经商致富，“输田数十亩，分给族中贫老，购两大厦，一居族老无依男，一居族老无依妇”。

清咸丰《符氏族谱》卷六《人物传》记载族人符家珍“出千金作室城中，与同祖者居之”。

明清时期，云南汉族移民宗族通过建造义屋、提供居所等救济手段，使部分族人免于流离失所，从而有助于维持宗族内部社会秩序的稳定。这也是云南汉族移民宗族实施族内控制的一种手段。

5. 通过义冢实施宗族救济

义冢是指为埋葬无葬地之人（包括族人和本宗族以外的人）而设立的坟地、墓山。明清时期，云南汉族移民宗族及其成员通过向贫困无葬地之人提供义冢的形式实施族内救助，以帮助他们渡过难关，从而达到收拢人心、凝聚贫困族人的目的。这是云南汉族移民宗族常用的一种软性控制手段。

在保山境内，清道光《张氏族谱》卷二《族规》规定："当置立义冢一所，听无地者安葬，如无樵楱，劝募给之。"据家谱记载，明清云南汉族移民宗族及其成员创设的义冢还有：

清咸丰《云南元江小羊街房氏家谱》卷六《传记》记载明代族人房庆详捐资购买义冢，"捐资买地为之，复买地二亩，资其租入为祀事"。

民国大理《阎氏宗谱》卷七《人物传》记载清代族人阎家昌"捐资买山地一十余亩，遇贫不能葬者给棺瘗之，有司为之立籍"。

清光绪《和顺李氏宗谱》卷七《家传》记载明代族人李国兴"买地五亩，任贫无地者葬之，无棺者给之"。

民国《蒙化姚氏族谱》记载清代族人姚必廉"奉父永洪遗命，买山税十五亩五分，呈县立案，税粮自纳，任民埋葬"。

清光绪《云南恩安李氏宗谱》卷五《人物传》记载族人李翰林"买地若干亩，任贫无地者葬之"。

清乾隆《玉溪吴氏宗谱》卷七《传记》记载族人吴文举"捐资买山二亩三分，以济贫寒之葬而无地者"。

清嘉庆保山《戈氏家乘》卷八《家传》记载族人戈定基"买山税一亩，以济贫寒者埋葬"。

清宣统大理《钟英杨氏族谱》记载族人杨大业"居家收族，置义冢"。

（三）明清云南汉族移民宗族社会救济的条款限制

明清时期，云南汉族移民宗族根据自身的经济状况对族内弱势群体实施相对广泛的经济救助，与此同时，许多宗族在实施族内救济时增设了各类附加条件以约束、控制族人。其中，云南汉族移民宗族对各类救助对象设置了诸多限制性条件，而大量禁止性与惩罚性的条款设定是其主要体现。

清嘉庆《蒙化高氏族谱》卷七《义田》对分配条件做了详细规定：

一、发谷日期，每月定于初一日，如次年正月，即先期于头年十二月二十五日预发。

二、每人每月给谷三斗，闰月如之。

三、谷系给本族鳏寡孤独四穷之人，须合例者，不得徇情滥给。

四、四穷及废疾与例相符给谷者，执事之人知会督总，给与（予）经折。孤子注明年庚，以备查考，再行给谷，以专责成。

五、四者之外，有自幼废疾、不能受室、委实难于活命者，一例给发。

六、鳏独年至六十岁给领食谷后，有愿继与为子者，亦一体给领，全其宗祧，其子年至十八岁，停止。其父母仍照例给发。

七、孀居有子，俟其子年至二十五岁，停止。二十四岁有，二十五岁无。

八、孤子年至十八岁，停止。十七岁有，十八岁无。

九、孤女出嫁日，停止。

十、族人或有流荡他方、久无音信者，其父母妻子不得捏称物故，援例食谷，总以访有实据，本家迎过魂后方准给领。

十一、食谷之人有病故者，给谷三十六斗，以为身后使用。孤子女自十五岁以内者，给谷二十四斗；十岁以内者，给谷十八斗；五岁以内者，给谷九斗。其谷于下月初一日给领。

十二、孀居住居母家者，准其领给。寄居亲戚者，不准领给。妄住母家，不准。

十三、四穷合例之人，总以自宋至今住居本村者，准其领给。

十四、盗卖祖坟公产、盗砍荫木者，永不准给。

十五、孀居年少时不愿食谷，出村佣食，及至年迈归家再行请领者，永不准给。

十六、鳏独孤子有干犯长上、行止不端者，停给三年，改过，三年后再给。

十七、妇人打街骂巷、不守规法者，停给一年，改过，次年再给。

该族在对族内鳏寡孤独之人实施赈济时，强调要按照宗族内部既定的成例进行，如“谷系给本族鳏寡孤独四穷之人，须合例者，不得徇情滥给”，“四穷及废疾与例相符给谷者，执事之人知会督总，给与（予）经折”，“鳏独年至六十岁给领食谷后，有愿继与为子者，亦一体给领，全其宗祧，其子年至十八岁，停止。其父母仍照例给发”，“族人或有流荡他方、久无音信者，其父母妻子不得捏称物故，援例食谷，总以访有实据，本家迎过魂后方准给领”，“四穷合例之人，总以自宋至今住居本村者，准其领给”等条规中，都提到了一个“例”字，就是强调赈济要“合例”“与例相符”“照例”“援例”，即应符合宗族已有的约定俗成的惯例和先例。这种在宗族内部长期存在并被长期坚持执行的成例，对受救济族人而言是具有较强的约束和控制作用的。该族还就受救济对象应具备的条件做了严格而详细的规定，其中特别强调受救济族人的道德品质问题，对于盗卖祖坟公产、盗砍祖坟荫木、干犯长上、行止不端、打街骂巷等违背宗族伦理和宗族社会秩序、损害宗族利益的族人，则被排斥在救济范围之外。情节特别严重的，永远剥夺受济权利，情节不是十分严重且知过能改者，有时也给予一定的改过自新的机会。

清嘉庆《蒙化孙氏族谱》卷三《义田》载：

一、春粜之设，以户钱粮营米为谷价，早完国课，永利族贫，仍储谷备荒，法至善也。规条详列于后，惟冀永远遵行勿替，以无负谋者敦宗筹远之苦心，举族幸甚。

二、不论男女大小口一例粜给，其小口年至三岁准籴。

三、盗卖祖坟公产、盗砍荫木者，永不准籴。

四、聚赌无论骰子、跌钱、看牌，概不准籴，改过，次年准籴。

五、酗酒打降者，不准籴，改过，次年准籴。

六、男妇有干犯长上、品行不端及好与人寻事争斗者，停籴三年，改过，三年后准籴。

七、妇人打街骂巷、不守规法者，停籴一年，改过，次年准籴。

八、有用人者不准籴，如出嫁女归宁在家及妻之母相依者，不以用人论。女与妻母不准籴，本家听籴。此外，另有亲戚及帮工者，即与用人无别，该户概不准籴。

九、居本村者方准籴。

十、族人贸易来去无定，届期亲身报名，准籴，期后来者不补。

该族在对饥荒年份族中贫困之人进行救济时，对盗卖祖坟公产、盗砍荫木、聚众赌博、酗酒打降、干犯长上、品行不端、好与人寻事争斗、打街骂巷等违背宗族伦理、扰乱宗族社会秩序、损害宗族利益的族人，给予剥夺受济权利的处罚，对情节较轻且知过能改者则留有改过自新的余地。

清嘉庆年间，昆明王氏在族内制定了义租分配规条，包括分给族人的规条限定、不给族人的规条限定，对义租分配的条件做了详细的规定，从中可见该族通过严格的制度设计以约束、控制族人的真实意图。该族义租分配规条主要内容为：

一、公议每人每季支干谷四斛，定期三、六、九、十二月初五日缴票领谷，又随付下一季票，不预支，不积存。

二、乏嗣男妇，男年过六十五岁，妇年过六十岁，贫寒不能自赡者，给养终身。

三、男人年虽未合，若系笃疾残废不能自食其力者，照给。

四、妇人丧夫、年在三十六岁以内、无子守志者，给养终身。抚孤者，孤与母并给，孤照幼男式。孤年至二十一岁，并母亦停止不给，以孤成立当奉养也。孤或痴迷笃疾，则不与成立者比，给发，照议随时变通。

五、幼男三岁以下、八岁以上，半给，每季支干谷二斛交；九岁至十四岁，则全给；十四岁后停止，扣存。十五、六、七、八岁，该给之谷，于公厥候其娶妻有日，一趸给付，不准他事支借。

六、给谷男妇设有病故，支谷八斛殡葬，缴票。

七、孤儿父母俱亡、贫寒无依者，有服属收养，亦照给。

八、妇人守志乏嗣，继族子承祧，关系最大，所继之孤自应照规给养，然必告之祖庙，明诸族房，立有凭约，方为慎重。若仅女流口头相许，类多翻悔，及长大乖离，则公家给养，继母抚字，均成虚掷。为母者仍然无所依倚，岂能复按规给养终身耶。继子不合例，不给。[①]

该族义租分配不给规则规定：

一、本人丰足有力者，不给，或本人不愿领，亦从其便。

二、男妇素行有亏，曾经祠厅革退者，虽合条规，亦不给。

三、妇人丧夫守志，有成人之子，不给；有子非笃疾而不养其母，亦不给；有翁姑而不侍奉者，不给。

四、妇人守志抚孤，给母子外，余子半给，女不给。[②]

结合上述两类规条的具体内容来看，该族对于获得救济的族人的年龄、品德、素质、生存状况、赈济数量、操作办法等都做了详细规定，其中特别重视族人的道德品质、血缘状况等条件的限制，如“继子不合例，不给”“男妇素行有亏，曾经祠厅革退者，虽合条规，亦不给”等规定具有较强的惩戒功能，对族人具有较强的约束力和控制力。

清咸丰曲靖宣威《符氏族谱》卷五《义田》记载该族通过对孤寡废疾等族人颁发义租以实施救济：

发义租，凡支下年十六岁以下之孤及寡而无子者，或有子而未出幼者，六十岁以上无人奉养者，及有废疾者，每年九月十五日匣内给发租谷一担。

该族还规定：

① 王灿南．王氏族谱：卷五　义田规约 [M]. 写本 .1807（清嘉庆十二年）.

② 王灿南．王氏族谱：卷五　义田规约 [M]. 写本 .1807（清嘉庆十二年）.

如有既受祖宗矜恤而不安分守己、违法不端者，公同停其义租。[①]

该族对不安分守己、违法不端的族人则剥夺其受济权利。

（四）明清云南汉族移民宗族的物质奖励软性控制

与宗族救济重在接济、救助的功能不同，物质奖励主要是一种物质的或经济的激励奖劝措施，通过这一措施可实现“提供某些好处以换取人们对社会与政治秩序的接受”[②]的目的。物质奖励是物质利益软性控制手段的重要内容，从类型上说，物质奖励既是一种经济控制手段，有时也是一种积极的软性控制的方式。在明清云南汉族移民宗族中，它主要体现为宗族通过颁胙发包等物质刺激和奖励手段吸引族人参与祭祀等集体活动，或通过对那些有功于宗族或为宗族争得荣誉的族人进行物质奖励来激励其他族人加以效仿，以实现对族人的软性控制。

在昭通境内，谢氏宗族通过设置祭筵的方式以褒奖族中“有功祠事者”：

酬功之典，前人以建祠为重，故于有功祠事者则酬之，盖因缔造艰难而能急公以助其祠之成，自不得不为之报，然必定以捐输之额，不及额者，不能滥邀，盖亦严矣。[③]

该族强调对于“能以宗祠为切，解橐急公”，有功于祠堂建设者，“援例以酬”。[④] 该族有一套具体的做法，“建祠之时，凡捐输百两以上者，议给祭筵一席，以酬其功。通族祭祖日公众议定：凡出百金进主者，祠中永备桌席祔祭，其神主永远不祧。故至今奉为成规，输银壹百两，方准给祭筵一席，不及数者，不得祔席，遵循已久，盖祖制不可违

① 符定甲．符氏族谱：卷五　义田[M]．写本．1855（清咸丰五年）．

② 王国斌．转变的中国：历史变迁与欧洲经验的局限[M]．南京：江苏人民出版社，1998：103．

③ 谢楚湘．谢氏宗谱：卷首　凡例[M]．写本．1760（清乾隆二十五年）．

④ 谢楚湘．谢氏宗谱：卷首　凡例[M]．写本．1760（清乾隆二十五年）．

也”。[①]

此外，该族还根据形势发展的需要，为捐输银两数量特别巨大的族人设置大酬功之条：

祖制输银百两以上者，春秋祠祀准祔祭筵壹席，此酬功定规也。惟是急公祠墓，不吝囊金，捐逾千两及数千两以上者，业大功隆，已非寻常可比。若循照百两一席，则酬之不胜酬，泛而无纪，亦觉非体，且更无以昭特出而崇报享也。特添立大酬功之条，则功业既迈于等夷，酬报独隆于有众，亦所以重杰出之彦而大鼓舞之意耳。

一、旧规酬功五百两者，每百两给桌面一席。每席专享一人，并无两人合席。此系祖制，尽善尽美，宜永远遵循，不得更张。

二、今议酬功一千两以上者，另文特祭，给桌面二席。本人与配各一席，此以特祭为重，如有两配三配者，亦一席共享。后同。

二千两以上，本人与配特祭外，上追祭一代，共给桌面四席。每代二席。后同。

三千两以上，本人与配特祭外，上追祭二代，共给桌面六席。

四千两以上，本人与配特祭外，上追祭三代，共给桌面八席。

五千两以上，本人与配特祭外，上追祭三代，下荫一代，共给桌面十席。

三、追祭之席，如前人已有酬功者，准其以次递追，上至高祖而止，不得过越以逾礼制。其或上追不去则准下荫，席多者先尽其子，余及其孙，荫席以长不以幼，以嫡不以庶，子孙虽多不得争荫。

四、酬功席面，旧规每席给银二钱五分，听本家自备。顺治丙戌以后，因祠费不敷，将此停止。今俟族谱告成之日，仍照旧遵行。其千两以上大酬功，春祭为始，每席遵照旧规给银，仍分送羊豕胙，公议存照。[②]

① 谢楚湘.谢氏宗谱：卷三　祠制[M].写本.1760（清乾隆二十五年）.
② 谢楚湘.谢氏宗谱：卷三　祠制[M].写本.1760（清乾隆二十五年）.

该族通过对有功于宗族的族人给予一定的物质奖励，对其他族人起到了一种激励和鞭策的作用，从而有助于宗族制度的建设和巩固以及宗族内部秩序的维护。

为了激励后人积极投身科举、为宗族争光，该族还特别设置功名胙，以褒奖科举仕宦之人：

凡支丁入泮者，不论文武，每祭加给猪胙一斤，祭饼一双。

凡科拔、岁、副、贡廪生，每祭加给猪胙一斤半，祭饼二双。

凡乡试中式举人，每祭加给猪胙二斤，祭饼二双。

凡会试中式进士，每祭加给猪胙四斤，祭饼四双。

凡入词垣、点部属，每祭给胙照进士规外，于饮福时另设正席一筵，设而不坐，饮毕，司事遣价送于其第。

凡入仕职官，八、九品照生员规，五、六、七品照举人规，四品以上照进士规给胙。不论吏员捐纳，皆同。其由科目出身筮仕者，给科甲胙，不另给职官胙。

凡捐职及捐贡监生，由生员报捐者给胙，仍照生员规。由贡廪生报捐者仍照贡廪规，其由俊秀报捐者，不给。

凡封翁照其子入仕品职给胙，但须其子已登仕版方给，若捐职请封典者，不给。凡仕宦致仕或告病告养、丁忧引年者，均照原品规给，若犯贪墨、蠹民不法、镌职者，停给。

凡以上人员，居住本村，或游宦游学在外，所加之胙仍照规给；若寄居外村、外籍，来里与祭，照规给；不与祭，不给。

元旦利市金花饼，照祭胙式，一概递加给。①

此外，该族还为科举仕宦之人赠送旗帐或给旗匾银，以示祝贺与奖励：

凡支丁入泮者，祠送旗帐贺，折送银二两四钱。

① 谢楚湘．谢氏宗谱：卷三　祠制［M］．写本．1760（清乾隆二十五年）．

乡试中式举人，祠给旗匾银二十四两，副榜半之，总匣支封，司年专送。

会试中式进士，祠给旗匾银四十两。

殿试入词垣、点部属，祠给旗匾银八十两，不另给进士旗匾。[①]

上述物质褒奖措施的实行，可起到引导和激励族人积极投身于科举应试、为宗族争光的目的。

昭通境内还有一些宗族通过物质奖励措施对族人实施软性控制。清光绪《关氏族谱》规定，在关氏族内：

乡绅举贡监生员与祭，颁腥胙一斤，以重士子，以鼓后学。

派下应试诸生科试卷费一两，院试童生卷费三钱，其封签上俱书元卷一册。会试考选路金三两，其封签上书尚书全部。其新发登仕籍者举贺，俱照旧规。俟文会田产归会之日，仍系本会自行支送。[②]

该族通过对族中参与科举之人的颁胙、提供盘缠路费支持，以及对科举中第族人的祝贺，体现他们对科举的重视及鼓励族内学人的用意。

清道光年间，玉溪通海宋氏宗族规定：

俟本祠钱粮充足之时，生童赴试应酌给卷费，孝廉会议应酌给路费，登科登甲、入庠入监及援例授职者，应给发花红，照例输费。倘再有余，应于中开支修脯，教请明师，开设蒙学，教育各堂无力读书子弟。[③]

该族强调通过物质资助和奖励措施，以激励族人积极投身于科举、出仕为官。

清嘉庆《蒙化陈氏家谱》卷三《家法》规定：

吾宗以忠厚传家，而立节守义者亦多。今特疏名于簿籍，第其事势之难易列为二等，剂量胙之厚薄，每祭必颁以分之，用示优待之意，抑

① 谢楚湘．谢氏宗谱：卷三　祠制［M］．写本．1760（清乾隆二十五年）．

② 关旭．关氏族谱：卷六　族规［M］．写本．1903（清光绪二十九年）．

③ 宋学志．云南柿园宋氏宗谱：卷二　祠制［M］．写本．1838（清道光十八年）．

亦表彰之义也。

该族通过颁胙的方式以表彰节义之人。

该族还规定：

立经学一处，延请文行兼优者为师训导，每岁束脩以三十六金为率，供给十二金。族中能成篇者，愿入经学，到祠公同文会诸公面试准入。每月在馆公立两粥一饭火食，每日以二分为率。三、八作文期，每位给肉四两，外助诸生纸笔，应县府试者卷费三钱，院试者五钱，乡试者四金，不在馆肄业者亦助二金。立蒙学一处，延请老成盛德者为师训导，每岁束脩以二十四金为率，供给十二金。外助诸童纸笔书本，月试日程，岁有课习，庶几成人有德，小子有造，吾宗文教日益振兴也。[①]

该族通过设立经学、蒙学，延请名师，提供学习资助等举措，鼓励族人积极接受教育，参加科举考试。

在保山境内，据清道光《张氏族谱》记载，该族对祭祀时颁胙发包的规则做了详细规定：

宗子与礼生及分献老人临祭时，各饮猪羊血酒。举司值善书者恭录祝文三章、架能干祝文一章，给猪油一斤。

宗子给猪首一个，定七斤，不足肉补，外散福。分献二人，各给猪胙一斤。

读祝礼生三人，各给银锭麻饼一对，每对重半斤。与祭派丁十五岁至五十九岁，给猪半斤，未上丁者不给。

六十岁与祭者，外散福，不与祭者不给。

七十岁给猪羊胙共一斤，外散福，不与祭亦给胙，散福。

八十岁送猪羊胙共二斤，外散福。

九十岁送猪羊胙共四斤，外散福。

一百岁鼓乐送猪羊胙各八斤，散福，桌盒一席，酒四壶。

① 陈德．蒙化陈氏家谱：卷三　家法[M]. 写本 .1815（清嘉庆二十年）.

六十岁以上举报乡大宾者，捐银六两，外加胙四斤。举报饮宾者，捐银一两，外加胙半斤。

应考童生给猪羊胙一斤，外散福，不与祭者不给。

生员给猪羊胙二斤，外散福。

廪生给猪羊胙三斤，外散福。

恩、拔、副、岁贡给猪羊胙四斤，外散福。

举人给猪羊（胙）八斤，外散福。

进士给猪羊胙十六斤，外散福。

鼎甲及翰林鼓乐送胙，猪羊各二十四斤。出仕州县以上，送猪羊胙十二斤。科甲出身者，外照本身加胙。

道府以上，送猪羊胙二十四斤，科甲出身，外照本身加胙。

三品以上，毋论出身，通用鼓乐送猪羊全副。

监生照生员例给胙，散福。

捐贡生给猪羊胙三斤，外散福。

吏员捐职者照生监例给胙，散福，未捐职者不给。

杂职九品出仕者给胙四斤，未出仕者给胙二斤。

杂职八品出仕者给胙八斤，未出仕者给胙四斤。

杂职七品出仕者给胙十二斤，未出仕者给胙六斤。

杂职六品出仕者给胙十六斤，未出仕者给胙八斤。

捐职五品出仕者给胙二十斤，未出仕者给胙十斤。

捐职四品出仕者给胙二十四斤，未出仕者给胙十二斤。

八品以上科甲出身者，外照本身加胙。

以上俱照前例，先捐资，后给胙。不捐者，虽与祭亦不给胙。如有应试出仕不得与祭者，俱照例给全胙。在家不与祭，俱给半。有功名又年七十者，两项胙并给。

司值、查察每人给猪羊胙一斤，外散福。不诣祠办事者不给，仍罚大周对一千。旧例各给胙二斤半，今因人多酌减。首事各给猪胙一斤。

发胙刀手给胙二斤。

以上各胙猪羊肉，照胙多寡配搭，司值、查察执秤，毋任拣择。

司值、查察于祭之明日，诣祠盘算各账，中午各给荤面一碗，下午全首事散全碗。①

而该族对发丁包及老人、斯文的待遇如下：

宗子主祭，给包胙三对。

分献二人，各给包胙二对。

与祭派丁十五岁至五十九岁，给包胙一对。

六十岁与祭者，给包胙二对，不与祭不给。

七十岁给包胙三对，不与祭亦给。

八十岁者送包胙四对。

九十岁送包胙五对。

百岁送包胙二十对。

应考童生与祭者，给包胙二对，不与祭不给。

生员给包（胙）三对。

监生照生员例给胙。

吏员捐职有部照者，照生监例给胙，未捐职者不给，旧例并无此项，今酌增。至乡的耆老，用本身给胙。

例贡生与廪生给包胙四对，恩、拔、副、岁给包胙五对，出仕者照出身倍给。

举人给包胙七对。

进士给包胙十四对。

鼎甲及翰林送包胙二十八对。

出仕州县以上送包胙十二对，府道以上送包胙二十四对，科甲出身者外照本身加胙，三品以上，毋论出身，送包胙五十二对。

---

① 张仪．张氏族谱：卷三　祠制[M]．写本．1835（清道光十五年）．

杂职八、九品照吏员给胙，出仕现任者倍胙。七品以上俱照举人例给胙，出仕现任者倍胙。

以上与祭者给全胙，不与祭者俱给半。出仕及应试不得与祭者，俱照例给全胙。有功名年登七十以上者，虽不与祭，斯文、老人两项胙并给。①

从上述祭祀颁胙规定看，保山张氏宗族内部呈现出较为明显的重功绩、重功名、重长老的特征。此外，还有一个共性特点，那就是重视族人的等级身份，而这种等级身份是通过物品数量等级的划分来体现的。

除在祭祀方面对科举中第之人予以奖励外，该族还规定：

送乡会试赴闱盘费，乡试现有所置田产租息，汇积三年，照人多寡分送。会试定于祠内每人送元银二十四两，中进士者，祠内送银四十八两，鼎甲及翰林照例倍给。拔贡上京朝考者，祠内送银二十四两，永为定例。

贺新生，宗祠定例照新生人数，每名于公匣内贴钱三钱，仍到者各出分资。如遇便班演戏，宗祠外贴油火杂费钱一两。

书院每年春分、冬至前酌定祭期，特行祭礼，以昭祀事。捐资置产，立一文会，每月齐传阖族应试生童，诣院会课二次。课日供给饭食，课文延访名师，酌送束倍，寄呈评阅，定名出榜，列前五名者，给赏纸笔，以示奖励。如有在家不到课者，着会首访查记名，春冬两季并不给胙。②

该族对族人的日常学习、科举考试，以及对于科举中第者，都提供各种类型的物质帮助或物质奖励，在宗族内部起到了示范和激励作用。

清咸丰《云南元江小羊街房氏家谱》记载，房氏宗族为族人参加科考提供一定的路费盘缠支持：

一、文童院试，给制钱一百四十文。

① 张仪．张氏族谱：卷三　祠制[M]．写本．1835（清道光十五年）．

② 张仪．张氏族谱：卷三　祠制[M]．写本．1835（清道光十五年）．

二、生员岁科，给制钱一百四十文。

三、生监入闱，给制钱一千四百文。

四、副榜入闱，给制钱一千四百文。

五、拔贡上京，给制钱一万四千文。

六、举人会试，给制钱一万四千文。[①]

该族为族人参与科考提供路费盘缠支持的举动，既是一种经济支持，在某种意义上更是一种物质奖励软性控制。

清光绪《蒙化刘氏宗谱》卷五《家规》载：

立春祭后一日，以祖考贤良作宰用设敬老育贤之席，以夫人贞节起家用颁胙于族之孀妇，褒既往，劝将来，寓意甚深，后人当世守之。

该族通过向族中孀妇颁胙，以褒奖她们的守节行为，这有利于加强对宗族妇女的控制，对族内其他妇女有着重要的示范作用。

清道光昆明《苏氏族谱》卷二《祠制》规定：

祭祖所用猪羊，除元旦八桌桌面胙俱有主祭、陪祭、分献、执爵等支丁领去外，清明、冬至桌面胙仍余什之四五，尽听祠长分给。其羊胙在元旦亦听祠长分给，若清明、冬至所余尚多，猪胙每分给一斤八两，羊胙每分给二斤。

该族通过颁胙的途径吸引族人参加宗族祭祀活动。

清光绪大理《毛氏家谱》卷首《谱例》载：

子弟能立志读书，有功族间，不愧家声，族众每有科派，免其一丁出办。常考应试盘费，取于公众，成名加胙。

该族通过免除徭役、资助盘费、成名加胙等举措，激励族人立志于读书与科考，为宗族争光。

清咸丰年间曲靖《窦氏族谱》卷六《族规》规定：

族内有孝子顺孙贤兄悌弟，或义士贤儒，或贞女节妇，或年高德劭

① 房永胜．云南元江小羊街房氏家谱：卷二　族规 [M]. 写本 .1857(清咸丰七年).

堪为后世典型者，或品学兼优言坊行表者，或乐善好施救难济贫者，或创兴公益者，或家庭雍睦数世不分者。以上有一公，送匾额以褒之。匾额概以粉底丹书。

该族对为宗族声誉增光的族人予以赠送匾额的褒奖。

三、明清云南汉族移民宗族内部的文化控制手段及其运用

所谓文化控制手段，是指利用人类在长期的共同生活中创造的、为人类所共同遵从的行为准则和价值标准对社会成员进行控制的方式。文化控制手段具有非直接强制性、自觉性、广泛性等特征。[①] 在明清云南汉族移民宗族内部，对族人发挥控制作用的文化手段，主要有以朱熹《家礼》为代表的儒家礼的规范、社会舆论等。

（一）以“礼”作为宗族内部控制的重要手段

家谱中的礼仪一般是记载家族成员在成年、婚礼、丧葬、祭祀等礼仪活动中的具体条规，但有一些家谱还会记载祀文、器具、祭品制作等，像婚礼、冠礼属于吉礼，而祭礼、丧礼便属于凶礼，而这些都属于家谱中礼仪的重要内容。家谱中礼仪内容的来源主要是朱熹的《家礼》，自明清以来的家谱内容大部分都参照了《家礼》，而朱熹根据当时的社会背景，也明确规定了冠婚丧祭和其他内容的礼仪，它们是维持家族伦理道德的重要所在，也是实现和谐稳定的基础，最终使各个家族重视起来并让风俗礼仪成为家谱中的重要内容。家谱中，五服图也会放在重要的位置，其目的是使家族成员能够更好地辨别血缘和世系，在后代参加一些活动时遵守相应的礼仪，可见礼仪对于家谱和族人都是一项重要的内容，并且起到了相应的教育作用。明清云南汉族移民宗族也将“礼”作为宗族内部控制的重要手段。

① 郑杭生．社会学概论新修[M]. 北京：中国人民大学出版社，2003：407.

1. 礼的控制功能

所谓礼，其最初的含义是指远古时代祭祀鬼神以求得保佑的一种仪式。随着社会的发展，礼的性质发生了变化，从单纯事神转向事人，成为政治、经济和社会生活中所应遵循的行为规范。而作为社会行为规范的礼，更是一种较为常用的行之有效的社会控制手段，[①] 正如《孝经》所云："安上治民，莫善于礼。"此外，礼还与法、俗、乐等相辅而行，构成礼—法、礼—俗、礼—乐等社会控制的模式。

礼所具备的社会控制功能，受到历代统治阶级和以士大夫为代表的有识之士的高度重视。及至宋代，随着民间礼教的日益强化，大量的家礼、乡礼类著述涌现出来，其中尤以南宋朱熹《家礼》最为著名，影响也最大。朱熹《家礼》在对历代礼书的观点进行系统总结的基础上，将国家礼制的部分内容通俗化、普及化，使之更易为民众所接受，也易于民间操作和实践。由于朱熹制定《家礼》的一个极其重要的目的是为复活与推行宗族制度服务，朱熹《家礼》对宗族制度的发展和繁荣产生了至为深远的影响。明清云南汉族移民宗族的各项活动也较为普遍地遵循朱熹《家礼》中的原则性规定和相关要求。

明清时期，由于封建统治阶级以及士大夫的积极提倡，礼的规范，其中特别是以朱熹《家礼》为代表的儒家礼仪制度，在维持和协调宗族社会人伦等级关系，实施宗族内部控制，从而达到宗族社会秩序稳定和统治牢固方面，发挥了更为重要的作用。民国时期，昆明《吴氏族谱》卷首《凡例》所载内容延续明清制：

吾神州夙重宗法，尊祖敬宗收族之谊，炳炳于礼经，吾群之昌大荣固实利赖之。姓各有祠，祠各有谱牒，阅岁千百，厘然不紊，用能慈孝敦睦，守庐墓，长子孙，昭穆相次，贫富相保，贤不肖相扶持，循循

① 田成有. 乡土社会中的民间法[M]. 北京：法律出版社，2005：46.

然，彬彬然，序别而情挚。试稽其朔，固由考亭先生定礼仪，详品节，渐渍而成俗。

由此可见，朱熹理学及朱熹《家礼》，已成为云南汉族移民宗族组织的重要精神动力和制定宗族礼仪制度的重要依据。

明清时期云南汉族移民宗族及其族人对礼的控制功能已有较为深刻的认识，如清乾隆年间《玉溪吴氏宗谱》卷首《凡例》记载了该族对礼的认识：

盖自天高地下，万物散殊，而礼制行焉，故曰：礼者，天地之序也。又曰：礼者，理也。先王知理之不可易也，乃设其器、制其物、为其数、立其文，以待其有事，而为其起居出入、吉凶哀乐之具，盖其本在于养人之性，而其用在于言动视听之间，家国天下均莫能离也。

在吴氏宗族看来，礼所具有的控制功能，对上至国家下至个体家庭，都须臾不可分离。

对于云南汉族移民宗族来说，他们更看重的是朱熹《家礼》所发挥的规范与控制宗族日常社会秩序的功能。清道光《和顺刘氏家谱》卷首《凡例》载：

范家以四礼，曰冠昏丧祭。文公著为《家礼》，炳如日星矣。遵行《家礼》，率以为常，惧一行之不久而辍，非敢于《家礼》有所损益也。合于人情，宜于土俗，俾知《家礼》一书若衣服饮食，不可一日离焉耳。

在明清云南汉族移民宗族看来，《家礼》已成为“合于人情，宜于土俗”“切于日用”“不可一日离”的治族的有效工具。

正是基于上述功用，明清云南汉族移民宗族社会对朱熹《家礼》较为推崇：

我族读朱子之书，服朱子之教，秉朱子之礼，以邹鲁之风自待，而以邹鲁之风传子若孙也。乃今之行礼者，见其父老秉礼而服义，其子弟循矩而蹈规，一族如一家，而且以讲学为菽果布帛，朔望有塾讲，四季有族讲，雍容于一堂之上，大要以朱子为宗旨，而旁及于近世诸大儒之书，以四礼为大纲，而致谨乎步趋进退周旋之际，祛世俗之谬讹，行古道于今日。[①]

因此，云南汉族移民宗族的制度建设多是以朱熹《家礼》为中心开展的。

2. 云南汉族移民宗族礼制设计与内部控制的实践

明清时期，云南汉族移民宗族多围绕朱熹《家礼》进行本族内部的制度设计和制度建设，并且在族规家法中都有关于族人遵守朱熹《家礼》的规定和要求，希望通过对朱熹《家礼》的积极践行达到控制族人的目的。经朱熹精心加工而成的《家礼》，其内容主要体现在冠礼、婚礼、丧礼、祭礼等四个方面，而这也正是最切合宗族需求的方面。不过，由于宗族情况的错综复杂，各宗族在以礼控制族人的实践中，对礼的内容取舍有别，有的是从综合角度全面强调，有的则就某一两个方面重点切入，因而呈现出不同的特点。以下就明清云南汉族移民宗族围绕朱熹《家礼》的制度设计和以礼控制族人的实践情形进行梳理与分析。

（1）关于冠婚丧祭等礼的综合性设计和规定。

①冠婚丧祭四礼。清道光《和顺刘氏家谱》卷五《家法》收录明万历年间刘氏家族制定的家规：

冠婚丧祭，所以纪纲人道之始终者也，以后有事，遵用文公家训以行。

该族强调通过实行朱熹《家礼》，以维持宗族纲纪和风教。

清乾隆昭通《谢氏宗谱》卷三《祠制》载：

先王制冠婚丧祭四礼以范后人，民生日用常行，此为最切。惟礼则成父道，成子道，成夫妇之道，无礼则禽彘耳。且礼不伤财，不废时，

① 符定甲．符氏族谱：卷首　谱序[M]．写本．1855（清咸丰五年）．

不失事，至易至简，不知何故不肯遵行。吾族禁邪巫，守正礼，惟在子孙之所效法焉。试言效法之大要：冠则宾不用币，归俎止肴品果酒，不用牲，惟从俭。族有将冠者，众则同日行礼。长子众子，各从其类，赞与席，如冠者之数。祝词不重出，加冠醮酒，祝后次第举之，拜则同庶人。三加之礼，初用小帽、小深衣、履鞋，再用折巾绢、深衣皂靴，三用方巾或儒巾，服或直身，或襕衫员领，皆从便。婚则禁同姓，禁服妇改嫁，恐犯离异之律。女未及笄，无过门。夫亡，无招赘，无招夫养夫。受聘，择门第，辨良贱，无贪下户货财，将女许配，作贱骨肉，玷辱宗祊，不顾廉耻，自犯祠谱两出之条。丧则惟竭力于衣衾棺椁，不作佛事，棺内不得用金银玉物。吊者止款茶，途远待以素饭，不设酒筵。服未除，不嫁娶，不听乐，不与宴贺，衰绖不入公门。葬必择地，避五患，不得泥风水邀福，至有终身不葬，累世不葬。不得盗葬、侵祖葬、水葬，尤不得火化，犯律重罪。祭则聚精神，致孝享，内外一心，长幼整肃，具物惟称家有无，不得为非礼之礼，此皆孝子慈孙所能尽力者。至于四礼节目，亦当备知。

该族重视通过“冠婚丧祭四礼以范后人”，实现族内控制，并对冠婚丧祭四礼予以系统诠释，对族人容易违礼的方面则予以提醒和警诫。

清道光昆明《苏氏族谱》卷四《族训》收录明崇祯年间的苏氏族训：

我族自宏公以来颇称殷盛，诸凡子孙更礼义相先，谦恭和厚。冠婚丧祭一遵文公《家礼》。出入进退，往来交际，与凡家常起居，事上接下，不可轻率放旷，愆仪败度，有失家族体面，得罪亲朋。

在礼仪制度方面，该族遵循朱熹的设计，并强调通过实行朱熹《家礼》以维持宗族礼仪和家族体面。

清光绪大理《毛氏家谱》卷六《家规》载：

予族庙祭，每岁之祭以四：清明、中元、冬至、腊底，或荤或素，皆称三献礼。子孙齐集，皆衣冠肃穆焉。而清明先期又各墓标祀，其他外神明随诞期会祝，有常仪。冠礼不行，嫁女父醮，其女行笄礼，昏自定庚、约聘、约采、请期、辞堂、及笄总六礼，而后迎昏、庙见、合卺，及听拜见舅姑各尊长以正夫妇之位，谓为分大小。其童养媳亦行笄礼，在本翁醮之。庙见、合卺后皆同。丧则老者告终，即去辞老，以生礼见殓用纸，丰者用绵。入棺开堂，无论男妇长幼，俱早晚作吊及送殡，无不同。妇女皆戴麻巾、麻笄，主人不给帛，不备食，然亦称家有无，礼节如此。大概一从简易，似一家人相晋接。诚恐将来风俗渐漓，人心不古，必以前人所行为不足法，或更为变易，岂不自谓脱过前人，然而揆之文公《家礼》，未必无刺谬也。务实者必不乐此，探本者必不肯为此，故善徇时好，不如善守先典之为循分也，善用新奇，不如善率故常之为得真也。

该族对族中冠婚丧祭四礼的相关礼节做了详细的设计和规定，并强调以朱熹《家礼》为参照，在行礼过程中坚持以循分守真为原则。

②婚丧祭礼。清光绪《玉溪钱氏宗谱》卷四《家规》指出：

婚丧祭，称家有无，只宜朴实为上，勿习世俗浮华，有违《家礼》。

该族强调婚丧祭礼以遵守朱熹《家礼》为原则。

③丧祭礼。清嘉庆保山《戈氏家乘》卷七《家规》收录明嘉靖年间制定的家规：

居乡不奉淫祀，丧祭多用文公礼，丧祭不尚佛事，即春秋祈报有在祀典者，迎神演戏不趋浮靡，惟尽诚敬而已。

该族要求按照朱熹《家礼》的精神举行丧祭礼。

清光绪《云南恩安李氏宗谱》卷二《家规》载：

至若丧祭之仪，文公《家礼》具在，遵而行之足矣。

该族强调丧祭之礼遵朱熹《家礼》而行。

（2）关于冠礼的设计及其实践。

清嘉庆《蒙化孙氏族谱》卷四《族规》收录明万历年间制定的族规：

惟冠礼未甚举行，殊非家训。盖乡之盛衰系于人之贤否，成人之道自冠礼始，不可忽也。今幸复有行者，宾赞之谢，诚朴为文，亦无大费，各父兄迭相效法，渐成礼教，庶挽颓风。

在族内，一些家庭一度未行冠礼，该族强调要通过恢复冠礼以实现“礼教”，并规定“男子年十五至二十皆可冠，身及父母无期功丧始行”，对行冠礼的年龄、时机做了设定。

清道光玉溪通海《云南柿园宋氏宗谱》卷四《族规》规定：

子弟年十五以上，许行冠礼，须能诵习讲解、醇谨有度者，方可行之，否则迟之。弟若先能，则先冠，以愧之。

子弟当冠，须延有德之宾，庶可责以成人之道，其仪式尽遵文公《家礼》。

子弟已冠而习学者，须沉潜好学，务令所习精进，有日异而月不同之趣。若因循怠惰，幼志不除，则去其帽如未冠时，通则复之。

该族对族中子弟举行冠礼的年龄、素养品质、仪式等都有具体的设计和规定，对素养品质达不到条件或虽行冠礼但“因循怠惰，幼志不除”者，予以推迟或去帽的惩罚。

清乾隆《玉溪吴氏宗谱》卷八《家规》载：

至十六岁方行冠礼，照所定冠仪遵行。子弟未冠者，不得以字称，必延聘明师教以孝悌忠信为主。

该族对举行冠礼的年龄做了规定，以行冠礼作为成人的标志。

清光绪昭通《关氏族谱》卷六《族规》记载：

冠者，成人之道也，方童子之时，加冠于首，而责其成人，顾不以礼率之，申命以戒之，盛服以期待之，而遽欲其尽成人之道，不亦难乎？吾宗于此礼，上世每袭行之，迩年以来，因循废弛，先王盛典，湮没于巨族，甚可惜也。今后春秋二祭，礼生习礼，定于前期二日演习冠礼，务要节文习熟，礼度闲雅。将冠之子弟，与其秉礼之父兄、族长正副集众于祠，举而行之，庶童子知所以为成人，而他日所就，未可量也。然非特有力而秉礼者之事，至于无力者，从俗可也。

冠礼在该族一度终止之后又重新加以实行，该族强调根据个体家庭自身的经济实力以决定举行与否，执行时比较灵活。

民国《蒙化姚氏族谱》卷四《祠规》收录清康熙年间制定的家规：

子弟当冠，须延有德之宾，庶可责其成人。

该族强调要为族中子弟及时举行冠礼。

清嘉庆《蒙化陈氏家谱》卷三《家法》规定：

子孙年及十六以至二十，宜行冠礼，其仪式并依文公《家礼》。

该族强调对适龄范围内的本族子弟，按照朱熹《家礼》规定举行冠礼仪式。

民国《云龙天耳井解氏家谱》卷三《祠制》收录该族清代制定的规定：

新冠到墓标祀者，须查明宗祠上过冠礼，然后发胙。如未上冠，不准给发。

该族以举行冠礼作为成人的标志，只有举行冠礼者方可获得宗祠发胙的权利。在这里，践行礼仪成为族人能否享有权利的一种衡量标准。

清宣统大理《钟英杨氏族谱》卷五《族约》规定：

冠礼久废，时俗惟于娶亲前一日，请族中尊长加冠于首，略存古礼之遗。

至晚清时期，该族又一度恢复冠礼的部分仪式。

（3）关于婚礼的设计及其实践。

清咸丰曲靖宣威《符氏族谱》卷四《族规》收录明代制定的族规：

婚礼不贺，古之典也，又况贺而谑乎？始进不正，防微谓何？伦理所关，反古宜亟。自今新娶者众与行合卺礼，毋得效世俗入房戏谑，违者议罚。余仪遵文公礼式。

该族重视按照朱熹《家礼》的仪节举行婚礼，在行合卺礼时，不准族人入房戏谑，以免违背宗族伦理。

清道光年间，昆明苏氏宗族对于违背婚礼的各种恶俗给予了较为详细的记载：

概自婚礼不明，有阴阳拘忌、选命合婚、男妇失时者；有自幼许字、指腹为婚致疾病贫窭、背信爽约者；有门第非偶、妄自缔婚者；有过听媒妁之言，不以性行家法为务，而惟依财附势是急者；有弃亲丧之礼而讲合卺之仪，置括发之戚而修结发之好者；有张鼓吹、演戏剧以娱宾亲者；有男女混杂、行类禽兽、如世俗所谓闹房者；有往来礼节不周，更相责望，遂致乖争者。种种恶习，不可枚举。①

并认为：

有一于此，便非古道。是在读书好礼之君子，痛革时俗之非，而后考古婚礼之意，行媒受币，日月告君，斋戒告鬼神，为酒食以召乡党僚友，俾男正位乎外，女正位乎内，将天地之大义、人伦之大经，王化从此始，礼乐从此兴，家之盛衰，国之治乱，皆于是乎在也。②

该族呼吁以宗族士大夫为代表的读书好礼之君子，致力于朱熹《家礼》所规定的正统婚礼的提倡，以达到"为夫者以敬持身而帅其妻，为妻者以敬守身而顺其夫"这一宗族婚姻家庭秩序和谐稳定的目的。

该族还强调：

婚姻乃人道之本，俗情恶态相沿不改，至亲迎醮啐、奠雁授绥之礼，人多违之。今一去时俗之习，其仪式悉遵文公《家礼》。新妇入门合卺，本家须烦持重者襄礼，照所定仪节举行。一切亲疏长幼不得效恶俗入房耍闹，违即群叱之。③

这一族规指出婚礼必须以朱熹《家礼》为指导，摒除时俗恶习，行合卺礼时，不准入房戏闹，以免违背宗族伦常秩序。

（4）关于丧礼的设计及其实践。

清道光年间，保山刘氏宗族对丧礼有如下规定：

亲丧，人子大事，当悉如文公《家礼》仪节襄事，不得信用浮屠，

① 苏富南．苏氏族谱：卷四　族训［M］．写本．1839（清道光十九年）．

② 苏富南．苏氏族谱：卷四　族训［M］．写本．1839（清道光十九年）．

③ 苏富南．苏氏族谱：卷四　族训［M］．写本．1839（清道光十九年）．

以辱亲于非礼，以自底于不孝。

古者丧家三日不举火，亲朋裹粮赴吊。今后有丧之家，不得具陈酒馔，处人以非礼。[①]

该族强调按照朱熹《家礼》仪节举行丧礼。

清咸丰《云南元江小羊街房氏家谱》卷二《族规》载：

丧礼久废，其仪式悉遵文公《家礼》。子孙临丧，当务尽礼，不得惑于阴阳非礼拘忌，以乖大义。

族中丧礼多惑于阴阳之说，长期停废不举，至咸丰年间，该族予以拨正，强调按照朱子《家礼》的仪式举行。

清光绪《玉溪钱氏宗谱》卷四《家规》载：

丧礼仪制须遵儒礼，世俗多信浮屠，追荐超度，悖谬之甚，宜皆屏绝。

该族强调丧礼要屏绝浮屠之说，按照朱熹《家礼》等儒家礼节举行。

（5）关于祭礼的设计及其实践。

清嘉庆年间，大理巍山孙氏宗族编纂的族谱中收录了明万历年间制定的族规："祭仪依文公《家礼》。"[②] 该族祭祀遵循朱熹《家礼》的仪节。

清道光保山《张氏族谱》卷二《族规》规定：

元旦，合族集宗祠，致祭琼英、琼华、琼芝、琼芳四公，仪节告文略如朱氏《家礼》。致祭仪节告白，一如《家礼》。

该族主张按照朱熹《家礼》的仪节举行祭祀活动。

在祭礼方面，同一时期的玉溪通海宋氏宗族也遵循明代就制定的族规，对于时祭、忌祭、墓祭、灶祭、社祭、厉祭、五祀祭、八蜡祭、焚黄祭等也都有较为详细的规定，基本上遵从朱熹《家礼》的精神和原则

① 刘卿岳．和顺刘氏家谱：卷五　家法[M]．写本．1848（清道光二十八年）．

② 孙学正．蒙化孙氏族谱：卷四　族规[M]．刻本．昆明：兴运堂，1800（清嘉庆五年）．

以及有关儒家礼的规范。[①]

清乾隆年间,《玉溪吴氏宗谱》卷三《祠规》规定:“元旦谒祖团拜及春秋二祭,悉遵朱子《家礼》。”该族祠堂祭祀遵循朱熹《家礼》的相关规定。

清光绪《蒙化刘氏宗谱》卷五《家规》规定:

立祖先神主于厅堂,凡我子孙出入必告,朔望必谒。时食必荐,生忌必祭。其祭仪必遵文公《家礼》,不可怠忽简略。

该族主张按照朱熹《家礼》的仪节举行祭祀活动。

从以上各宗族事例可以看出,明清时期云南汉族移民宗族,无论是对礼的全面复兴,还是对礼的某些方面的局部强调,无不以遵行朱熹《家礼》作为实施族内控制的重要手段。

更有甚者,某些宗族还根据朱熹《家礼》的精神并结合本族实际,制定了本宗族的家礼。清道光年间曲靖宣威戴氏宗族在其家谱第二卷《祠规》中制定了本族的家礼,主要包括以下内容。

冠礼:

冠所以责成人之义,男子年十六至二十,无期以上丧,皆可行也。冠礼废,天下无成人。唐时士大夫家行之者鲜,至有宋而复以冠为重,其仪注备载朱文公《家礼》,宜仿照行之。至其加冠及命字之词,或将就为易解吉语,亦可其三加礼,或从省为一加亦可。

近世冠礼虽不盛行,而女子许嫁未有不笄者,但笄是合髻之簪,世俗误以紒为笄,紒与髻同音,所谓假髻,乃妇人加于髻上之饰耳。又世俗醮女之礼大重,使女南面端坐,母拜而整席拜而进酒,哭而整席哭而进酒,尊行卑,吉行凶礼,非礼之至。在女子既笄将嫁,端坐而醮之,此俗实难顿改。母立面祝之,使小辈进酒可也。将有远行,潸然出涕,固人情所不能禁者,奈何大作哭声乎?是在礼法之家变通行之,毋大违

① 宋学志.云南柿园宋氏宗谱:卷四 族规[M].写本.1838(清道光十八年).

礼可也。

婚礼：

凡婚娶须门户相对，嫁女宜稍胜于我者，娶妇宜稍不如我者，女家稍不如男家，免新妇骄傲翁姑夫婿也。嫁女论礼而不论财，娶妇论德而不论色，不可慕人之豪势而存倚傍之心，不可羡人之富而起沾染之见，凡存此心、起此见，皆近于无耻也。至于婚姻之礼，原不能不从俗，但俗之大违乎礼者亦不可从。如山乡嫁女于婿，临行时女母以锁钥置女鞋中，并以假发长跪号泣，以纳婿袖中，非礼可笑，礼法者断不可行。

新妇三日行庙见礼，《家礼》增新婿满月至妇家行庙见礼，此礼甚正，足补《礼经》之缺，最宜行之。凡我族新婿自亲迎后第二次来，嫁女之主人先告祠首启祠门，引婿以香拜见祖宗。虽嫁女者因贫未能请酒，祠首不得为难。至再醮之婿，虽豪富不许行庙见礼，所以正纲常、重名节也。

丧礼：

丧事有三大非礼，断不可从。第一是作（做）佛事，谓之超度。试思父母行善，何劳超度？父母若行恶，惟有行善以解父母之恶，又岂此辈所能超度？临丧不哀，妄信邪说，大非礼一。第二是亲房家家不举火而就食于丧家，丧家以酒肉燕（宴）客。夫孝子三日不食，亲邻当具饘粥以劝之食，奈何幸人之灾为醉饱计乎？至远来吊客，亦止当具蔬食以待之。奈何每夕轰饮，同于喜庆，大非礼二。第三是惑于风水，停丧不葬。夫亡者以归土为安，人家祸福由于善恶，故阴地由于心地，心地好当得好地，十日内亦可得好地；心地恶当得恶地，一百年还得恶地，断非地师所能代谋。不求心地而求阴地，以亲死为求福计，大非礼三。凡孝子当去此三大非礼而后可言丧礼。

丧礼孝子朝夕哭奠，并无祭礼。丧主三年不祭祖庙，而况新丧，其哭奠当用一司祝及执事一二人。司祝并不读祭文，但每次哭奠之先，代子盥洗行香以降神。因孝子不栉沐，手不净，不能行香灌地也。执事代进酒肴，每日二次，无所谓祭也。在亲友吊死设祭，则用礼生以乐侑食，然礼生以当素服，世俗以吉服为丧祭，礼生及孝子主祭行礼，皆大非礼。

进主是吉礼，然必供灵于家，三年服满，然后行之。

改葬是凶礼，改葬父母，虽已满服，仍服凶服。改葬有服之祖，虽不及见其没，亦服其服而迁之。凡改葬起迁，则凶服下棺，即全换吉服，此所以异于新丧也。

凡忌日亦素服，不饮酒，不听乐，不与庆贺。倘五服内有于此日婚娶，彼既不避我父母之忌辰，我亦不必与彼之庆事。惟祖以上忌日，五服婚娶不必避，而是日亦不当与庆事，次日乃往。

祭礼：

祠堂春秋之祭，照《家礼》行三献及侑食之礼。祭主有三：一是宗长，亦曰宗子，乃本族长房之长子；二是族长，乃班辈最长者；三是年长、班辈虽不尊而年齿冠一族者。然年长或有或无，非所重也。主祭以宗子为重，族长陪祭。如宗长、族长不能行礼，则使族之有衣冠者代祭，而祝版祭主仍书宗子、族长之名。

祠堂，所以序昭穆，恶俗有祠堂捐钱配享之例，钱多中座，钱少旁座，无钱不得入配，以致子中座而父旁座，孙配享而祖不得入祠，悖礼灭伦，莫此为甚！凡我族祠堂止论昭穆，由中而边，但龛座易满，以五世为限，六世则毁，永不许开捐钱配享之例。

每年清明扫墓，合族同往。各房由各房公堂举办，各家私墓，不论远近，清明必至。

凡神主当由祠堂措资做成白坯，其趺与龛座配定，安座上方，不倾倒。由丧家领去，自行油漆，主额以朱漆，以金贴皇清字。主面用油粉，字用墨写，庶乎易世可以改题，加封可以改题。如有封有官者，于皇清下接书某封或某官显考某号神主，妣则接书某封显妣夫人若孺人某氏神主，旁书孝男某奉祀。无官，书处士，妣亦书孺人，其讳与生没娶葬，子女均填于夹里。

祠堂及各家六祀神位，以金为字，书本祠或本宅中。溜门户行井灶之神位，世俗不奉六祀，乃以僧道寺观之神，供之于祠堂家宅，大不相宜。所谓非其鬼而祭之也。凡六祀，每祭祖必先具仪祭之，每祭墓必先具仪祭司土之神，礼也。

庆礼：

凡父母生辰，长子整席请父母坐，长子夫妇及群弟夫妇为一行，男东妇西，子妇为一行，皆北面再拜兴，长子奉酒跪父母前，从俗进颂祝之词，父母受酒。众皆跪，长子复位，再拜兴，礼毕。如兄嫂生辰，弟率妻先行礼，兄嫂立而答，礼毕。子侄以下行礼，乃坐受之。

凡贺岁，父母坐，子孙一辈为一行，同拜讫，第一行男东妇西立。第二行拜如前，以次拜讫。东西男妇相对揖，礼毕。祠堂合族元旦行礼仿此，但族长不坐，第一行拜后皆立，东序西面。第二行拜讫皆立，西序东面，以次拜讫，同揖而退。[①]

该族所订的家礼，包括冠礼、婚礼、丧礼、祭礼、庆礼等五个方面的内容，对相关制度、仪节、礼的执行等都做了详细的设计和规范，用各种礼编织成严密的控制网，将族人置于其中。由此可见，以礼控制族人在明清云南汉族移民宗族内部控制体系中占有极为重要的地位。

3. 云南汉族移民宗族通过对礼的执行与监督进行族内控制

明清云南汉族移民宗族积极致力于宗族礼仪的制度化建设，形成内容上繁复庞杂、形式上规整统一的宗族礼制。对于宗族而言，他们看重的往往并不是礼制条文本身，而是礼制的具体执行以及由此带来的族人得以有效管理与控制、宗族社会秩序得以有效协调与规范的实质成果。出于上述目的，云南汉族移民宗族十分重视通过对礼仪的执行与监督，

① 戴应元．戴氏族谱：卷二 祠规[M]. 写本.1841（清道光二十一年）.

以控制族人，维持宗族社会的日常秩序。

清咸丰曲靖宣威《符氏族谱》卷四《族规》收录明嘉靖年间制定的族规：

每轮会之家，酌立纠仪二人，司察威仪动静，以成礼节，庶不失大家规矩。

该族举行乡约会时，立纠仪以监督族人遵守礼节规范。

清光绪《蒙化刘氏宗谱》卷五《家规》载：

礼莫严于祀，祀本之孝诚而发之仪节。仪节乃祀典之可按而循者，无贤愚共守之。有其文，无其诚，孝子慈孙犹不若是恝，况乎并其文而失之也，则仪之所当慎审矣。

该族强调对祭祀仪节的认真执行和监督。

清乾隆《玉溪吴氏宗谱》卷二《祭祀》所规定的祭祀仪节如下。

春正三日祭世祖仪节：通（赞）排班，班齐，捧龙牌，执事二人，抬香案、圣谕牌，置庭中，跪，与祭者俱北向跪，宣圣谕，以音响洪亮子弟一人，在龙牌左立，南向，高声宣读孝顺父母、尊敬长上、和睦乡里、教训子孙、各安生理、毋作非为六句。俯伏兴，鞠躬，五拜，三叩头，兴，平身，各退廊立，撤龙牌，行大祭礼。

谒祖仪节：先燃香明烛，具馔席，斟酒齐备。通（赞）排班，班齐，鞠躬，拜兴，拜兴，拜兴，拜兴，平身，化财，揖，平身，阖龛门，捧龙牌，执事二人，抬香烛案、圣谕牌，置庭中，宣圣谕，以音响洪亮者一人，在龙牌左立，南向，高声宣读孝顺父母、尊敬长上、和睦乡里、教训子孙、各安生理、毋作非为六句。鞠躬，拜兴，拜兴，拜兴，拜兴，拜，三叩头，兴，平身，礼毕，执事撤龙牌，各就座。

由上可见，通过对祭祀仪节的遵守，该族较好地达到了控制族人、维持族内社会秩序的目的。

清道光年间，保山和顺刘氏宗族在祠堂祭祀方面规定：

其祭日，文会务须先到，检点礼仪，并立纠仪二人纠察，以免祭时僭越失仪。①

该族内部由宗族文会及纠仪监控仪式的执行，通过仪式控制避免僭越失仪行为的发生。

为了实现礼的控制功能，有的宗族还在族内定期演习家礼，并让宗族子弟亲临现场观看家礼的排演。清光绪昭通关氏宗族规定：

文公《家礼》一部，当首时常请族中子弟演习，务要如仪，毋得喧扰亵慢。②

该族要求宗族子弟按照朱熹《家礼》的仪节予以认真演习。

清乾隆昭通《谢氏宗谱》卷三《祠制》载：

子弟五岁以上，每谒祖讲书，及忌辰祭祀，务令在旁观看学习，使之见惯。

清嘉庆昆明《王氏族谱》卷四《祠规》记载：

未冠八岁以上，即命与祭，俾自幼习知礼节。

在日常祭祀过程中，王氏宗族通过让年幼子弟观看礼仪排演，使他们自幼便受到礼的浸染。在上述两个宗族中，礼仪教育和礼仪控制实际上是从儿童抓起的。

此外，有些宗族还重视通过对礼的深入研讨，以加深族人对礼的控制功能的认识。清乾隆保山《杨姓家谱》卷首《凡例》载：

礼之不明，由于学之不讲，祖孔宗朱，讲习讨论，浚其源以达其流，培其根以茂其枝，则礼之行也不难矣。

该族强调通过对礼的讲习讨论，使之得到有效推行。

（二）社会舆论

所谓社会舆论，是指多数人对社会生活中发生的事件或行为等发表的具有一定倾向的议论、意见和看法。它是蕴藏在人们思想深处的共同

① 刘卿岳．和顺刘氏家谱：卷三　祭祀［M］．写本．1848（清道光二十八年）．

② 关旭．关氏族谱：卷五　祠规［M］．写本．1903（清光绪二十九年）．

心理倾向，是一种巨大的精神力量，对社会成员的价值取向和行为方式产生着较大的影响。社会舆论的社会控制作用机制，即社会舆论的社会控制功能的发挥，是通过广为传播的舆论，造成一种社会氛围，使得处在这种氛围中的社会成员自觉或不自觉地服从舆论的导向与制约。其具体作用方式是带有价值判断的社会评价，对某种具体的价值观或行为方向进行褒扬、赞赏，或进行批评、谴责。[①] 此处拟采用社会舆论和社会控制的相关理论，对明清云南汉族移民宗族社会舆论及其控制功能加以分析。

明清时期云南汉族移民宗族社会舆论较为发达。这一时期各宗族中的文会就是一种较有影响的社会舆论评价和控制机构，而通过文会进行评议则是当地社区内一种较为流行的社会舆论评价和控制方式。清乾隆年间，昭通《谢氏宗谱》卷三《祠制》载："雀角何须强斗争，是非曲直有乡评。不投保长投文会，省却官差免下城。以名教相砥砺。乡有争竞，始则鸣族，不能决则诉于文会，听约束焉。再不决，然后讼于官，比经文会公论者，而官藉（借）以得其款要过半矣，故其讼易解。"作为一种社会舆论评价和控制的机构与平台，文会成为普通族人依赖的重要对象，当发生纠纷时，他们以文会为民间裁判的首选，而不是主动寻求属于官方行政系列的保甲长加以解决，这在一定程度上反映了文会在云南汉族移民心目中所具有的重要位置。当遭遇纠纷时，民众首选文会，在客观上也减少了官方的行政开支及成本，收到了所谓"省却官差免下城"的良好效果。而当民间调解机制完全失效必须经官解决时，文会评议所形成的建议或意见即所谓"公论"，则对官府的裁判产生着重要影响。既然能对官府施政产生较大的影响，可见明清云南汉族移民宗族社会舆论功用及其对族人的控制力已较为强大。深受聚族而居这一生存居住模式的影响，明清云南社会舆论多属于宗族舆论，或是在宗族舆

① 郑杭生．社会学概论新修 [M]. 北京：中国人民大学出版社，2003：408.

论的基础上有了一定程度延伸的乡族舆论。

明清云南汉族移民宗族社会中，“月旦评”“乡评”等社会舆论评价和控制机制逐渐形成，对族人发挥着积极有效的控制和引导作用。清道光玉溪通海宋氏宗族内部有所谓“月旦评”形式的宗族舆论评价和控制机制：

平居，子弟恂恂受约束，即或为不义，众有月旦评，不义者亦窃悚惕自耻。名教维系，和气致祥，以故冠盖相望，丰积蝉联，其所养者素也。①

该宗族通过“月旦评”这一舆论评价和控制机制，对族中不义之人或不义行为予以批评、谴责，有效地控制了不义行为的蔓延，对其他族人也起到了一定的警示作用。

保山张氏宗族明代族人张浩瑞的事迹也曾受到“月旦评”的高度评价：

名浩瑞，字维鸣，别号云台，幼习儒，知文章大意，后屡试不利，辄从故业，而维鸣之于贾也，犹之于文，惟以信义行之，若垂时上下、操取予之术，非其所优，故所得亦莫能振乎先世。而月旦叙及长者行履生平无妄语、无妄行、无妄交，则维鸣当之无愧矣。②

该族族人张聘下的事迹也得到了“月旦评”的推重：

名聘下，字仁三，敦厚雅训，确守先烈遗风，不诡随于俗，月旦重之。③

清道光年间，昆明苏氏宗族社区也有“月旦评”这一形式的舆论评价和控制机制，该族族人苏志清的孝行曾受到“月旦评”的积极评价：“幼失恃，事父及继母，曲尽子职，乡旦尝以闵子评之。”④

① 宋学志 . 云南柿园宋氏宗谱：卷四　族规 [M]. 写本 .1838（清道光十八年）.
② 张仪 . 张氏族谱：卷六　家传 [M]. 写本 .1835（清道光十五年）.
③ 张仪 . 张氏族谱：卷六　家传 [M]. 写本 .1835（清道光十五年）.
④ 苏富南 . 苏氏族谱：卷五　人物志 [M]. 写本 .1839（清道光十九年）.

与“月旦评”相类似，云南汉族移民宗族社会中还有一种被称为“乡评”的社会舆论评价和控制机制。清咸丰《云南元江小羊街房氏家谱》卷六《传记》记载明代族人房应学“兄婴痼疾，宝左右扶持，与同起居，十数年不怠，乡评重之”。民国大理《阎氏宗谱》卷七《人物传》记载明代族人阎登甲“痛父早卒，事母以孝闻。次弟无子，割产植弟嗣。躬创祖祠，率置祭田。岁饥，怜穷乏，宁瘠已活人。终其身，馈金不受，喜愠不形，凌犯不较，厚德孚于乡评”。清光绪《和顺李氏宗谱》卷七《家传》记载明代族人李应禄“惟务俭勤，不事华靡，公平正直之操孚于舆论，孝友姻睦之行协乎乡评”。清光绪《祥云周氏宗谱》卷八《传记》记载该族绅士周启动“功在宗族，遇孤惸穷厄救恤之惟（唯）恐后。为人排解不惜捐橐，远近赖之。至若孝友兼笃，父母兄弟人无间言，尤为乡评推重”。清光绪《兰坪营盘张氏族谱》卷九《家传》记载该族郡庠生张清韶“家贫，母老弟幼，舌耕供给，创义仓，常为乡评所称美”。民国《蒙化姚氏族谱》卷六《传记》记载清代该族经商致富的姚文郁“随父贾乐，同祖窀穸，力为营葬。有欲赁宗祠业茶者，启谓祖灵不安，愿如其值以敷祠用。其勇于为善，允协乡评”。清光绪《云南恩安李氏宗谱》卷五《人物传》记载该族李朝燕“处家居乡有质行，无过举，膺选被荣，乡评以为允协焉”。民国《云龙天耳井解氏家谱》卷六《人物志》记载清代族人解志忠“康熙辛丑岁旱饥，连减升斗以济亲乏。甲子，邑大水，竭蹶倾囊，给葺亲友房屋。一生节概，素协乡评”。清乾隆《玉溪吴氏宗谱》卷七《传记》记载族人吴大丘“周急恤困，率多义举，乡评重之”。清嘉庆保山《戈氏家乘》卷八《家传》记载族人戈得贵“遇公事辄以身先。董祠务，自一世至十五世俱立墓表，俾世守无忘。广增祀产，助成合族彬雅孝睦之风。乡评推许，邑荐宾筵”。清宣统大理《钟英杨氏族谱》卷六《人物传》记载族人杨启高“为房兄某偿粮逋，以免追呼。兄某无依，终老扶持。邻村汪某债迫鬻妻，瑜悯情惨，输己田三亩代偿，全其夫妇，乡评义之”。清乾隆保山《杨姓家谱》卷六《家传》记载该族族人杨加举“敬宗族，解纷争，卒为乡评推许”。上述诸人的义行皆得到了所在宗族社会“乡评”的积极评价，这对于抑制族人为恶和不义行为、为族人树立模范起到了积极作用。

明清时期云南汉族移民宗族对于“月旦评”“乡评”等社会舆论评价和控制机制所发挥的作用十分重视，一些宗族还在族规家法中对此予以强调。清乾隆保山《杨姓家谱》卷七《家典》收录了该族明代制定的家法：

是非者，天下之定理，人心之公论，有是必有非，此是必彼非。但人情好胜，颠倒是非，欲逞其一己之私，而听断剖决是非，难徇乎一偏之见。苟偏党阿徇，有一毫私意存乎其间，则差谬舛错，人心之所以不服，而讼狱之所以不平也。今后须秉至公，务合舆论，庶彼无所隐其情，而我不至枉其实。所谓公论起于乡评，而况族谊之重乎？此在长者慎之。

该族强调尊长在剖决是非、实施族内调解时，应重视“乡评”，力求做到客观公正。

明清云南汉族移民宗族社会舆论，从总体上讲主要包括褒扬、赞赏（肯定）与批评、谴责（否定）两大类型，其中以褒扬、赞赏类为主，所占比重较大，而以批评、谴责类为辅，所占比重则相对较小，这在一定程度上与族谱“扬善隐恶”的编纂原则和取向有关。但无论是褒扬、赞赏还是批评、谴责，明清时期云南汉族移民宗族社会舆论都发挥了积极的社会控制作用。

清乾隆玉溪《杨氏族谱》卷八《人物传》记载明代该族族人杨云华“生平足不入市，表里始终如一，乡族称善人”；杨思亮“肄业成均，两膺房荐未售，助地建祠，修宗谱，排难解纷，人咸推重焉”；杨绍唐“弃儒勤理生计，尤敦本笃宗，族柯岁举祀祭，尝患供事者畔簿正，多苟简，乃绘刻图式，定品数，预颁，俾遵守，自是无敢褒越，族人重之”。

清乾隆昭通《谢氏宗谱》卷七《传记》记载该族族人谢祖惠“入邑庠，每试辄夺帜，负笈从学者皆成名，居乡抑抑不敢上人，常为排难解纷，虽捐己财而不恤，人咸感焉，事亲诚孝，克笃友恭，合族以长者称”；谢全观“康熙辛丑，岁旱饥，连减升斗以济亲乏。甲子，邑大水，竭蹶倾囊，给葺亲友房屋。一生节概，素协乡评”；谢亮全“家中落，犹弃产输数百金襄成祖祠宇。生平温厚正直，遇有纠纷，经其排释，无不帖然，至今族党思之”；谢志仁“惟务俭勤，不事华靡，公平正直之操孚于舆论，族里推之”。

清乾隆保山《杨姓家谱》卷六《家传》记载该族族人杨品轩“幼读《孝经》《小学》，辄有心契。相遗手泽及百家书，咸阐发蕴奥，订寡过格，夜必计过，无憾而后安。修葺宗祠，续纂族谱，咸务教本，宗党称之”；杨俊达“历葬祖棺，捐田裕祀，家虽贫，好义之心未尝少息，族里嘉之”；杨忠堂“尝输地以造祖祠，捐金以济平粜，族人嘉之”；杨文辉“天性孝友，父逢聘乡教守贫，良忠竭力奉之，抚育二弟，自置产三股均分，族人义焉”。

清乾隆《玉溪吴氏宗谱》卷七《传记》记载该族族人吴士彪经商致富，“有姊氏三人，适而未育，年皆不永，升悼其乏祀，为祔于考妣侧，岁时致奠。宗祠祀典，复输租以益其费，族人义之”；吴士荣“性诚笃，事亲养志，友爱昆季，抚两世孤侄，俾克成家。尤重先茔，厚粢产，勤修岁事。其睦族惠姻，解纷息竞，信义所格，舆论归之”；吴跃洪“幼业儒，长贸易，族中议建祖祠，力肩其任，外事概谢不预，公慎共矢，勤劳罔懈，三年告竣，不居其功，族人趋之”；吴宗详“岁歉，里中啼饥，详奔走东西营运，不惮辛勤，减价平粜，宗党德之”。

清嘉庆《蒙化陈氏家谱》卷六《家传》记载该族明代族人陈鹏举“教重严谨，性行端洁，治生业以辛勤为本，训子孙以至诚为先，遇族事不畏艰险，分争言不避养诚，乡间称之”；陈佑山“励志经营，家渐饶富，族之穷无告者，必量力周恤之，贫不能葬者，买地悉为掩埋。诸凡敦伦墓义，事难枚举，族邻称之”；陈鸿光“恪守父训，四世同居，综理祠务，公直尤著，族里群推重焉”。

清嘉庆《蒙化孙氏族谱》卷五《人物传》记载该族明代族人孙美映“事亲孝，兄佐、佳、仲四昆五世同居，有百忍遗风，训子姓睦亲收族，舆论孚之”；孙文顺“先世祠宇湫隘，顺创输辟建，馆谷所积，囊为之竭，族人矜式其行”；孙武华“轻财重义，尝创建祖墓祠，挥千金不惜，至戚友乡邻，有求必应，负欠不追，背德不校，舆论称之”。

清嘉庆昆明《王氏族谱》卷七《人物传》记载该族族人王百龄经商致富，造福族众和乡里，“中年服贾，携往治生，既归，倡捐购地，重建祠堂，并置祀产以妥其先；费不足，鬻己田继之。至于捐金平粜，修治道路，助贫完婚，族党至今道之”；王毓兴“孝养孀母，完嫂节操，周乏瘗座骸。解纷息竞，族里推重”；王顺廷“尝捐费助建祠宇，修整要路，设夜灯，掩暴骸，善端不一，族邻重之”。

清嘉庆《蒙化高氏族谱》卷六《人物传》记载该族族人高寿全经商致富，“爰置义田六十亩以赡族中之乏，又置十五亩开义塾，延师以训贫子弟之不能教者。远近士绅闻风慕义，歌颂不衰”；高启元“家壁立，瘏瘁治生，置租数十，永隆祀典，族人称之”；高书俊“居乡排解，禁赌禁山，任劳任怨，族人称之”；高士兴“叔国亨临殁，子炬文在襁褓中，任其抚孤，俾其成立。家业较拓，通族义之”。

清嘉庆《戈氏家乘》卷八《家传》记载该族族人戈秀坤“生平义举甚多，祖祠被毁，捐赀（资）重造，又置祀产以妥先，立膏田以劝学。至于乏嗣荒坟，树碑省奠，妇孺至今称道不衰”；戈学玉“生平守方正规，双杉修谱，推春秉笔，义例森严，勒为成书，合族重之”；戈德光“家贫，舌耕养亲，居乡修祠辑谱，排难解纷，宗族推重”；戈占坤“幼业儒，割田赒同族之贫者，舆论重之”。

清道光《和顺刘氏家谱》卷六《家传》记载该族族人刘明卫“明卫，字学五，处丰亨之际，介然有守，不习续梅风。以德馨用族里，至今为美谈”；刘联忠“修宗谱，兴文社，至今犹载口碑”；刘嘉义“周急恤困，率多义举，族人重之”。

清道光《云南柿园宋氏宗谱》卷五《人物志》记载该族族人宋仪山“捐金百两葺理祠宇，族宦绝世，荒税遗累，置租九十余，生殖供课，宗人称之”；宋顺忠“输地输金，倡建祖祠，祠成，复首输赀（资）谷以供祀典，族人义之”。

清道光曲靖宣威《戴氏族谱》卷五《人物传》记载该族明代族人戴凤山“设义阡，置义仓，殡无棺，赈匮乏，族人德之”；戴慰钦“少读书，以亲老就商致养，甚得欢心。悼弟早世，未婺矢节，所承产悉让婺，复益己田八亩，命三子绍弟后，有相屋与堂弟三人同业，弟欲拆毁转售，钦不忍毁，招与同居，生慰死殡，获保祖遗。其他周乏恤灾，息争释难，族里称之”；戴杰元“自少佐父理家政，居市廛，谦退有礼，操心恺恻，族某有数子，贫不能育，已鬻其季于人，元见而怜之，持金赎回，携儿返。族某愀然曰：儿来无以活，奈何？元复使己肆习贾十余年，乃遣归营生，族众咸称其厚德”。

清道光保山《张氏族谱》卷六《家传》记载该族族人张超群“输赀（资）入祠，为长久祭扫之计，族党称之”；张品孝“创立祀田，解排纷难，为房弟完娶，宗人称之”；张存化“九岁失怙，两兄俱商赣州，侍其母。迫两兄相继没，率诸侄以信义著闻于赣，赣之权子母者重累贫民，阶则更张之。其后折券弃债约千金，赣民颂德。居家谨饬，弱不胜衣，至于倡修祖祠，买米平粜，输地建亭，则又踊跃赴事，惟（唯）恐人之有闻，族人颂之”。

清道光昆明《苏氏族谱》卷五《人物志》记载该族族人苏继光“捐金倡建宗祠，以安宗祐”；苏成美“弃儒就商，居乡解息纷竞，周乏泽枯，凡义举无不踊跃，乡论韪之”；苏慈明“力贫嗜学，历试优等，授徒四十余年，造就多士。值冬归，族某鬻妻偿逋，倾束脯慰留，俾完聚，族人至今称之”；苏国英“秉衷正直，处事谦和，捐费倡济，事亲竭力，族党成称，亲友俱羡”。

清咸丰曲靖宣威《符氏族谱》卷六《人物传》记载该族族人符绍文“祖祠倾记，议欲创新，而苦于地脱，光居室毗连，慨然割其地以益祠基。所居勾股参错，安之若素，偿以善价，坚谢不受，族人义之”；符来柱“输建宗祠，捐田建桥，族众皆推其义”；符德甫“少读书，以家计艰遂就商，赀（资）裕。宗祠遭洪水泛入，族以祖灵不安，欲移置之。甫慨然输居屋为祠址，鸠工落成，族人称其义”。

清咸丰《云南元江小羊街房氏家谱》卷六《传记》记载该族族人房子臣“身端矩范，居乡以敦伦整俗为己任，倡兴祠宇，修祀典，葺远墓，赈荒歉。遇牙角，不吝赀（资）解息。年七十二，族推典型”；房树堂“务本敦伦，尊祖敬宗，督建祠宇，规画（划）151。遍历远代祖茔，详经界，志祀典，立碑碣，图形势，立本族墓祭，以子孙年四十者供岁祀，牲馔礼制，柯墓并赖，同宗各派咸推重之”；房品和“为房兄某偿粮逋，以免追呼，兄某无依，终老扶持。族众推之”；房正升“旱荒，给米赈族，并置义田数亩，资肄业膏火，应试盘费，至今人咸颂之”。

清光绪大理《毛氏家谱》卷七《家传》记载该族族人毛守清“念族巨丁著，不乏寒窭，乃法范庄意，率同堂诸昆弟置义田，俾孤嫠得坚志节。凡婚丧葬殓皆有攸助，族里均德之”；毛志星“族建书院，修统谱，星倍信任勤劬（勉），捐费不惜，宗人嘉其光大前献”；毛存泰“笃志读书，年卅六始入泮，试优等以砚田自给。居乡无怨尤，遇争讼必力解，修谱理祠，悉出公正，至今人犹称之”。

清光绪《蒙化刘氏宗谱》卷七《人物传》记载该族族人刘兴龙“恬介醇厚，贫而好行其德。痛父早卒，事母以孝闻。次弟无子，割产植弟嗣。躬创祖祠，率置祭田，岁饥，怜穷乏，宁瘠己活人，终其身，馈金不受，喜愠不形，凌犯不较，厚德孚于乡评”；刘万常“十二岁佣于商家，嗣与程某共贾，获利，宗祠圮坏，输赀（资）重建；祖茔被侵，极力保全，族人至今犹称道之”；刘嘉厚“咸丰间，族有盗卖祀租者，呈官究追，案久未结。厚念情关一脉，因为赎回，由祠做戒，重整祖规，以勉（免）拖累。后家落，弟相继亡，整抚恤幼孤，婚教成立，宗族推重之”。

清光绪《玉溪钱氏宗谱》卷五《传记》记载该族族人钱普林“尝有祖墓诡生茔售者，林觉，给契价而寝谋，他如完婚息讼，埋胔赈饥，均为舆论称美”；钱万和“比壮，经贸于滇，家道饶裕，疏戚告贷，悉为周恤。输五百金劝同志修葺宗祠，其善行洵孚舆论焉”；钱瑞生“家无余财而好善举，村内道路倾圮，鬻产招修，凡可利人，为之弗倦，族人推之”；钱嘉发“仲弟亡，无出。应嘉发子继，季弟与争产值千余金，遂让之，族人咸称其友”。

清光绪昭通《关氏族谱》卷八《传记》记载该族族人关祖仪“昆弟四，仪行三。年三十，两兄继亡，一孤方周，一孤遗腹，家甚贫，勉力支撑，抚孤植节。姻族间大为推重”；关炳英“少业儒，兼以医方济世。经理祠务，增置祭田。岁饥，辄筹画（划）赈粜，诸侄早世，抚遗孤底于成立，乡里嘉之”；关永兴“经理祠务，出入必谨，族中咸推重焉”；关学海“宽厚孝友，成业海州，均分二弟，抚犹子成人，族人义之”。

清光绪《云南恩安李氏宗谱》卷五《人物传》记载该族族人李士康“食饩郡庠，试辄高等。晚以羲经领岁贡，综理宗祠，纲维公慎，克缵费先劳。解纷息讼，牙角以弭。七旬考终，族党成思慕之”；李志山“祖祠毁坏，概然倾囊输金以新栋宇，经理众务数十年，百废具（俱）举，族党咸推重之”；李成章“倡同族捐金立义冢会，以为经久计，以岁入馆金造木桥，并输租以供修葺之费，族邻重之”；李德喜“贾无私蓄，置田租输为祀产，宗族称道弗衰”。

清光绪《兰坪营盘张氏族谱》卷九《家传》记载该族族人张寿光“少孤且贫，光自弱岁时，即力持勤俭，遂能光大先业。因以敦本睦族为己任，置祀田以永蒸尝，助婚娶以绍宗祊，族人至今诵之”；张子清“赋性孝友，仗义疏财，家故非素封，克自树立，生计渐裕。族中婚嫁丧葬有绌于财者，辄量力周给。诸多善举，族众称之”；张正雄“秉性浑厚，倡立祀典，积谷备赈，蓄养树木，释争排难，族里称之”；张国耀“敬宗族，解纷争，族里嘉之”。

清光绪《和顺李氏宗谱》卷七《家传》记载该族族人李学义“父年老，偶外出，倾跌即陨，群闻耗奔救。俗以尸入室不祥，劝就途中殓殡，群泣不从，乃自负父归。丧祭尽礼，族老称善，以为足以风世云”；李金科“兄弟五，父分赀（资）产各约千金，以二弟出绍稍薄，及父没，科不忍，复请族老立墨均之。五弟幼，婚教成立。四弟早世（逝），又抚孀成其节。有房兄贫老，招与同居。多存祀产，敬宗睦族，舆论归之”；李品仁“从兄幼子孤贫自鬻，智卖己产赎归，俾种祀田，得完室家，育子孙，族人称之”；李玉科“葺祖墓，置祭田，劳不自伐，一皆归美于伯父，族里嘉之”。

清宣统大理《钟英杨氏族谱》卷六《人物传》记载该族族人杨玉龙“输修祖祠，助婚娶，恤死殡，族党称之”；杨秉义“少际时艰，与伯兄勤俭创垂。尝代父总理祠务，修祖墓，扩祀产，公正谨慎，族里重之”；杨腾霄“尝经理祠务，产日充裕，输银四百两入祠，培山木，葺津渡，宗族翕然称之”；杨子其“建宗祠，修祖墓，阖族称孝”。

民国《祥云孔氏家谱》卷六《家传》记载该族清代族人孔随英“精形家术，祖茔赖妥，余如葺祖庙，恤宗族，时论咸称完人”；孔尚周“家故贫，佣于亲戚，货赀（资）经营，弱冠游庠，后诸弟感兄友爱，协力佐理，门内雍雍，承堂上欢，两遇岁侵，慨然捐米倡众平粜，族党称之”；孔学书“习儒兼医，施药济众，所居屋为祖遗，嫡裔世守，书曰：吾分固应得，如宗祠未建何？商之族众，择日建祠，并谕光典输金，躬自督理，阅两载告成。时书年逾七秩，犹矍铄襄事，朝夕匪懈，族党咸加钦敬”。

民国昆明《吴氏族谱》卷六《传记》记载该族清代族人吴连科“捐宅以拓宗祠，鬻田以偿兄债，敦伦饬行，族里交推”；吴超元“族弟懋鼎孤贫无依，扶植成人，族党咸称德焉”；吴国辉“理祠务，息争讼，乡党交称”。

由上述记载可见，明清云南汉族移民宗族社会舆论关注的领域较为广泛，涉及宗族救济、宗族建设、维护宗族伦理、稳定族内社会秩序、增进族内团结、支持宗族公益事业、妇女控制等多个方面。社会舆论所具有的潜移默化的教育作用和对于族众的制约力量，使之成为维持社会规范的重要手段，对人们的影响和约束力尤为强大。因此，明清云南汉族移民宗族通过对各种符合儒家正统思想和正统伦理的价值观或行为方式的褒扬与赞赏，以及对违反儒家正统思想和正统伦理的价值观或行为方式的批评与谴责，在本宗族内部或社区中形成了一种广为传播的带有倾向性的社会舆论氛围，使得处在这种氛围中的宗族成员自觉或不自觉地服从社会舆论的导向与控制。

四、明清云南汉族移民宗族内部的强制惩罚控制手段及其运用

明清时期，云南汉族移民是按照一定的规章制度和行为规范进行宗族内部管理和运作的，宗族成员对于族内各类规章制度和行为规范的认真遵守与服从，是宗族社会正常运转的重要保证。然而，这一时期云南汉族移民宗族内部各类违反规章制度和行为规范的越轨行为却经常发生，宗族对于这类越轨行为常采用强制惩罚的手段加以控制和打击。这里所指的宗族内部的越轨行为，主要是指宗族成员偏离或违反各类宗族规章和规范的行为，此外也包括一切不按常规办事的行为。对于云南汉族移民宗族来说，越轨行为是一种对宗族社会共同生活和宗族自身发展起阻碍作用的极有危害的现象，因此，这些行为也是宗族进行控制要予以足够重视的。明清时期，云南汉族移民宗族根据族人越轨行为的情节轻重主要采取以下一些控制和惩罚措施。

（一）斥责警示

明清时期，云南汉族移民宗族常常通过对越轨族人的训斥切责和警示，促使他们弃恶从善、改过自新，从而重新返回遵守宗族规范的正常轨道上来，这是宗族内部一种较轻的处罚措施。

在保山境内，清乾隆年间杨姓宗族制定的《祠制》规定：

祠中兴利除害、修旧起废之事，许诸族人于祭期陈议。若言不及公、借私忿以启争端者，众斥之。①

清光绪年间，昭通关氏制定的《祠规》指出：

向来租粒俱收归司年之家，以致强有力者并非司年，擅自收去。应照大宗祠例，本年与下轮司年眼同公收公贮，司年者不许私收颗粒，违者斥罚。②

据清道光年间编纂的保山张氏宗族制定的《祠制》记载，张氏宗族在文会田产管理方面规定：

倘会内之人有将会内田产各事私为废弛，不惟在会者为之理论，即族内派下子孙皆可共攻，以垂永久。③

上述三个宗族主张对越轨族人进行斥责或加以攻击。

在昭通境内，谢氏宗族在清乾隆年间编纂的《族规》收录明万历年间制定的族规：

为子孙致祭于祖宗，乃分之常也，务相虔修祀，以尽子孙报本之道。今所立规，礼有定式，物有定品，富者不可繁缛太过，贫者不得鄙陋不及。如有临期托故不行、租应不如仪者，是乃背祖忘本之人，众加叱责，仍令照旧供事。

今后族中凡有义举，众当协力赞襄，其有设法阴坏者，宗正副即会

① 杨朝经．杨姓家谱：卷二　祠制 [M]. 写本 .1784（清乾隆四十九年）.

② 关旭．关氏族谱：卷五　祠规 [M]. 写本 .1903（清光绪二十九年）.

③ 张仪．张氏族谱：卷三　祠制 [M]. 写本 .1835（清道光十五年）.

族众昭告始祖前，量情轻重责罚，以警其余。[①]

清咸丰曲靖宣威《符氏族谱》卷四《族规》规定：

卑幼不得抵抗尊长，其有出言不逊、制行悖戾者，姑诲之，诲之不悛则众叱之。新妇入门合卺，本家须烦持重者襄礼，照所定仪节举行。一切亲疏长幼不得效恶俗，入房耍闹，违即群叱之。子孙有妻子者，不得便置侧室，以乱上下之分，违者责之。

上述两个宗族主张对违背祭祀规定、违背婚礼规定、抵抗尊长等越轨族人予以斥责。

（二）罚拜罚跪

明清时期，云南汉族移民宗族内部通过在祠堂祖宗面前和大庭广众之下，对越轨族人进行罚拜罚跪等轻微体罚和当众警示，促使他们弃恶从善、改过自新，从而回归遵守宗族制度规范的轨道上来。

在玉溪通海境内，清道光《云南柿园宋氏宗谱》卷四《族规》规定：

正月，至祠拜祖，如有来迟及不待礼毕而先回者，罚在祖前拜八拜，赎罪改过，祠簿记名。凡在祭时跛立傍语、顾盼谑笑、当拜不拜及执事礼仪不恭、赞引错喝者，皆慢上而忽众也。皆整班纠仪举，祭毕，罚神前拜八拜赎过。

该族主张对不认真参加祠堂祭祀的越轨族人实施祖前罚拜的处罚。

民国昭通《萧氏家谱》卷五《家法》收录该族清代制定的相关家规：

祭祀定期，春祭以二月十五日，秋祭以八月十五日，先期首事者，列执事榜。分派子弟，备办品物器具。届期巳时，子孙齐到。过时到者，罚跪。

该族对参加祭祀活动迟到的族人进行罚跪的惩罚。

在大理境内，清嘉庆《蒙化陈氏家谱》卷三《家法》规定：

① 谢楚湘．谢氏宗谱：卷五　族规 [M]. 写本 .1760（清乾隆二十五年）.

祭祖重典，理宜虔肃，与祭子孙俱走旁门，毋许向中门中阶直趋而进，亦毋许喧哗，违者罚跪。衣冠不备，不敢以祭，宗子主祭及分献老人，各宜衣冠齐整。阖族斯文穿公服，整冠带。与祭子孙亦宜各整衣冠，毋得脱帽跣足，违者罚跪。

该族强调对违背祠堂祭祀礼仪的越轨族人实施祖前罚跪的惩罚。

（三）杖 责

杖责，即用竹板棍棒等对违规越轨族人施加责罚，这是明清时期云南汉族移民宗族内部经常使用的一种体罚措施。

在昆明，清道光《苏氏族谱》卷二《祠制》规定：

族长总率一族，恩义相维，无不可通之情。凡我族人知所敬信，庶令推行而人莫之敢犯也。其有抗违故犯者，执而笞之。凡因小过情有可宥者，而欲尽抵于法，亦非所以爱之也，莫若执之于祠，祖宗临之，族长正副斥其过而正之，棰楚以加之，庶其能改，而不为官府之累。

该族主张对违背族长权威或犯其他过错的越轨族人予以笞杖的惩罚。

清道光曲靖宣威《戴氏族谱》卷四《族规》规定：

凡小子无知，得罪尊长，或与女子戏谑，及窃人物件者，其父兄随时在家自加杖责，仍令长跪服罪。成人以上，得罪于父母尊长，窃取族内物件，在族外有奸淫事迹，与族内妇女笑谑，聚赌，以上由族长引入宗祠，祖前杖以竹板，杖之轻重多寡，视其罪之大小、身之强弱。

该族强调对得罪父母尊长、盗窃、奸淫、与女子戏谑、聚赌等越轨族人实施祖前杖责的处罚。

（四）经济处罚

经济处罚是明清时期云南汉族移民宗族广泛使用的一种惩罚族人的手段，主要包括罚银、罚谷、罚米、罚胙、罚饼、罚戏、责令赔偿等，宗族试图通过各种类型的经济处罚以使越轨族人遵守宗族既定的各种规章制度。

清光绪《蒙化刘氏宗谱》卷五《家规》规定：

祠内银两存贮公匣置产，毋许将银私放图利。如查出匣内存银缺数，罚加一半，连本利即追回交出另管。

祭田租利首事轮管，务期秉公支销。祭后五日，即将账目交清，如有徇私并逾期不交者，两族公罚银壹两，修葺祠宇。

该族强调对族产经营管理玩忽职守者实施罚银的惩罚。

清宣统大理宾川《钟英杨氏族谱》卷五《族约》规定：

颁胙定于标祀日午后，鸣锣一次，执筹至公所，报名领取。倘遗失胙筹，每根罚银五钱。

该族对越轨族人实施罚银的处罚。

据清乾隆年间玉溪《杨氏族谱》卷五《族规》记载，杨氏宗族内部有以下规定：

祠银积聚甚艰，浪费甚易，剂量盈缩，惟尊长力主之，子姓亦宜相体。目今余银不复分领，固省唇舌，然节年置祭田，又恐本银渐少。今议即以万历二十年为准，本银若干，毫厘不动，以后每年只支利息，除修理祠墓桥梁及祠中正项公用外，余剩利多寡，尽数买好田地，毋得妄费。其见领银人户有并还本者，即通众议选各房生意顺遂、信行端厚之人，领放生息，亲笔登簿，照期交纳。其一切收支账目，经手者亦明白开簿，一年一揭总，清明日凭众稽查。凡祠内有犯约应罚者，初犯俱罚米一斗，再犯二斗，以次递增。米照时价纳银，通登名于簿纪过。

本阁为祀先正寝，乃子孙肃敬之处，毋得款客用匠，并童孩奴妾喧哗，以致亵渎祖宗，阴取罪遗。支年之家常加扃锁，惟朔望及时祭及各忌展，许领锁钥开门启龛参拜。事毕，掩龛，慎防火烛，看净即锁门交钥匙。如过夜不锁者，领钥之家罚银五分，警众。

谱牒如有鼠侵油污、磨坏字迹者，罚银一两入祠外，另择本房贤能子孙收管，登名于簿，以便稽查。

该族强调对祠产经营、祠堂管理、谱牒保管过程中的越轨族人实施罚米、罚银等经济处罚。

清咸丰《云南元江小羊街房氏家谱》卷二《族规》收录明崇祯年间制定的族规：

如支年者坟墓不修，礼仪不备，铺设不齐，邀率不齐，结算不清，交管违期，及祭器物件失所损坏者，会中共罚银五钱。各户不交纸钱者，罚饼一双。在家不亲到拜祖、又不晚人代拜者，罚其胙肉入众，仍罚银五分。

该族对越轨族人实施罚银、罚饼、罚胙肉的处罚。

民国大理《阎氏宗谱》卷三《祠规》收录清代制定的家规：

如有不孝不义盗卖祀产，听自为首之人检举，责令取赎，仍行犯一赔九。

该族对盗卖祀产的越轨族人实施责令取赎、加倍赔偿的处罚。

清咸丰曲靖宣威《符氏族谱》卷四《族规》规定：

祠于号簿外，又刊有源流底簿。如有粗心讹写、并未收钱、徇情私填者，查出，春冬两季并不给胙。每年祠首，议定年逢四十岁者，无论斯文派丁，一仝协力承办。倘有实往在外不能来祠办事、并无亲丁帮代者，照旧例贴九七色银八钱与本班首事，为收租中伙之资，不得拗众。违者，罚胙十年，以作贴例。至乡居隔城二三十里外者，两熟收租来往不便，或酌派与乡间租一二处收齐，发担交祠。两祭来祠办事，每人日给饭食钱五分，开支众账。如有故实不得离身者，亦贴九七色银八钱，均着亲房举报，毋许规避，如有规避，照贴例倍罚。

祠内寸木寸石，派下子孙不得私自盗取，亦毋许出借，如有此情，较所取之物议罚，轻则罚银，重则罚戏一台，断不徇情。

该族对于族产经营管理与祠堂管理玩忽职守的越轨族人处以罚胙、罚银、罚戏等惩罚。

（五）逐出祠堂

逐出祠堂是指宗族将本族严重越轨族人赶出祠堂，剥夺他们参与宗族祭祀等族内集体活动的权利，是一种较为严厉的惩罚。有的宗族规定族人生死不得进入祠堂，实际上是开除其族籍，使其丧失本宗族成员的资格。

清嘉庆年间编纂的《蒙化孙氏族谱》卷四《族规》规定：

两族各门支祠祭产，如有支下不肖子孙通同盗卖质当者，两族集祠鸣鼓共攻，与受俱照宗祠条议永远逐出，毋许入祠。

该族主张将盗卖质当祭产的越轨族人逐出祠堂。

清光绪年间编纂的大理《毛氏家谱》卷六《家规》规定：

凡有奸盗诈伪、败坏家法、众所通知者，公举逐出祠外，不许混入拜祭，玷辱先灵。

该族主张将奸盗诈伪、败坏家法的越轨族人逐出祠堂。

清乾隆玉溪《杨氏族谱》卷五《族规》规定：

支丁间有不遵祖训者，定行斥逐。生不入祠，死不列主，族中喜忧贺吊，俱不得与，永垂家法，以示惩戒。

该族主张将不遵祖训的越轨族人逐出祠堂。

清光绪《石屏袁氏家谱》卷五《族规》规定：

族内有不敦孝弟，不讲忠信，不明礼义，不惜廉耻，坏吾家声者，阖族俱得而攻之。若淫酗博盗，犯法为非，尤为玷辱先人，不准入祠入谱。

该族对行为恶劣、犯法的族人，不准其入祠入谱。

清乾隆昭通《谢氏宗谱》卷五《族规》记载：

每年上粮例系上年还半，下年还清。例定：头年收租，坐完次年钱粮，已预备一年，更不得拖欠。如有拖欠钱粮者，革出，不许入祠。

该族强调将拖欠钱粮的越轨族人逐出祠堂。

清乾隆年间，楚雄《靖氏家谱》卷四《家训》记载：

族中有素不安分，小加大，少凌长，贵压贱，长挟幼，及傲慢浪游、饮酒赌博者，于是日祖位前，按其过之轻重，以家法戒饬，违者以背祖论。至于忤逆悖伦者，谱内除名，不许入祠。

靖氏宗族对忤逆悖伦的族人施行谱内除名、不准入祠的双重惩罚。

清嘉庆保山《戈氏家乘》卷七《家规》记载：

殴打有服尊长者，逐革（如因尊长殴其父母及病醉病狂不在此例）；盗卖宗谱及祖坟地基，砍卖祖坟切近荫木致伤祖坟者，逐革；在族内奸淫乱伦明确者，男女并出。以上三条，俱永不归宗。在族内奸淫行迹未著，将男子逐革；在族外行窃者，逐革；素性凶暴、争斗伤人者，逐革；行止诡异、交结邪匪者，逐革。以上四条，若能在外改过自新，仍许来房保其回族归宗。或生前未及回族，而终身不至为大非者，死后仍许归宗。

该族主张将犯有各类严重越轨行为的族人给予逐出祠堂的处罚。

（六）族谱削名

明清时期，云南汉族移民宗族将族人予以族谱削名或削除世系的处罚，实际上是将严重越轨族人开除出族，使其丧失族籍，这是宗族对严重越轨族人实行的一种较为严厉的惩罚措施。

清乾隆年间，昭通谢氏宗族所订《族规》规定：

若妇人狮吼，致内外不分，惟家之索，试问其夫安在？有于此者，族房长公治其夫，令治其妻，以端风化，违则削其世系。

该族主张将身为监护人但对悍妇管教不力的丈夫予以削除世系的处罚。

苟利其费财，以致阀阅不称、良贱不伦者，众议罚其改正，违则削其宗系。[①]

该族强调将婚娶越轨且屡教不改者削除世系。

清光绪昭通《关氏族谱》卷六《族规》规定：

弃卖祖坟山业、盗鬻祀租及犯大过恶者，众议黜而不书，以示炯戒。

该族对弃卖祖坟山业、盗卖祀租、犯大过恶等严重越轨族人实施族谱削名的处罚。

清乾隆保山《杨姓家谱》卷首《凡例》载：

本人若得罪名教，或被革于父，被革于族，书公摈，仍削其生年不书，讥有忝所生。或陷身法网，暴卒于官，书瘦死，仍削其卒年不书，讥不得其死。谱全削之，遂其志也。

该族主张对得罪名教、陷身法网、暴卒于官等越轨族人，实施族谱削除生卒年或削名等惩处。

清乾隆昆明《周氏族谱》卷四《族规》规定：

本宗故皆甚其所适。或族内有不类之子，父兄族长严加警饬，俾其自新。倘再三劝戒（诫）而不愧悔，告之先祖，于谱内削其名。族众宜遵祖、敬宗、敦本、睦族，无争构以伤和气，无刻薄以铄天真，如有阴贼、害物，唆拔、词讼、奸伪百出者，欺侮同族者，考核出谱。

周氏宗族对屡教不改的族众，对各种有损宗族声誉、危害宗族利益者施行出谱的惩罚。

清嘉庆年间，保山《郑氏族谱》卷四《祠制》规定：

族内有不孝不顺不友不弟者，或作奸犯科积恶土霸者，或男盗女娼不遵约束者，或逞强恃众欺孤灭寡者，或酗酒打架嫖赌游荡者，或妇人不孝翁姑愚恶无耻者。以上有一，轻则教导之，如怙恶不改，得以家法惩治之。倘再不受，则送官处治，逐出村居，谱内除名，以惩之。

① 谢楚湘．谢氏宗谱：卷五　族规［M］．写本．1760（清乾隆二十五年）．

该族对危害宗族声誉、利益的族人按照轻重程度进行教导、家法惩治、送官处治、谱内除名等不同程度的惩戒。

清道光年间，昆明《段氏族谱》卷五《族规》记载：

凡我子孙平日有小加大，少凌长，贵压贱，长挟幼，及傲慢浪游、饮酒赌博，不安分守己者，经族长平素访查明确，是日于祖位前以家法分别戒饬，违拗者以背祖论。至于忤逆悖伦者，不在此类，谱内除名，不许入祠。

该族对族内忤逆悖伦的族人施行谱内除名、不许入祠的惩罚，以免危害全族利益。

（七）以不孝论

不孝自唐代以来就被历朝封建统治者列为十恶之一，属于封建时代的大罪。明清时期云南汉族移民宗族借用这一罪名对越轨族人实施处罚，在宗族意识里，该罪名的外延被扩大化，超出了封建国家法中的不孝罪的外延。各宗族关于不孝罪的理解也不尽相同，较为宽泛。

清乾隆《玉溪吴氏宗谱》卷三《祠规》规定：

如有紊乱祠规、变坏成例及玩忽怠惰不遵者，俱以不孝论。

该族主张对不遵守族规家法的越轨族人以不孝论处。

清嘉庆大理《蒙化高氏族谱》卷四《族规》载：

我高氏自始迁祖以下诸处坟墓，置立祭田，具有规约。窃恐子孙众多，贤愚难保，原置拜扫文簿一扇，或有损失。今立合同，与诸房子孙收执。如有将在内田土盗卖及将存众钱本侵欺者，各执赴官陈告追给，仍将本人坐罪不孝，毋许入会者。

该族主张对盗卖祭田产业及侵吞宗族公产的越轨族人以不孝论处。

清嘉庆昆明《王氏族谱》卷六《族规》规定：

凡族中有交结异姓伤残手足者，此皆悖逆祖宗之辈，倘以事犯，祠中当以不孝论。

凡各支祖坟，倘有不肖子孙盗卖及有富豪谋买，或恃强侵葬，甚至斩棺裁脉、紊乱昭穆者，此皆欺蔑祖宗之徒。倘有犯，宗正副据实呈治，以不孝论。

该族主张对交结异姓伤害族人、盗卖侵葬祖坟等越轨族人以不孝论处。

清光绪大理《毛氏家谱》卷六《家规》规定：

丧事不得用乐，不得饮酒食肉，违者不孝。

该族将丧事期间用乐、饮酒食肉视为不孝。

（八）呈官治罪

明清时期，云南汉族移民宗族皆重视宗族内部控制，对于族内越轨行为的控制及越轨族人的惩治，一般都主张在本族内部加以解决。然而，许多宗族内部常存在一些屡教不改或品行极端恶劣之族人，虽经宗族严厉惩处，却依然屡教不改。在这种情况下，宗族常常不得不借助于官府的权威和强制力量加以解决，而且基本上都能得到官府的支持。这是存在于宗族与封建官府之间的一种较为常见的互动形式。

清乾隆玉溪《杨氏族谱》卷五《族规》规定：

派下以强凌弱，以长欺幼，以下犯上，及撒泼生事者，族内集祠公处，以敦族谊。如恃顽不听尊长处分，会众呈公究治。

该族主张将违背宗族伦理且恃顽不听尊长处分的越轨族人呈官究治。

在昭通境内，清光绪《关氏族谱》收录明代制定的族规：

坟陵荫木，律有明禁，况支下子孙岂可觊觎，但有私自盗砍者重罚，不服者呈治，更不得藉（借）口众事支用，妄生异端。[①]

该族主张将私自盗砍坟陵荫木的越轨族人送官惩治。

① 关旭．关氏族谱：卷六　族规［M］．写本．1903（清光绪二十九年）．

该族族人关敬祖娶妻王氏，关敬祖去世后其子的忤逆不孝受到了应有的惩罚：

祖以病卒，王年二十六，家贫，茹苦守节，抚一子已冠，冥顽不克自立。即壮强，犹与无籍辈花酒败家声，王涕泣道之不悛，屡阻屡逆，甚至独犯其母。族人以风化所关，闻之邑大夫，逮子于狱。①

在宗族的主导下，族人将忤逆不孝之人送官治罪。

此外，清嘉庆《蒙化陈氏家谱》卷三《家法》记载：

如有不孝（肖）子孙盗卖坟地者，鸣官究治。

该族主张将盗卖坟地的不肖子孙送官府惩治。

（九）综合性惩罚措施

明清时期，云南汉族移民宗族内部往往根据族人所犯越轨行为的情节轻重，制定诸如斥责警示、罚拜罚跪、杖责、经济处罚、逐出祠堂、族谱削名、以不孝论、呈官治罪等各种类型的处罚措施，对类别不同或程度不同的越轨行为，分别采用不同的制裁措施。在此基础之上，有时云南汉族移民宗族对同一种越轨行为采用多种处罚措施，以维护宗族的秩序和利益。

清道光《和顺刘氏家谱》卷五《家法》规定：

祠内田产钱粮租息，上下手必须交割清白，倘支下子孙假借公事为名，通同作弊，将祠内田产租息妄行借当侵渔，即时会众呈公警治。与受者驱逐出祠，并子孙永远毋许入祠。

该族对经营管理族产而徇私舞弊的族人，采用呈官治罪、驱逐出祠、连带惩罚子孙的制裁手段。

清道光年间，昆明苏氏宗族所订《族训》规定：

各处祖墓最严，侵葬盗卖，律有明条，如有干犯，必会众呈公，务

① 关旭．关氏族谱：卷八 传记 [M]. 写本 .1903（清光绪二十九年）.

使侵葬者起柩，盗卖者勒限赎归，仍于谱系削名，尽法重处。[①]

该族在制裁侵葬盗卖祖墓的族人时，将呈官治罪、族谱削名等处罚方式结合起来。

清光绪《蒙化刘氏宗谱》卷五《家规》指出：

所谓妇有长舌，维厉之阶，不事姑嫜，不顺夫子，仇妯娌而欺比邻，慢尊长而贼奴婢，放纵无耻而坏我门风，嫉妒尤甚而索人宗嗣，妇道至此，为之夫与为之舅者，尚优容之以长其恶，其于正始之义何有哉？吾宗不幸而有此妇，初犯责其夫，再犯戒其妇，三犯谕其父母，告诸宗庙而出之。

该族在制裁不孝妇女时，将斥责其夫、劝诫其妇、理谕其父母、开除其妇出族等处罚方式相结合。

清道光玉溪通海《云南柿园宋氏宗谱》卷四《族规》规定：

不孝父母，不敬伯叔，不和兄弟，及败坏祖产、玷辱家声与奸淫犯义等事，即邀同族众，早为戒约，如实不悛，即禀官究治，或逐出不许入祠，毋令效尤，致他人沾染。

该族将呈官治罪、逐出不许入祠等处罚措施相结合。

清嘉庆保山《戈氏家乘》卷七《家规》规定：

子孙赌博、无赖及一应违于礼法之事，其家长训诲之，诲之不悛则痛棰之，又不悛则陈于官而放绝之。仍告于祠堂，于祭祀除其胙，于宗谱削其名，能改者复之。

该族在处罚有赌博、无赖等违背礼法行为的越轨族人时，将训诲、体罚、呈官治罪、罚胙、族谱削名等多项制裁措施结合起来。

（十）较为笼统的惩罚规定

明清时期，一些云南汉族移民宗族对越轨族人的处罚规定得较为笼

① 苏富南.苏氏族谱：卷四 族训[M].写本.1839（清道光十九年）.

统，如只是提到“公罚”“议罚”“违者公罚”“违者议罚”“凭众从重议罚”“违者罚之”等字样，并未做具体的交代，这可能是因为在这些宗族内部已形成约定俗成的惩罚惯例，故由宗族根据族人违规情节适时灵活地做出相应的处罚。

清光绪《祥云周氏宗谱》卷三《族规》规定：

（卖谷麦豆粟）概要现银归匣，不得赊欠，违者公罚。

本祠照宗祠例设立租簿，五年一本，每逢甲逢巳之年倒换，给领新簿，将旧簿归匣。其上下轮交簿不清，或逢甲逢巳之年不预请填给倒换，及收租时不照簿先清上年租尾而只收本年之租者，俱公罚。

本祠钱粮户头半系祖宗的名，岂可拖欠，使祖宗受追呼之辱。应于开征日先完一半，至开忙日完清，俱要司年之人亲身赴柜投纳，即领收附归匣。如有拖欠及希冀邀赦者，凭众从重议罚。

本祠旧例，每岁于花朝日算账，腊月初二日刷账，每次开支日费二钱，俱尽日之力秉公查刷。自此例一废，遂生种种侵蚀之弊，嗣后应并为一次，每岁于二月初一日议谷价之日，齐集文会、门长、上下轮司年，将上年出入钱谷账目秉公查算，准开支日费四钱，俱要尽日之力查刷，如有虚应故事者，公罚。

该族还规定：

祠中家伙不许支下借用，祠内不许支下晒物，祠前不许一切人等打晒，违者议罚。春秋二祭日，文会诸公务于辰刻入祠查阅账目，酌议公事，如迟，议罚。

立纠仪二人，查察子姓于行礼时搀越不敬，并未冠子弟及闲杂人等升堂混扰，违者，记名议罚。[①]

由上可见，该族对族人的各类越轨行为皆强调“公罚”“议罚”，但对具体制裁措施未做详细交代。

① 周世荣．祥云周氏宗谱：卷三　族规［M］．刻本．昆明：会云楼，1880（清光绪六年）．

清道光曲靖宣威《戴氏族谱》卷四《族规》规定：

今众会议，祖家即照瑶村茔祭户名簿内长、中二支，每年各轮一户，协力管办。各器用及赞祝执事子弟齐备，使路远各族岁无烦难，庶几情义两尽。其各族轮年之家，定于初二日午间到祠料理，一切祭事，虔恭如礼，亦无得草率迟误，自取公罚。

清光绪《云南恩安李氏宗谱》卷二《家规》规定：

祭灶、祀社、乡厉外，不得妄举淫祀，违者罚之。子孙以理财为务者，若沉迷酒色，妄肆费用，以致亏陷，父兄当核实罪之。子孙进退，皆务尽礼，不得引进倡优，讴词献妓，娱宾狎客，上累祖宗之家训，下教子孙以不善，甚非小失，违者罚之。

上述两个宗族都强调对越轨族人实施处罚，但具体制裁措施不详。

民国昭通《缪氏族谱》卷四《族训》收录该族清代制定的族规：

非祠内公事，一切众姓神会，毋得擅开散福，免致失脱物件，损伤桌凳，大者火烛之虞，司值首事不得徇情，致干公罚。

上述宗族虽强调对越轨族人实施处罚，但制裁的具体细节未做交代。

五、小结

明清时期，云南汉族移民宗族内部的控制手段主要包括制度控制手段、物质利益控制手段、文化控制手段与强制惩罚控制手段等，它们在维护这一时期各宗族的社会秩序和宗族利益方面发挥了很大的作用。

首先，制度控制手段是指明清云南汉族移民宗族及其成员利用自身所制定的各种规章制度，对族内全体或部分成员的行为进行制约与调节、对族内相关事务进行规范与调整的途径和方式，其中以族规家法控制手段与合同条约控制手段为其主要代表。

族规家法控制手段所发挥的控制功能主要体现在以下几点：第一，作为宗族内部最重要的制度规定，族规家法所涉及的面非常广泛，大凡与宗族的生存发展、社会秩序相关的领域，都是各宗族着力规范与控制的重点对象与重点范围。从功能论的角度讲，族规家法的控制功能主要可归结为维护宗族内部伦常秩序与社会秩序的稳定；维护国法，支持政权施政；对宗族相关特定领域进行规范与控制。第二，族规家法控制手段具有较为明显的层次性和烦琐性，种类繁多，有族规、族训、祠规、祠训、家规、家法、家训等。此外，还有保墓规条、祭祀规条等各种类型的专项规条。各种类型的族规家法使得云南汉族移民宗族的族人被置放于一张精心编织的控制网络之中。明清云南汉族移民宗族族规家法以维持既定的宗族社会秩序为目的，起到了支持国家政权、维护封建统治的重要作用，因此，对族规家法的遵守与执行是以宗族自身力量和国家力量作为其强制执行的保证。而各宗族族规家法的执行过程也是对族内社会行为和社会秩序进行规范与调整、对族人实施约束与控制的过程。明清云南汉族移民宗族社会能够长期保持和谐稳定与惯性发展的态势，与这一时期族规家法的有效执行是密不可分的。各宗族所采用的族规家法控制手段是一种正式的制度化控制，即以明文规定的形式来规范与调整宗族成员的行为与宗族社会秩序。各宗族通过正式制度的形式以确保族内控制的顺利执行，是明清时期云南汉族移民宗族社会管理与控制正规化、制度化、常态化的体现。宗族成员集体商讨并制定的正式的制度规定，在很大程度上确保了明清云南汉族移民宗族社会管理与控制功能的正常发挥，而不致流于形式或无所作为。

其次，物质利益控制手段是指公开地或含蓄地提供某些利益，以换取人们对社会秩序与政治秩序的接受。从类型上说，它是一种经济控制的手段，而在明清云南地区它更多的是以社会保障的形式出现的。作为一种社会稳定和控制机制，明清云南地区的社会保障以宗族保障为主体。这一时期，云南汉族移民宗族社会中部分族人的贫困，引发了违背宗族伦理、损害宗族声誉、危害社会秩序等一系列令宗族感到不安的社会问题。为了捍卫宗族伦理和声誉、维护宗族社会秩序的稳定，明清云南汉族移民宗族非常重视对族内鳏寡孤独、贫困等弱势群体开展救济。这一时期，各宗族通过义田、学田、义学、义仓、义屋、义冢、义租、义米等物质手段来实施族内救济，较好地达到了控制族人、稳定秩序的目的。许多宗族在实施族内救济时增设受济族人的年龄状况、血缘状况、道德品质、素质等各类附加条件或附加条款以约束、控制族人，而大量禁止性与惩罚性的条款的设定是其重要特征。

在进行族内救济的同时，各宗族还通过物质奖励的办法实施族内控制。物质奖励是一种物质的或经济的激励措施，是物质利益控制手段的重要内容。在明清云南汉族移民宗族社会中，它主要体现为，宗族通过颁胙发包等物质刺激和奖励手段吸引族人参与祭祀等宗族集体活动，或通过对那些有功于宗族或为宗族争得荣誉的族人进行物质奖励来鼓励其他族人加以效仿，以实现对族人的软性控制。

再次，文化控制手段是指利用人类在长期的共同生活中创造的、为人类所共同遵从的行为准则和价值标准对社会成员进行控制的方式。在明清云南汉族移民宗族社会中，对族人发挥控制作用的文化手段主要有以朱熹《家礼》为代表的儒家礼的规范、社会舆论等。

礼的规范在云南汉族移民宗族社会控制中发挥着重要作用，各宗族特别重视以朱熹《家礼》为代表的儒家礼的规范的社会控制功能的发挥，并对朱熹《家礼》等儒家礼制加以积极利用。这一时期，各宗族在族规家法中都有关于族人遵守礼的规定和要求，希望通过对礼的践行达到控制族人的目的。以礼控制族人主要体现在冠、婚、丧、祭等方面，而这也是最切合各宗族需求的方面。除积极践行礼的规范以实施族内控制外，有些宗族根据朱熹《家礼》的精神并结合本族的实际，制定本宗族的家礼，通过对相关制度、仪节、礼的执行等方面的设计和改造，使族人深陷于由各种礼编织而成的控制网络之中。为了有效实现礼的控制功能，许多宗族还在族内定期演习家礼，并让宗族子弟亲临现场观看家礼的排演。

明清时期云南境内宗族社会舆论有一定的影响力。在各宗族社区中盛行的文会，就是一种较有影响的社会舆论控制机构。社会舆论的发达还与聚族而居的生存居住模式有较大关联。深受聚族而居的影响，社会舆论多属于宗族舆论，或在此基础上所做的延伸——乡族舆论。这一时期云南汉族移民宗族社会舆论关注的领域较为广泛，涉及宗族救济、宗族建设、宗族伦理、稳定族内社会秩序、增进族谊、支持宗族公益事业、妇女控制等多个方面。从总体上讲，明清云南汉族移民宗族社会舆论包括褒扬、赞赏（肯定）与批评、谴责（否定）两大类型，其中以褒扬、赞赏类为主，所占比重较大，而以批评、谴责类为辅，所占比重则相对较小。各宗族通过对各种符合儒家正统思想和正统伦理的价值观或行为方式的褒扬与赞赏，以及对违反儒家正统思想和正统伦理的价值观或行为方式的批评与谴责，在本宗族内部或社区中形成一种广为传播的带有倾向性的社会舆论氛围，使得处在这种氛围中的宗族成员自觉或不自觉地服从社会舆论的控制。

最后，明清时期云南汉族移民宗族内部各类违反宗族规章和规范的越轨行为经常发生，对于宗族来说，越轨行为是一种对宗族社会共同生活和宗族自身发展起阻碍作用的消极现象，因此，它也成为各宗族进行控制的主要对象。各宗族对于各类越轨行为常采用强制惩罚的手段加以控制和打击。这一时期，各宗族根据族人越轨行为情节轻重的不同，主要采取斥责警示、罚拜罚跪、杖责、经济处罚、逐出祠堂、族谱削名、以不孝论、呈官治罪等处罚措施，对不同的越轨对象采用不同的制裁措施。有时宗族对同一种越轨行为采用多种处罚措施并举的办法加以遏制与打击，以维护宗族的秩序和利益。

第四章　明清云南汉族移民宗族内部控制的主要领域和内容

一、明清云南汉族移民宗族内部的秩序控制

（一）伦常秩序控制

封建伦理道德以君臣、父子、夫妇、兄弟、朋友为五伦，以为这是不可改变的常道，因称“伦常”，而伦常秩序，是指由上述五伦所规定和确立的封建伦理道德秩序和人际关系秩序。[①] 明清时期云南汉族移民宗族十分重视宗族内部的伦常秩序，在宗族内部对尊卑长幼、嫡庶亲疏等具有不同伦常身份的人提出了不同的规范和要求，并极力通过伦常秩序来实施族内控制。此外，各宗族还以族规家法强制调整伦常关系，使宗族成员的等级性伦常身份具有了一定的法律意义。[②] 伦常秩序控制是明清时期云南汉族移民宗族内部各种秩序控制的重要内容之一，下面进行详细论述。

1. 通过族规家法实施伦常秩序控制

明清时期，云南汉族移民宗族十分重视人伦关系，将人伦视为人与动物的根本区别。清咸丰《云南元江小羊街房》卷二《族规》载：“人伦

① 徐复．古汉语大词典[M]．上海：上海辞书出版社，2000：337.

② 朱勇．清代宗族法研究[M]．长沙：湖南教育出版社，1987：25.

有五，曰父子、君臣、夫妇、兄弟、朋友。人而无伦，何异禽兽？”清光绪《玉溪钱氏宗谱》卷四《家规》指出：“人与禽兽不同，皆因人有伦理，禽兽无伦理，所以人要有伦理才算得个人。”民国昭通《缪氏族谱》卷四《族训》收录该族清代制定的族规，将三纲五常等伦常规范看作族人日常生活中不可缺少的东西：“三纲五常之道犹布帛菽粟，不可一日而缺，匹夫匹妇皆其所能知能行者也。世道赖以扶持，人纪赖以揭立。”试图通过三纲五常等伦常规范来实现扶持世道、揭立人纪的目的。大量事实表明，明清时期云南许多汉族移民宗族在族规家法中对族人遵守伦常规范提出了严格的要求，并试图凭借宗族法的权威来调适族内伦常关系与控制族内伦常秩序。明清云南汉族移民宗族通过族规家法实施族内伦常秩序控制，主要体现在以下方面。

（1）正名分。明清时期云南汉族移民宗族族规家法中关于上下、尊卑、长幼等关系的名分规定，是宗族领导者和封建统治阶级的意志和要求的具体体现。

清乾隆保山《杨姓家谱》卷七《家典》收录该族明代制定的家规：

凡我一家之中，必父父子子、兄兄弟弟、夫夫妇妇各安其位，斯可也。如生我者为父母，及诸伯叔父母皆是父。我生者为子孙，及诸堂从子孙皆是子也。先吾生者为兄，后我生者为弟。父母生育一体，而分由亲及疏，虽堂伯叔缌麻兄弟，无不怡怡有恩。若夫男正位乎外，女正位乎内，非其配偶不敢犯礼以相从。上自夫先祖之名讳，子孙不得重犯取名，下至于卑贱之呼唤，必须另为别样，勿使贵贱混淆，如此则名分以正。名分既正，则伦理以明，伦理既明，则家可得而齐矣。

该族试图通过正名分、明伦理、维持伦常秩序的有序和稳定，来达到齐家治族的目的。

清嘉庆昆明《王氏族谱》卷六《族规》收录该族明代制定的族规：

一族之中叔侄兄弟，名不正则言不顺，晚近谄傲风沿，此或阿谀以为固然，彼或狎昵以为常态，岂礼也哉？故族不问远近、席次先后，俱照班行序列。礼既画一，情亦相安，故家名族礼宜如此。又有尊庶为嫡、跻妾为妻者，纲常大坏，只贻讥耳。且有同族义男凌犯疏房贫弱，本主恬不知怪，反为护短，族谊败乱，莫此为甚，且其渐尤不可长，急宜正之。

该族强调通过正名分来实现宗族内部伦常秩序的和谐。

清乾隆《玉溪吴氏宗谱》卷八《家规》载：

尊卑有等，长幼有伦，毋论礼见燕见，进退威仪，言论称谓，各从其职，毋敢亵狎。

该族强调族人要对尊卑长幼、相互之间既定的言论称谓等族内伦常规范和伦常秩序予以遵守。

（2）别内外。明清时期，云南汉族移民宗族在夫妇这一伦中强调夫妇有别，夫妇必须分工。

清光绪大理《毛氏家谱》卷六《家规》记载：

男正位乎外，女正位乎内，位分内外，若不两安乎内外之位，不得谓正。但吾山居人家，冬则女亦知织，夏则男亦知耕。使必别其何者为男之位，何者为女之位，转不如合操躬作者，随出入之候以分其勤。然而勤劳可共任也，进退可共依也，而阴阳终不可易也。盖妇从夫者也，倡而后随，依而为媚，故《书》言观型，《礼》言无违，夫子为得其道，所以夫妇一伦，必有别也。

该族坚持男主外、女主内的家庭分工，强调夫唱妇随、夫妇有别，这也是明清时期云南汉族移民宗族通过夫权实施对族中妇女管理和控制的重要方面。

（3）别嫡庶。明清时期，云南汉族移民宗族重视嫡庶之别，坚持重嫡长、轻支庶的伦常原则。

清乾隆年间，玉溪杨氏宗族修谱《凡例》云：

嫡长之重，所以别支庶也。庶子为兄，嫡子为弟，而必先列嫡长于前而后以次递列者，庶不先嫡，正宗祧也。[①]

该族强调在族内区分嫡庶，以达到正宗祧的目的，这是宗族在男系血缘方面的一种较为严格的伦常要求与规定。

在对妇女的伦常要求方面，明清云南汉族移民宗族多严格遵守妻妾嫡庶之间的界限，强调维持和巩固妻妾嫡庶相互之间的伦常差别与伦常名分。清道光保山《和顺刘氏家谱》卷五《家法》严格坚持妻妾嫡庶之别，对族中“尊庶母为嫡、跻妾为妻”这一类违背纲常的行为大加讨伐，“又有尊庶母为嫡、跻妾为妻者，大乖纲常，反蒙垢笑”，主张对“嫡庶不辨，名分不严”的神主供奉越礼违制现象予以纠正。

清嘉庆《蒙化孙氏族谱》卷首《凡例》指出：

妻妾嫡庶，关系匪轻。凡元配曰娶，元配殁而复娶曰继，元配未殁而娶曰侧。如以妾为妻，以庶僭嫡，向有苟且徇情，今必严加删正。

该族重视妻妾嫡庶之别，在修谱时，对“以妾为妻、以庶僭嫡”等违背宗族伦常秩序的情形予以修正。

清光绪年间，大理巍山刘氏宗族认为：

嫡妾继庶之间，至难处也。嫡为正，妾为副，名分昭然，固不可紊也。然定分之间，亦自有别。若正室已育子而纳偏房，则在可重可轻之列。若正妻不育，中年置妾，则无后为大。嫡而贤，幸也；嫡而妒，是绝夫嗣也，甚属可恶，即出之，殊不为过。然妻之妒与否，亦必宗族大众实核之，方可信，否则爱妾者亦多，不可遽为嫡罪也。至于前妻已有子媳，复得继娶之母，贤而相恤者少，不贤而隔瘼（膜）视者多。大约枕边之言，掩袖之毒，不惟溺爱，亦且蒙惑矣。长者必明辨之，不使负伯奇之冤于地下。如继母贤而子媳傲，则不孝有所归，当公治其罪。[②]

该族强调嫡妾继庶之间应坚守各自的名分，和谐共处，以维持宗族伦常秩序的稳定。

---

① 杨元亨．杨氏族谱：卷首　凡例 [M]. 抄本 .1786（清乾隆五十一年）.

② 刘其仁．蒙化刘氏宗谱：卷五　家规 [M]. 写本 .1900（清光绪二十六年）.

（4）敦孝悌。孝悌也作“孝弟”。《论语·学而》云：“其为人也孝弟。”朱熹注：“善事父母为孝，善事兄长为弟。”《孟子·梁惠王上》则强调“申之以孝悌之义”。敦孝悌包括善事父母、善事兄长两个方面的内容。

明清时期，云南汉族移民宗族强调族人要敦孝悌，孝顺父母，和睦兄弟。清咸丰曲靖宣威《符氏族谱》卷四《族规》规定：

孝弟之道，圣经贤传载记甚详，其《曲礼》《小学》尤于子弟之职切近，须时时玩绎，事事遵循，更当深求其中义理而出之以至诚，不可仅袭仪文末节，反失天性正爱。

该族要求族人重视孝悌之道的践行。

清道光玉溪通海《云南柿园宋氏宗谱》卷四《族规》规定：

事亲从兄，良心真切，尧舜之道不外是焉。圣谕十六条首著“教孝悌以重人伦”，良有以也。近世舍近图远，忽易趋难，致根本有亏，枝叶旋萎，岂知行远自迩，登高自卑，离孝悌而谈仁义，譬诸无源之水，见其立涸耳。《书》云：惟孝悌于兄弟，施于有政。又《论语》云：孝悌，为仁之本，盖言孝悌之不可不敦也。三复斯言，能无猛省？

该族重视以康熙圣谕十六条中“敦孝悌以重人伦”为指导，要求族人能够做到用真心“事亲从兄”。

清道光曲靖宣威《戴氏族谱》卷四《族规》记载：

天地生人，父母生子，是天地乃众人之父母，父母即一身之天地。人安可不敬天地，子安可不孝父母，孝为百行之原，欲行善必从孝始也。

该族强调族人要像敬天地那样孝父母。

民国大理弥渡《张氏族谱》卷二《祠规》收录清光绪年间制定的规条：

人人皆父母所生，要以尽孝为本……大约要三椿完全，才是孝子。第一是爱父母……第二是敬重父母……第三要守身。

该族强调族人通过爱戴父母、敬重父母、守身来尽孝道。

该族还指出：

五伦第四是兄弟，宗族即是兄弟，有祖辈的兄弟，有父辈的兄弟，有我同辈的兄弟。一族便是一大家，一家和睦一家好，一族和睦一族好。①

借此强调族人兄弟之间和睦相处，不得互生嫌隙，乃至结怨，违背伦常秩序。

（5）重视尊卑长幼秩序。尊卑长幼秩序是明清时期云南汉族移民宗族内部伦常秩序的重要内容，宗族十分重视族人对这一秩序的遵守。

清乾隆《玉溪吴氏宗谱》卷首《凡例》记载：

凡称呼若在己长上者，俱依某行伯叔之称，若在己卑下者，俱依某行侄、侄孙之称，务稽彝伦以合礼法。

该族重视称谓在宗族尊卑长幼伦常秩序中的作用，强调称谓要符合礼法。

民国《云龙天耳井解氏家谱》卷三《祠制》收录该族清代制定的规条：

宗族间尊卑少长，其序固有定分而不可紊者，或有尊长年少，卑者年长，而至于年高有德者，在尊者亦须礼敬，不可少有凌忽之心。

该族要求族人遵守宗族内部的尊卑少长秩序和既定名分，不得紊乱既定的伦常秩序和名分。

清光绪《云南恩安李氏宗谱》卷二《家规》规定：

子孙须恂恂孝友，实有孝行里门家风，见兄长坐必起，行必以序，应对必以名，毋以尔我。诸妇并同。子侄虽年至耄耋，凡侍伯叔俱当隅坐随行，不得背礼贻讥。

该族强调族中子弟、妇女对兄长的遵从，要求在日常生活中按照伦

① 张大龙．张氏族谱：卷二 祠规［M］．写本．1939（民国二十八年）．

常秩序规范自己的言行举止。该族要求年长族人对伦常秩序予以遵守，强调不可因自己年高而违背血缘伦常秩序。

清光绪《祥云周氏宗谱》卷三《族规》收录该族清代制定的族规：

本族兄弟叔伯相呼，各以其字称呼。称兄曰某字兄，称弟曰某字弟，叔伯命曰某字侄，侄称伯叔曰某字伯父、某字叔父。毋以尔我乱称，况别混耶？庆吊平辈用叩，小辈则更宜再叩，长辈答以长揖。坐序行第不分主客，序齿不序爵。

该族在称呼、庆吊、坐序方面，要求族人遵守尊卑长幼秩序。

清光绪《和顺李氏宗谱》卷三《族规》要求：

叔侄自有定分，侄孙年至五六十以上而叔祖尚在童年，不可以年长故藐视尊长。兄弟伯叔，大伦至亲。故为子侄者，须尽敬老事长之道，与夫隅坐徐行之礼。至于为尊长者，亦尚（当）持己以正，训诲戒导，交相友爱，尊卑有等，而和气致祥。

该族重视在族内确定尊卑秩序，以实现“和气致祥”的和谐秩序为目的。

2. 通过设置字辈排行实施族内伦常秩序控制

宗族是一种血缘组织，在宗族内部根据血缘关系确定的排行，代表着一种伦常秩序，它为宗族各成员在族内设立了特定的位次，并规定这种伦常秩序丝毫不得紊乱。明清时期，云南汉族移民宗族常通过在族内设定排行这一制度化的举措，来确定族人在血缘谱系中的位次，以实施伦常秩序控制。各宗族一般将所设定的排行收录于族谱中，有的还制作成排行匾张挂于祠堂等宗族公共场所，以示族人遵守。宗族通过排行的设定，使族人在族中的血缘伦常位次得以彰显。

民国大理《阎氏宗谱》卷首《凡例》延续明清规则：

子姓排行，必先定某字名，祠便于依次取名，免致临期紊乱。今议二十三世以昭字为始，取“昭前人伟望，启永世隆昌”十字，俟此十世荣登，后起者不妨再议。

该族强调通过设定排行来确定个人在宗族中的血缘伦常位次。

玉溪通海宋氏宗族内部记载：

命名列行，自十三世祖起，先代编字流传云："崇嗣起昭光，昕晖培巨泽，本炽垒钟深，枝燔基鉴堤，秀炜班银汉，材勋埒锦漪，历秋等镐洛，述烈在铬沩，桂荣封锡永，杏燕玉銮游，彩焕垂钧藻，来熏绕镇流。"今其数将满，复拟五言四句续之："穆熙嘉录济，树美理钦承，棠灿周铨治，椿煌壁镜澄。"①

该族主张通过命名列行、设定排行字序来确定个人在宗族伦常网络中的位次。

清咸丰曲靖宣威《符氏族谱》卷首《凡例》规定：

行第者，所以序昭穆也，宜取式欧苏二家，其次序照依世数，次第列之。

该族强调通过设置排行来确定族人在宗族血缘谱系中的位次，以此严格规范宗族内部的伦常秩序。

清嘉庆《蒙化陈氏家谱》卷三《家法》规定：

前期收族未定排行，以至各派名目私取，恐后修谱历世愈远，紊乱难查，故立排行匾，四言八句，计三十二字，第现在各派二十四、五、六、七世，人丁甚繁，兼之已故者不少，未便更换，仍听各派照旧取名。今酌定二十八世以后，凡属三公支派，不得乱取，如有违拗者，以不孝罪论。

该族通过设定排行、树立排行匾，防止各派私取名目、违反伦常秩序，对不遵守排行而乱取名讳字号者，以不孝论处。

清光绪大理《毛氏家谱》卷二《排行》记载：

排行者，所以明世次、序昭穆也。盖我祖自迁仙石以来，相传至

① 宋学志．云南柿园宋氏宗谱：卷首　凡例 [M]. 写本 .1838（清道光十八年）.

今，凡三十余世，未编次序，所有排行皆参差紊乱，如二十四世志杰公与十三世志宣公同一“志”字而不避犯上，如二十七世国字辈与二世祖国公同一“国”字而不知隐讳，如二十八世德字辈与三世祖德正公同一“德”字而不顾混淆。今之纂修谱牒，一一考正，将志宣公易继宣公，将“国”字改换“邦”字，“德”字改换“定”字，其余悉循旧例。后世子孙务宜鉴其来由，毋以排行为讹谬也。

在该族内部，由于“凡三十余世，未编次序，所有排行皆参差紊乱”，导致不同世代族人的名字相互之间存在犯讳、混淆、讹谬的情形，使得宗族伦常秩序发生部分紊乱。

在总结以往的教训之后，毛氏在本族内部为男性成员、妇女、未嫁女子分别设定了排行：

男排行：安全景福，保大延芳（三十五世安字起）；忠孝笃义，成家之光（五十世光字再起）。

妇排行：凤仙宝秀，梅菊荷香（三十五世凤字起）；卿云珠玉，姊妹娥芳（五十世芳字再起）。妇人取名，以夫名居上，而排行字在下。如夫名安和，则妇名和凤。书木主、棺木、坟面，一见而知为三十五世安和之妻。真良法也！且免姑妇尊卑同名之嫌，尤为宗族不易之定法。

女排行：和平美顺，娇惠淑贞；妫姜宜子，兰桂薇音。女子有排行，字亦居下，虽远嫁，相见问名，即知尊卑。[①]

该族通过为男性成员、妇女、未嫁女子分别设定排行，较为细致地确定了个人在宗族伦常秩序中的位次，收到了“世次明、昭穆序”的积极效果。

3. 对违背伦常秩序的族人施以惩罚

伦常秩序对宗族的生存与发展至为重要，因此明清时期云南汉族移

① 毛其盛．毛氏家谱：卷二　排行[M].写本．1899（清光绪二十五年）.

民宗族非常重视族人伦常教育与实践活动。据清乾隆保山《杨姓家谱》卷三《族规》记载，在保山杨黄氏宗族内部有这样的规定：

凡书属于伦常者，不可不着意看，又不可徒看而不思躬行。子弟不得目观非礼及妖幻符咒之书，凡涉戏谑淫亵语者，即焚毁之。

该族强调族人要多读有关伦常方面的书，并重视书本知识与伦常实践的结合，不读违背封建伦常之书。

在各宗族看来，族人遵守伦常秩序是他们的分内之事，而违背伦常秩序则属于必须严加控制、纠正和打击的越轨行为。清乾隆年间，昭通谢氏宗族对本族旧修族谱中存在的“以弟继兄，以兄为父”的渎伦现象十分重视，予以纠正：

旧谱有下绍之例，以弟继兄，以兄为父，渎伦甚矣。我国朝明伦重本，革去其弊，煌煌乎典至巨也。兹遵公例，下绍者复归本支，天理人伦一居于正，生死两无所恨，何至有渎伦之患。①

该族通过对违背伦常秩序行为的纠正，再次使族内的“天理人伦一居于正”。

据清嘉庆《蒙化高氏族谱》记载，大理巍山高氏规定：

子姓有不孝不悌、败伦伤化、确有证据者，公议责逐。

该族主张将不尽孝悌、败伦伤化的族人逐出祠堂。

明清时期，云南汉族移民宗族通过积极的制度设计，为具有不同伦常身份的族人制定了各种行为规范，对这些行为规范的积极实践，在很大程度上实现了对族内伦常秩序的控制与调适，较好地达到了维持宗族内部伦常秩序稳定的目的。值得注意的是，在实施族内伦常秩序控制时，各宗族对明清封建政权制定的相关法律条文、宣扬的宗法伦理意识形态采取较为积极主动的效仿和接受的态度。这方面的事例较多，如清乾隆《玉溪吴氏宗谱》卷八《家规》云：

① 谢楚湘．谢氏宗谱：卷首　凡例 [M]．写本 .1760（清乾隆二十五年）．

孝为百行之原，不孝者，律有明条，此人人所共知也。故为子孙者常念罔极之恩，须知孝养之义。

该族特别提到对封建政权制定的相关法律条文的遵守。

清道光玉溪通海《云南柿园宋氏宗谱》卷四《族规》规定：

事亲从兄，良心真切，尧舜之道不外是焉。圣谕十六条首著“教孝悌以重人伦”，良有以也。

该族主张以康熙帝圣谕十六条为指导，实施族内伦常秩序控制。

清乾隆年间，昭通谢氏宗族持“国朝明伦重本”的态度，对旧谱中存在的“以弟继兄，以兄为父”[①]的渎伦现象加以纠正。

以上各云南汉族移民宗族主动接受和效法中央政权制定的相关法律条文与宣扬的宗法伦理意识形态的行为，既是这些宗族能动地适应明清官方正统意识形态的反映，也是这一时期族权与政权良性互动的体现。

（二）血缘秩序控制

宗族是以父系血缘关系为纽带而形成的社会人群共同体，血缘是宗族存在的基础和宗族构成的要件之一，也是宗族区别于其他社会组织形态最重要的标识之一，而血缘秩序稳定与否则在很大程度上成为衡量宗族内部凝聚力是否强大及其各类功能发挥是否合理的一个主要标志。明清时期，云南汉族移民各宗族十分重视血缘认同及族内血缘秩序的建构与维护。但与此同时，各宗族也存在大量的异族伪冒、异族承继宗祧等冲击或破坏宗族血缘秩序的现象。针对上述情形，各宗族往往通过反对异族伪冒、反对和限制异族承祧、提倡族内承祧等积极的努力，来维持和控制宗族内部的血缘秩序。

① 谢楚湘．谢氏宗谱：卷首　凡例[M]．写本．1760（清乾隆二十五年）．

1. 通过反对异族伪冒，来控制宗族内部血缘秩序

异族伪冒主要是指异姓或同姓不同宗的宗族或其成员的伪冒篡宗行为，它对宗族固有的血缘秩序构成严重冲击，是明清时期云南汉族移民宗族着力防范与控制的主要内容之一。

明清时期，云南汉族移民社会中存在大量的同姓同宗的宗族，他们属于同一始祖繁衍下来的子孙，在宗族裂变后，经过一定时间的积累形成了新的宗族。与此同时，在异姓宗族之外，社会中也存在一定数量的同姓异宗的宗族或个人，主要是异族改姓的情形，虽然他们表面上都拥有一个共同的姓氏符号，但实质上却属于不同的宗族系统。此处所说的异族伪冒，即是指异姓或同姓不同宗的宗族或其成员对本族的篡宗行为。这种篡宗伪冒行为在明清云南汉族移民宗族中有不少事例，如清乾隆玉溪《杨氏族谱》收录明万历年间的谱序：

我族杨姓，以近师远公墓，故冒姓者多，真伪不可辨。如北街亲支杨姓，杨姓者一，乃祥卿公子孙世居此地。其余冒其姓者二：一匠一军，系异姓充役，界限明甚，后人毋忽。

清道光《和顺刘氏家谱》卷首《凡例》也指出：

各处刘氏多称出常侍公之后，难免冒滥之弊。

针对各种篡宗伪冒行为的不断蔓延，明清时期云南汉族移民宗族多通过族谱编纂的严格管理来防止异族伪冒，并在族规家法中强调对异姓或同姓异宗异族的伪冒行为予以坚决遏制和打击，以捍卫本族内部血缘秩序的稳定。

清嘉庆《蒙化陈氏家谱》卷首《凡例》记载：

同姓固古所敦，而非族则古所辨。我蒙化高氏不敢妄攀古人，亦不欲轻联异本。故谱著《姓同非族考》《同姓备考》，均有深心。今仍照旧登载，并附此番所驳认族者，以备参核。

该族本着不妄攀古人和轻联异本的心态，通过编定《姓同非族考》

《同姓备考》对同姓异宗现象予以揭示，并收录在族谱中作为族人参考的依据。

到了清嘉庆年间重修族谱时，陈氏对于旧谱攀附同姓异宗或搞不清来历的同姓显赫人物的做法予以检讨，并将其从族谱中删除：

旧谱有同姓人物一条，声名卓越，固为姓字之光，然未审所自，究有攀附之迹。梁伯鸾不因人热，狄襄武不祖梁公，古今称英识焉。今特删去。[①]

清乾隆保山《杨姓家谱》卷七《家典》收录该族明代制定的家规：

类族辨物，圣贤不废。世以门第相高，间有非族认为族者，或同姓而杂居一里，或自外邑移居本村，或继同姓子为嗣，其类匪一，然姓虽同而祠不同入，墓不同祭，是非难淆，疑似当别。傥称谓亦从叔侄兄弟，后世若之何？此谱中所以严为之防，非得已也。神不歆非类，处己处人之道当如是也。

该族强调严防同姓异族的篡宗伪冒行为，以维持本族血缘秩序的稳定。在保山杨氏看来，“此谱中所以严为之防，非得已也”，即通过族谱严防伪冒行为，这也是宗族不得已之举。

保山杨氏上述所谓的“不得已”，明代就曾在该族发生过：

今有同村范姓者，皆佣艺善工石，乡人号为打石范也。嘉靖辛丑，博村裔孙理重建府君墓碑，族众垒石垣其墓，禁防樵牧之患。适振玉者冒于礼义，伪驾讼端，欲冒认府君为祖，讼诸公庭。[②]

保山杨姓的祖先被由青阳迁来的同姓不同宗的“打石范”所冒认。“盖自祖墓被污，讼于公庭，三年之久，所费千金有奇”，[③] 在经过三年诉讼、花费千余金之后，才得以胜诉。

清乾隆《玉溪吴氏宗谱》卷首《凡例》载：

① 陈德．蒙化陈氏家谱：卷首　凡例 [M]. 写本 .1815（清嘉庆二十年）.

② 杨朝经．杨姓家谱：卷七　家典 [M]. 写本 .1784（清乾隆四十九年）.

③ 杨朝经．杨姓家谱：卷三　坟茔 [M]. 写本 .1784（清乾隆四十九年）.

谱曰玉溪吴氏，见有同邑同姓不得入兹谱者，皆非名家子也。谱成散讫后，原板俱削，以防私伪。且每谱一部必编某号，注付某人，图书封固，然后散给，仍开总单请府县照印交贮公所存验，日后如有图书昏错及总单内无名者，定系假谱，即当穷治。

该族在编纂族谱时严防同姓异宗的伪冒，主张通过族谱的严格管理防止伪冒，并对假谱予以整治。

据清乾隆玉溪《杨氏族谱》记载，玉溪杨氏宗族认为：

收的族者，祖吾祖也，仁也；辨非族者，使人各祖其祖也，义也。仁而笃则义益严，义而正则仁益广，是故谱之义有大本焉。①

该族将收的族、辨非族以及维护宗族血缘秩序的清白与稳定视为修谱之大义。

清嘉庆年间大理《李氏族谱》卷首《谱例》记载：

乞养异姓及招赘女婿以乱宗，子孙敢有不遵，伯叔兄长会众逼令改正，者女婿义儿相依不得已者，抵许入籍，不得入谱。

李氏宗族规定各种乱宗行为的主体只准入籍，不得入谱，以此保证宗族血缘的纯洁性。

清道光玉溪通海《云南柿园宋氏宗谱》卷首《凡例》载：

兹谱恪遵尚书公成例，只收本支。其有冒本支而无确据者，不敢混收，间有钻谋谱据而身家不清白者，亦不敢混收，庶家法克端，毋贻乱宗之咎。

该族主张对族谱收族进行严格管理，以防止乱宗、混淆宗族血缘世系的情况发生。

清乾隆昭通《谢氏宗谱》卷首《凡例》记载：

谱内所注迁外，今日未续世系者，异日倘来认族，听其自为一支，不得与我宗混，以防冒乱。支派给领谱牒，或某公某派众领，或某派某

① 杨元亨．杨氏族谱：卷五 族规［M］．抄本．1786（清乾隆五十一年）．

人领，编写号数，并加戳记，总载谱末，以便核对，以防移易冒乱。

为防止冒乱，该族对外迁支派的回宗认族行为采取谨慎态度。该族还强调通过族谱的严格管理来防止发生移易冒乱、混淆宗族血缘秩序的行为。

清光绪《和顺李氏宗谱》卷首《凡例》载：

族有无后者，旧谱图系下书止，以防伪增冒认。

清宣统大理《钟英杨氏族谱》卷首《凡例》载：

旁亲无后，即继嗣亦绝望者，下注止字，以杜冒伪。

上述两个宗族通过在族谱世系图表中进行特别的细节处理来防止异族伪增冒认。

清嘉庆年间，大理巍山高氏宗族为了防止伪族执谱插派、紊乱、宗支，确保本族血缘的纯洁性，在族谱卷末详列赵州、鹤庆、大理府、剑川等各邑异派，由此也可窥见各宗族同姓异派异族复杂情形之一斑：

一、赵州和村有二高，其一不知来历，其一祖为如英公。

二、赵州河方村高族系阳春公之后，另有一支祖敬康公。

三、赵州有下登高氏，不知来历。

四、赵州古城关高氏有家庙，顺发公开族。

五、赵州下鸡邑高氏有刻谱，此高非同族。

六、赵州唐美村高氏有刻谱抄本，系丹阳派集成公之后。

七、赵州白岩镇对河高氏，乃江西派。

八、赵州庆丰里高氏不知来历，家藏有该族金字谱并古遗像。

九、赵州古巷口、丰隆岭高氏共一支，俱莫考其由来。

十、赵州结林高氏有写谱，工整尚实，由婺源分支，先世于明洪武时官府经历，居此。

十一、赵州下登另有三高，其一高人众，曾买方村所领南陵统宗谱一本，又一徐非上户，惟村头靠山二家系韶铿族迁此。

十二、赵州车子坑，又名查落坑，有高氏，不知来历。私买有旧刻谱二部。

十三、赵州河源高氏，大抵皆异派。

十四、鹤庆北城、东市、石羊千及南乡博村高氏共一支，非我同派。昔城西曾有冒西门道公裔，与石羊干等族联宗者。尝观其写谱。

十五、鹤庆有黄泥突高，有渭桥箬笠山高，有汪家岭高、大佛阁徐，俱不知来历。

十六、鹤庆北门外老柏墩高氏，系江西派。

十七、鹤庆宁西乡谒岭下、温坑山墓边各高，俱非我族。

十八、鹤庆西乡中村高氏，又名洽里，有抄金字族谱，讹错甚多，且不成字，其旧祀簿以宜公为一世祖。正谱未载，莫辨真伪。

十九、鹤庆花桥徐氏，族大丁繁，非我同派。

二十、鹤庆东、北城俱有高氏，昔年颇多显达，非我同派。

二十一、鹤庆华里高氏，昔年亦有显者，非我同派。

二十二、鹤庆东城外另有高氏，乃江西派。

二十三、鹤庆城东十五里高氏，始祖玉秀公之后。

二十四、大理府东皋有蔼村高氏，久无来历，前曾冒大族，又冒西南门族，俱不遂。

二十五、大理府喜洲、洱源各徐，俱非我同派。

二十六、大理府下关，有高氏数家，私买明嘉靖时写谱底一本。

大理府南溪、海东、弘圭山下三徐，与鹤庆西乡徐共一派，而西乡徐今尤式微。予尝往访前三徐，阅其祀簿，无远代祖，未必定是异派，然今此已无从稽，后此更将安访？禋识。①

上述高氏族谱中所记载的异派大致可分为三类情况：不知其来历，为异派；知其来历，为异派；未能确定是否为异派。关于详细记载异派的目的，诚如高氏宗族记载："卷末详列各邑异派，所以益清本派也。不

① 杨元亨．杨氏族谱：卷尾 附录[M]．抄本．1786（清乾隆五十一年）．

惟使日久无插派之弊，更可免下届续修复往稽考，各邑须查明载人。”①即主要是出于厘清本派、防止插派且维持本族血缘秩序稳定的需要。

2. 通过反对和限制异族承祧，控制宗族内部血缘秩序

按照宗法制度的设计和规定，一个宗族之下的每个男性成员在过世之后，都应有人来承继他的宗祧。本位宗祧由嫡子承继，众子则不断另立宗祧。如果一个男性成员没有亲生儿子，就要通过立继的方式来确定其宗祧承继人。为保持宗族血缘关系的纯洁和稳定，过继与承继必须在本族范围内实行，这是立继的一个基本原则。从总体上说，明清时期云南汉族移民宗族大多能坚持同族内部宗祧承继，反对控制异姓异族承继，以维持宗族内部血缘秩序的稳定。对于各宗族来说，确保血缘的纯洁性是其存在的重要基础。因此，虽然由于种种因素的制约而不得不从异姓宗族中输入男丁，但控制其人数规模则时刻不敢放松。对于异姓入继这一点，明清云南汉族移民宗族心存芥蒂。这一时期，各宗族主要通过族谱的严格编纂与管理以及族规家法的强制性惩罚措施的执行来控制异姓异族的入继。主要分为以下两种类型。

（1）对于异姓入继，族谱一概不予收录，或规定不准入继异姓，对收养异姓为子者予以严惩，这是一种较为硬性的措施。

清嘉庆保山《戈氏家乘》卷首《凡例》记载：

水盆抱养，赘婿为子，皆异姓乱宗，一概不书。抚养异姓，一概不录，以杜乱宗之阶。

该族强调族谱对异姓入继为子一概不予载录。

清道光曲靖宣威《张氏族谱》卷首《凡例》载：

别族或有异姓入继、非种不锄者，吾家则皆一本相承耳。惟期传家清白，虽多，亦奚以为？

① 高嘉．蒙化高氏族谱：卷首　凡例 [M]. 写本 .1805（清嘉庆十年）.

该族以传家清白、血缘纯洁相标榜，对异姓入继持反对的态度。

清乾隆昭通《谢氏宗谱》卷首《凡例》记载：

异姓来继者，不书。乞养不明者，不书。

清宣统大理《钟英杨氏族谱》卷首《凡例》记载：

异姓来继与出继异姓者，俱不入例。

上述两个宗族皆规定族谱对异姓入继者不得收录。

清乾隆保山《杨姓家谱》卷七《家典》收录该族明代制定的家规：

有子应继者，毋得抱养他姓之子，侵其祖产，以乱宗枝。及招赘女婿必另择基址，不许紊乱我家。不可养他姓之子、戚属之儿，紊乱宗支。

清道光昆明《苏氏族谱》卷首《凡例》记载：

至若甥继一条，和溪谱虽有其例，厥后并无其人，从此永革，后不复循，致启争端。其果有实生暧昧、父实子之者，不拘妻妾，无凭查黜。至恩养异姓或随母来归，又何不摈斥而致牵扯以坏宗祧乎！

上述两个宗族皆规定不准入继异姓。

清咸丰《云南元江小羊街房氏家谱》卷首《凡例》记载：

异姓入继，我族向无此例，凡我宗枝皆当永矢弗谖也。

清乾隆《玉溪吴氏宗谱》卷八《家规》也有规定：

族内不收义子，违者斥逐。

清嘉庆昆明《王氏族谱》卷六《族规》记载：

收养异姓，即为乱宗，律令昭垂，自应严禁。我族虽间有收养外姓为己子者，然宗派所关，不得不严，异日当公同议禁，以免宗族淆乱。

上述三个宗族皆强调对异姓入继乱宗予以严禁，或对违规收养义子者予以斥逐。

清道光昆明《苏氏族谱》卷二《祠制》记载：

过继之事，国家已有成例。爱继、应继，例之所准也。异姓过继，例之所禁也。

该族强调遵守国家相关法律规范，反对异姓过继。

清光绪大理《毛氏家谱》卷首《谱例》记载：

若抱养螟蛉，则宗法所不容混。

该族反对异姓入继，以免混淆宗法。

清乾隆玉溪《杨氏族谱》卷首《凡例》记载：

本族家法，异姓不得乱宗，倘有螟蛉，一概不书。

该族反对异姓乱宗，对异姓乱宗者族谱一概不予收录。

清道光《和顺刘氏家谱》卷五《家法》记载：

同姓不宗及义子外姻入继者，均不许入祠。

清嘉庆《蒙化陈氏家谱》卷三《家法》记载：

断不许擅令异姓入绍，及螟蛉他人子，以乱宗祏。违者，不得入祠。

上述两个宗族强调，对擅令异姓入继之族人及异姓入继者本人，给予剥夺人祠权利的处罚。

清嘉庆《蒙化孙氏族谱》卷有《凡例》记载：

至于养子，或属螟蛉，或以婿绍翁，以甥绍舅，一切外氏概摈不录。

清光绪《蒙化刘氏宗谱》卷首《凡例》云：

无子者本应立兄弟之子为嗣，即或弟亦一子，兼祧可也，俟添丁再行分嗣。但近世有以异姓之子为嗣者，吾谱于宗规已申明禁，无论螟蛉、赘婿，概不入谱。兹特不惮烦琐，谆谆告诫，嗣后切勿开异姓篡宗之渐。

大理刘氏为防止异姓篡宗，对异姓入继者一概摈斥不录。

（2）对于异姓入继，族谱采取另类处理的方式加以记载，这是明清时期云南汉族移民宗族在维持血缘秩序方面所采取的一种相对灵活的办法。

清咸丰曲靖宣威《符氏族谱》卷首《凡例》记载：

若以异姓之子承继者，则书某地某人之子某绍某人嗣。抱血孩者，则书抱养。讨异姓者，则书乞养某姓某承祀。则既不视其失嗣，又于祀义有别，而不淆矣。

该族对异姓入继者直接予以记载，态度较为宽松。

清道光《云南柿园宋氏宗谱》卷首《凡例》记载：

今来绍者，于本支下不载，另载于本支谱末，亦以示后之君子别嫌明微之意云尔。

该族采取变通方式，将异姓入继者集中收录于本支谱末，以备核查。

清光绪《玉溪钱氏宗谱》卷首《凡例》载：

其有异姓入继者，以嬴易吕，实紊宗盟，例应概行改正。第摘继或奕叶已更显，削则荒邱（丘）乏主，姑别书法以宽既往，遵定例以杜将来。虽螟蛉似我，毋辜螺嬴苦衷，而狼子野心，究竟马牛不类。公议：此届续修之后，异姓断不准拦入，现在异姓入继又复中止，竟以本姓转绍者，定行削去。

在该族内部，对此前已存在的异姓入继加以记载，对本次修谱后发生的异姓入继则不予收录，对异姓入继有一个由宽变严的趋势。

民国昆明《吴氏族谱》卷首《凡例》记载该族明清时期的规定：

我族自先世以来，间有异姓入绍者，世系之下，注明本姓。祀祖之日，不派主祭，祖例如此。前次修谱因之，此次续修宗谱，恪遵祖例，异姓继支，照旧登谱，注明本姓。祀祖之日，不派主祭、分献、大赞，其余执事，酌派襄事。倘继支又有乏嗣，立继本宗者，是异姓之义已绝，本宗之谊复联，照本宗入继之例办理。且如祖父等有功于国家，合邀荫袭酬庸例，以宗支承之，异姓入继者不与。

在昆明吴氏看来，异姓入继乃属权宜之计、不得已之举，但对异姓入继者的权利进行各种限制：祭祀时不派主祭、分献、大赞，不准荫袭酬庸，标明其姓氏符号以突出外姓标识，有相当一部分歧视成分。

民国大理弥渡《张氏族谱》卷首《凡例》收录该族明清时期的规定：

谱所以明世系，如有继支，或本宗，或异姓，责成各派注明，不得混淆。

该族承明清制，主张对异姓入继予以注明，以便与同宗继支相区分。

此外，张氏宗族清代制定的家规还规定：

异姓承继者有三：良家子则书，贱家、逆家子不书，觅寄不明者不书。①

该族主张对异姓承继者，根据来源情况的不同给予区别对待，重视对良家子的收录。

清道光年间，大理阎氏对宗祧承继的规定相对宽容，对异姓入继予以记载。到了光绪年间，大理阎氏《续修例言》则规定：

继子仍前谱之旧，以应、爱为继。今于继同姓者书继书嗣，若子异姓则书以某村某姓子为子，不曰为嗣，而曰为子，彼固视以为子则子之，而不得许其为继，并不得予其为嗣，正以恶其爱之不得其正耳。子随母下堂，子曰抚某姓子为子，指同居继父言也。不同居，原不同居黜勿书。子无来历，子曰以异姓子为子，凡拾逸姓者皆是，既非我族类，则变其文以书之，不得已也。若书曰奸生子，必有据，始直书，其莫须有、将毋同之辞概斥不受。②

该族主张在收录异姓子时，根据情形的不同而采取变通办法。

民国《蒙化姚氏族谱》卷首《凡例》收录该族清代的规定：

其有故立异姓，与随母之子，及舍本宗而立旁宗，并昭穆不顺者，俱书妄摘，示不当摘也。至他姓来继者，书来绍，示不当绍也。

该族通过“书妄摘”“书来绍”的记载方式，以示入继不当，含有贬斥之意。

① 张大龙．张氏族谱：卷二　祠规 [M]. 写本 .1939（民国二十八年）.

② 阎宁浩．阎氏宗谱：卷首　凡例 [M]. 写本 .1938（民国二十七年）.

民国《云龙天耳井解氏家谱》卷首《凡例》收录该族清代的规定：

宗谱联疏为亲，约远于近，使我解氏的支的派相亲相睦，派之非者，不得入也。兹查旧谱注外氏来绍者颇多，夫绍以外氏，则泾以渭浊，混淆甚矣。将欲削而除之，则相沿已久，势既有所不能，将欲涂去外氏字样，则鱼目混珠，理又有不可。惟一仍其旧，以俟后之公论可耳。

大理云龙解氏宗族出于一种对实际情况难以操控的心态，对异姓入继者照旧予以收录，态度较为宽容。

3. 通过提倡族内承继并设定各种限制，来控制宗族内部血缘秩序

从总体上说，族内承祧是明清云南汉族移民宗族宗祧承继的主要方面，各宗族通过积极提倡族内承继，并对之设定各种限制条件，来实现对宗族血缘秩序的控制。

（1）族内立继与承继由家族长及族贤等主持，族内承祧受到宗族领导者的控制与干涉。

在玉溪境内，清乾隆年间，杨氏宗族所定《祠规》规定：

对妇女苦志守节者，倘夫亡未及立嗣，家长从公为之定继，毋许越祧争夺。①

该族主张由家长为守节妇女立嗣定继，以防止越祧争夺、紊乱承祧。

该族还规定：

倘无子者，须照例立继承宗，或应或爱，从公论断，不得参以私议。其应继之例自有昭穆明条，若应继或嫌贫不继，不应继而贪利争继，族中长者、贤者当谕以公论。②

该族强调族内承祧，或应继，或爱继，均从族人公断，不得自作主张。对于嫌贫不继及贪利争继者，由族中长者、贤者进行劝阻。

① 杨元亨．杨氏族谱：卷二 祠规 [M]. 抄本 .1786（清乾隆五十一年）.

② 杨元亨．杨氏族谱：卷二 祠规 [M]. 抄本 .1786（清乾隆五十一年）.

民国《祥云孔氏家谱》卷首《凡例》收录该族清道光年间的《谱例》，其中记载该族族人孔育曾：

以县试冠军入泮，秋闱屡邀房荐。昆弟四人，育曾居三，两兄均多男，惟弟育详早故未育。育曾急欲为立嗣，延族长及知事向两昆曰：弟往矣，忍令叹馁而于地下乎？两昆各将子入绍，一为应，一为爱，情理两全。

作为一族首领的族长，其在族内宗祧承继方面扮演着重要角色，族人立嗣往往要请族长参与。

（2）必须遵循由亲及疏和昭穆相应的原则。明清时期，云南汉族移民宗族内部承祧一般要求遵循由亲及疏的原则，即按照血缘亲疏的次序选立宗祧承继人，而且强调昭穆相应，不得违背世系辈分。

清道光《和顺刘氏家谱》卷首《凡例》记载：

继嗣必以序承，间有世次差紊者，已从改正。

在族内承祧方面，刘氏宗族坚持由亲及疏的顺序和原则。

民国《祥云孔氏家谱》卷首《凡例》收录的该族清道光年间的《谱例》记载：

无子者，许令同宗昭穆相当之侄承继。先尽同父周亲，次及大功、小功、缌麻。如俱无，方许其择立远房及同姓昭穆克当者为嗣。

该族强调族内承祧遵循由亲及疏、昭穆相当的次序和原则。

该族又规定：

无子立嗣，本上为祖宗，次为身后计也。若继不得于所后之亲，听其别立，或择贤择能。所亲所爱者，若于昭穆伦叙不失，不许宗族指以次序告争。若应继之人平日本有嫌隙，则于昭穆相当亲族内择贤择爱听从其便，不得希图财产勒令承继，或怂恿择继。①

该族主张在应继阶段即在五服亲属中仍然选立不到合适的承祧人，

① 孔应元．祥云孔氏家谱：卷首　凡例 [M]．抄本．1943（民国三十二年）．

则进入爱继阶段，即从五服之外的同宗亲属中选立昭穆相当之子孙作为宗祧承继人。在爱继阶段，只要昭穆相当，可以不受次序的限制而自由选择继承人。

清嘉庆《蒙化陈氏家谱》卷首《凡例》记载：

凡立继须于亲房昭穆行次应立者立之，亲房无可继者，方择远房立之。

该族主张按昭穆行次由亲及疏立继。

清乾隆年间玉溪《吴氏家谱》卷首《凡例》记载：

族中有举贡廪增文武生监，其子嗣繁昌，无论矣。间有子嗣缺欠之人，族中不得听其乏嗣，或令择昆弟之子为后，倘昆弟无，则择亲支之子继之，亲支无，则择族中之子继之，虽本人未能自择，族中亦当为之援立也。

该族不能容忍族人出现乏嗣的情况，按照亲疏远近的原则为乏嗣族人过继子嗣。

清嘉庆《蒙化孙氏族谱》卷首《凡例》记载：

至远房过继，务必昭穆相当，如昭穆不明，冒继者不收。

该族要求族内承祧严格遵守昭穆行次。

清咸丰年间曲靖宣威符氏宗族认为：

夫族中过房有以侄孙为子者，其弊则所生兄呼过房弟为叔；又有以侄曾孙为子者，其弊则所生父呼过房子为叔；又有以弟为子者，其弊则同父弟呼过房兄为侄。名之不正，若此为甚。降尊为卑与升卑为尊，其乱昭穆等耳，礼莫大于分，分莫大于名，可不慎哉！[①]

该族强调族内承祧不能颠倒尊卑、紊乱昭穆、干碍名分。

在大理巍山刘氏宗族内部，咸同之乱后宗祧承继发生极大的混乱：

至兵后族中继立，往往糊涂妄继，有抛亲继疏，志在继产，有跨祧

① 符定甲．符氏族谱：卷二　祠制[M]．写本.1855（清咸丰五年）．

远房为兼祧，有一继两家为兼祧。今理世系，概删改之。间有以兵后人丁稀少从权办理者，皆不甚越礼，如提起殇丁以继孙之类。此后殇丁亦不准提，凡抛亲继疏、抛长继次、一子继两家、跨祧远房，皆不准。至他祠入继各家，世数讹错不同，不得入继，恐颠倒尊卑。惟甸中村与本祠最亲，世数明白，如昭穆相当、年齿相符，准其过继。必议拟其人于宗祠功劳如何，不准滥继。①

清光绪年间，该族规定，只准本祠族人与甸中村同宗支派之间发生过继行为，而且必须具备昭穆相当、年齿相符的条件。

清道光通海玉溪《云南柿园宋氏宗谱》卷首《凡例》记载：

本宗无子，他支来继者，注云口口为之子来继。本生注云出继某兄弟为嗣，不许以弟为子，以侄为叔，混淆昭穆，国有正法。

该族强调族内承继不许违背昭穆次序。

（3）禁止为争夺财产而承继。明清时期，云南汉族移民宗族一般皆反对或禁止族人为争夺财产而承继。

民国《祥云孔氏家谱》卷首《凡例》收录该族清道光年间的《谱例》记载：

倘有滥将夭殇捏造名字，假添生卒，冒昧承祧，希图产业者，一经查出，或被人告理，定行斥削。立继本以承宗为要，非为产业也。但前人已定者，或有不能尽照例者，亦姑仍前书之，不必又改，恐起争端，反为伺窃者得计。

该族强调立继以承祧为根本，不能只看重财产，并对贪图财产而立继者予以斥削。

清道光曲靖宣威《戴氏族谱》卷首《凡例》记载：

本支殁后无传，择取旁支委曲承祧，原为异日嗣续计，不得藉（借）此觊觎妄争业产。

① 刘其仁．蒙化刘氏宗谱：卷五　家规 [M]. 写本 .1900（清光绪二十六年）.

该族严禁族人借承祧之名行觊觎争夺产业之实。

清宣统大理《钟英杨氏族谱》卷首《凡例》记载：

盖承继所以承祧，非承产也。应继则无论继产有无，皆应承继。若爱继必视继产厚薄，酌贴本生父若干，一贴之后，本生父不得干豫（预）继产。其亲房应继，本生父贫苦者，亦视此为准的。

该族强调承继是为了承祧而非承产，反对族人在承继宗祧时过于看重财产因素。

（4）长子、独子承祧问题。明清时期，云南汉族移民宗族一般规定长子不得出继。

清光绪《和顺李氏宗谱》卷三《族规》规定：

长子出继显然背礼。程子有言：长子不得出继，为父后故也。若长兄绝世，弟子入继，则当以长子承重，继祖之宗也。

该族将长子出继视为违背儒家礼制的行为。

就独子来说，多数宗族坚持独子不得出继。清光绪《祥云周氏宗谱》卷首《凡例》载：

其无可继而书侄奉祀者，盖因独子不能出继而然也。

该族强调在无嗣立继时，独子不能出继。

但由于种种原因，有些宗族往往允许独子兼祧。民国《祥云孔氏家谱》卷首《凡例》收录的该族清道光年间的《谱例》记载：

如可继之人亦系独子，而情属同父周亲两相情愿者，取其服中甘结，亦准其承继两房宗祧。

该族主张在其服中之人立下甘结、办理相关手续后，允许独子兼祧。

（5）其他控制条款。明清时期，云南汉族移民宗族对不肖继子常予以退继重立，对他们的控制较为严厉。

清宣统大理《钟英杨氏族谱》卷三《祠制》载：

至立继之后，或继子游荡破产，准其禀明宗族退继，另立继子。

该族主张对游荡破产的不肖继子予以辞退。

从以上各宗族事例看来，明清时期，云南汉族移民宗族通过各种形式的制度设计以及对各类制度、规范的积极实践，在反对异族伪冒、限制异族承祧、提倡族内承继等方面取得了一定的成效，基本上达到了维持族内血缘秩序稳定的目的。

（三）社会秩序控制

明清时期，云南汉族移民宗族一般皆重视宗族内部社会秩序的和谐与稳定，往往通过制定族规家法等宗族规章制度来规范和控制宗族内部的社会秩序。

1. 严禁盗窃

清咸丰《云南元江小羊街房氏家谱》卷二《族规》收录该族明代制定的族规：

奸盗，听族长、房长率子弟以家法从事。

该族强调对犯有盗窃行为的人用家法惩处。

民国大理《阎氏宗谱》卷首《凡例》收录该族清代制定的规范：

若犯盗败伦并恶迹昭人耳目者，削其名。

该族主张对偷盗之人予以族谱除名的处罚。

清光绪《和顺李氏宗谱》卷三《族规》规定：

窃人物件者，其父兄随时在家自加杖责，仍令长跪服罪。成人以取族内物，由分长或族长引入宗祠，祖前杖以竹板。在族外行窃者，逐革。

该族强调对行窃者实施杖责、出族等严惩。

清光绪年间，大理祥云周氏宗族规定：

天地之间，物各有主。乃有不轨之徒，临财起意，纳履瓜田，见利生心，整冠李下，鼠窃狗偷。此等匪人宜加惩戒。如盗瓜菜稻草麦秆之属罚银五钱，盗五谷薪木塘鱼之属罚银三两，入公堂演戏示禁。其穿窬夜窃者，捉获有据，即行黜革。[①]

该族主张以经济处罚和黜革等方式来惩治族人的盗窃行为。

2. 严禁暴力恶行

清光绪《兰坪营盘张氏族谱》卷八《族规》规定：

吾家伦理，上赖祖宗垂训，礼法森严，子姓雍肃，向来并无不孝不弟、暴横败伦、酗酒撒泼、引诱唆讼、奸盗诈伪等事。以后子孙如有经犯前项过恶，即系忤逆祖宗，非我族类。除奸盗听族长、房长率子弟以家法从事外，余犯与众黜之，生不得齿于宗间，殁不得祔于家庙。

该族主张对暴横之徒实施严惩。

清光绪《云南恩安李氏宗谱》卷二《家规》载："素性凶暴、殴斗伤人者，逐革。"该族主张将凶暴之徒驱逐出族。

清乾隆年间，玉溪《吴氏家谱》规定：

身体发肤，受之父母，不敢毁伤。乃暴戾之徒，逞英雄之概，凶毙无词；恃气矜之隆，恶终弗顾；自召其殃，甘投法网。此等并皆黜革。[②]

该族主张通过打击族人的凶暴恶行，以维持宗族内部社会秩序的和谐。

3. 严禁健讼

明清时期，云南汉族移民宗族社会中往往因田宅、山林、坟地、水利、租佃、债务、婚姻继子等利益分配或利益争夺而发生各种类型的纠纷。从总体上讲，多数宗族对健讼持反对的态度，宗族法中都强调族人要息争讼，不得轻易卷入诉讼。

① 周世荣 . 祥云周氏宗谱：卷三　族规 [M]. 刻本 . 昆明：会云楼，1880（清光绪六年）.

② 吴德爵 . 吴氏家谱：卷八　家规 [M]. 写本 .1753（清乾隆十八年）.

清嘉庆保山《戈氏家乘》卷七《家规》规定：

讼也者，鸣己之不平，而亦人情之所不得已者也。可已不已谓之好讼，反覆（复）讦告谓之健讼，故讼卦无吉。又曰：讼则终凶，戒之也。凡我族人事之有不平，情或出于不得已，请众于祠，备述颠末，自鼠牙雀角以至财产账目，族长正副剖析是非，直为处分，各得其平，退无后言，无棰楚之苦，无犯罪之罚，夫复何故而擅兴词讼！

该族要求族人将族中细事争执交由族长在族内加以调处解决，不得擅兴词讼，破坏宗族社会秩序。

清宣统大理《钟英杨氏族谱》卷五《族约》记载：

家有讼事，费盘缠，费奔走，无论曲直得伸何如，即歇家之笼络、胥皂之讥呵，已自百样难堪，甚至破家辱亲、祸及身后，几见会打官司人家长进否，皆缘一点客气所致。没或万不得已，事关祖宗父母兄弟妻子，亦要自作主见，早知回头，切勿听讼师棍党挑唆播弄，究竟钱财他人赚去，祸患自己承当，有何趣味？

该族认为诉讼费钱费力、破家辱亲、祸及身后，提倡通过说理规劝等方式以控制族人争讼。

明清时期族谱作为社会舆论的重要载体，对于那些安分守己，常年不参与诉讼、不打官司的族人，在传记中予以广泛记载，以示褒扬，从而起到一种舆论导向的作用。例如，清代保山杨氏宗族族人杨成之“只字不入公门”[①]；昭通谢氏宗族族人谢仁怀“服贾养，终身无一字入公门”[②]；昆明苏氏宗族族人苏世才“比长，商贸于滇，稍有居积，年跻八十，无只字入公门”[③]；玉溪钱氏宗族族人钱信升“家世贫苦，年十二，父病笃，卖薪供汤，生平无一字入公门”[④]。上述各宗族族人，以不面官

① 杨朝经．杨姓家谱：卷六　家传 [M]. 写本 .1784（清乾隆四十九年）.

② 谢楚湘．谢氏宗谱：卷七　传记 [M]. 写本 .1760（清乾隆二十五年）.

③ 苏富南．苏氏族谱：卷五　人物志 [M]. 写本 .1839（清道光十九年）.

④ 钱凤举．玉溪钱氏宗谱：卷五　传记 [M]. 写本 .1899（清光绪二十五年）.

府、不打官司为荣，这也是云南汉族宗族息讼、追求族内秩序和谐、追求无讼的理想境界的典型事例。

4. 通过规劝族人不生事端、和睦宗族以控制宗族内部社会秩序

要求族人不生事端当顺民，这是明清云南汉族移民宗族规范和控制族内社会秩序最实际有效的办法。在各宗族看来，倘若每个族人都能不生事端安分守己，族内社会秩序和谐的目标则较为容易实现。这方面的事例较多，如清乾隆年间昭通谢氏宗族规定："我族人事务要不生事端安分守己，如有小人妄犯，贪谋排陷，各房同心以援。"[①] 该族要求全体族人安守本分。清嘉庆昆明《王氏族谱》收录明代该族制定的要求族人安分守己的条款，其用诗歌的形式加以通俗化，以便族人掌握：

天之生人来，各自有定分。智力难强求，强求亦无用。
念吾与尔母，一生守本分。手畔分毫无，亦自安贫困。
全不去忮求，分外有寻趣。后来虽显达，常自愧尔俸。
恐吃儿孙饭，后来遭困顿。儿曹宜戒慎，天道有盈损。
世间不义财，真如土与粪。浅水长长流，过分不安稳。[②]

除要求族人不生事端安分守己外，和宗睦族也是各宗族在规范与控制族内社会秩序方面对族人的基本要求。清乾隆保山《杨姓家谱》卷七《家典》记载：

族之人，其初一人也，一气流传，至于云仍而不可穷也，是可无敦睦之义乎！其必喜相庆，戚相吊，岁时问遗，伏腊宴会，排难解纷，周急爱护，以分相临而恩必洽也，以文相接而情必通也。族人群聚，一家人父子之相亲也，是敦义睦族之道，祖有明训，可以世守而服行之也。

该族要求族人恪守敦义睦族之道，以维持族内秩序的和谐。

① 谢楚湘．谢氏宗谱：卷五　族规 [M]. 写本 .1760（清乾隆二十五年）.
② 王灿南．王氏族谱：卷六　族规 [M]. 写本 .1807（清嘉庆十二年）.

5. 主张族内纷争应及时加以解决，以避免宗族内部社会秩序的失衡

明清时期云南汉族移民宗族一般皆强调族人和谐相处，不得轻易诉诸争端。而当族人因各种原因发生纠纷时，各宗族多主张由族内及时加以解决，以避免宗族社会秩序的失衡。

清乾隆《玉溪吴氏宗谱》卷八《家规》记载：

本族族众，间有愚昧，不思一本之义，或立各门之私，几有一言一动，辄便恃强欺弱，倚众暴寡，必以取胜为荣，诚上不体祖宗垂裕之心，下不念子孙绥和之意，岂有识见者之所为哉！今后倘有此等事情，宗正副会族长公同酌议，分别是非曲直，责备本门之贤者，务使和释宁靖，不谙事少年以退。

该族强调对族中恃强欺弱、倚众暴寡等破坏宗族社会秩序之人，由宗族领导层初步裁判后，再交由本门加以劝释。

在曲靖宣威境内，清道光《戴氏族谱》卷四《族规》记载：

族内倘因财产口过互相是非，必须听从贤明族长公议释判，毋得遽尔闻公，以失族谊。倘族长不明或有心袒护，必致一面不服，贻笑他村，为族长者能无愧乎？务要平心决断，以全族好，以息讼端。

该族主张当族人发生纠纷时，由族长公正裁决，以敦族谊、全族好、息讼端为终极目标。

在保山境内，清嘉庆《戈氏家乘》卷七《家规》记载：

两族支派虽分，本源则一，毋以一言一事便生嫌隙。凡有事，静俟尊长议论已毕，然后参酌可否，务期合理，毋得各执己见。

该族强调族人之间不得因小事而产生嫌隙和仇怨，待人处事应以族中尊长的决定为准绳，不准族人各执己见。

清咸丰曲靖宣威《符氏族谱》卷四《族规》规定：

族内偶有争端，必先凭亲族劝谕理处，毋得遽兴词讼。前此我族无一字入公门者，历有年所。乾隆四十六年，邑侯殷公以“安分乐业”扁

（匾）额表间。族中士庶以舞弄刀笔、出入公门为耻，非公事不见官长，或语及呈词讼事则忸怩而不宁，诚恐开罪宗祖，有忝家风。

该族强调当族内发生争端时，先经亲族劝谕调处，不得轻易开启讼端。

6. 对破坏宗族内部社会秩序的行为加以惩罚

明清时期云南汉族移民宗族一般主张通过教化、调解等方式对族人的纠纷加以调处，将族内纷争及时加以消除，以恢复和维持宗族内部社会秩序的和谐与稳定。但另一方面，各宗族又对富欺贫、强凌弱、尊辱卑、众暴寡、少犯长、邪害正等危害或破坏宗族社会秩序的族人实施惩罚，以控制宗族内部的社会秩序。

清嘉庆《蒙化陈氏家谱》卷三《家法》记载：

吉凶庆吊之际，酒筵之间，尊卑有分，上下相安，不可以贵凌贱，以众暴寡，以尊辱卑，以强欺弱，有此者，众罚之。

该族主张对“以贵凌贱，以众暴寡，以尊辱卑，以强欺弱”等破坏宗族社会秩序的人实施惩罚。

二、明清云南汉族移民宗族内部的生活方式控制

明清时期，云南汉族移民宗族对族人的职业选择、婚丧嫁娶、衣食住行、闲暇娱乐、行为举止、社会交往乃至族际交往等生活方式的各个方面都有相关规范与控制。

（一）职业控制

明清时期，云南汉族移民宗族一般皆要求族人务本业，反对族人游手好闲、不务正业、从事贱业。此处所谓“本业”主要是指士、农、工、商四种职业，也就是传统社会中所谓的“正业”，而“贱业”则是指上述四种职业以外损害宗族声誉的所谓低贱职业。明清时期云南汉族

移民宗族往往通过族规家法的制定和执行等途径，对族人的职业选择和职业规划进行规范和控制。

1. 要求族人从事四民正业，勤修职业

明清时期，云南汉族移民宗族往往将务本业，即从事四民正业视为关乎宗族盛衰的重要条件。清嘉庆《蒙化孙氏族谱》卷首收录该族的《谱序》："当明季时，有懋敬者，一堂五代，亲见一百零八丁，可谓盛矣。今则仅十余人，一族之盛衰，虽随世运转移，而培植生产，务本业，厚教化，尤为重要。"在该族看来，从事士、农、工、商等本业是决定宗族盛衰存亡的重要因素之一。大理巍山孙氏宗族的择业观念在明清云南汉族移民宗族社会中具有一定的代表性。

清光绪《祥云周氏宗谱》卷三《族规》关于族人职业选择的认识和体会，较为具体和详细：

民之业有四，民之职有九，而天下断无无事之民，故虽闲民亦未必无所事事。然而，心专者自入巧，艺多者断不精，此又一人当习一事，而知不器之君子为难能。吾等山僻庄居，大概农夫多、樵子多，若稍为俊异，又为服贾他乡者多，工艺亦间有之，而惟诗书之士不多。观此，《管子》所谓"士之子恒士，农之子恒农"者欤！夫民之业既分，则必各事其事，而后其事理；亦必各功其功，而后其功成。俗语曰："行行出状元"，言乎居业者造其极，即莫与争能也。使浮慕于其外，谓此业不足为，辄见异而思迁，恐迁之又不足为，是谓不安分。使浅尝于其中谓此业不能为，每偶涉而即止，既止矣，更何能为？是谓不成器。人而不安分、不成器，尚得谓为人乎哉？譬如，为士者谓士人，为农者谓农人，为工商者谓工人、谓商人，极之秋之弈人，扁以医人，皆习一技以专家，而千百世后犹得指其人而目之为圣手、为贤师，岂必学道之君子乃可与为圣贤哉！使学道而不专其业，仍不如一材一艺之所习者，录其功能，犹得称奇焉，殊卓卓也。故无论所托为何业，业所业，即无庸负所业，斯其人以一业成，衣之食之均有藉（借）也；无论所任为何职，职尔职，绝不敢旷尔职，斯其人不以一职限，而制之作之，迁地皆能良也。盖天生是人，必有以置乎是人，彼所爱之业皆天之业之也，所居之职皆天之职之也。人可违天哉？天行固健也，使违天而游手好闲，乃自弃于天，而非天之所不容者哉！

该族要求族人选择从事士、农、工、商正业，强调族人要勤修职业、精通本业，做到专精结合；认为只要族人从事的是正当行业并尽心去做，就能达到"行行出状元"的目的。

清光绪《兰坪营盘张氏族谱》卷八《族规》规定：

士农工商，各习所业，安生理，以遵圣谕，乃祖宗垂训大要。四民之外俱属异端，家法所禁。

该族要求族人选择从事士、农、工、商四种职业，认为这是"遵圣谕"的需要，将士、农、工、商四种职业之外的一切行当皆视为异端，并通过制定相关的宗族法规加以禁止。

该族还要求族人力行本业，"士勤诗书，农勤稼穑，工勤造作，商勤经营"，并戒谕族人："凡吾门子弟，士农工商，各勤其业；长幼内外，各守其礼。苟或疏违，有家法在。"该族通过族规家法的制定与执行对族人的职业进行规范和控制。

清道光年间昆明段氏宗族在《族规》中规定：

吾宗传世，别无长物，惟以诗书起家，或世职相承，或科贡联芳，皆苦心竭力为学，迄今犹未艾焉。伏愿吾宗，以诗书教其子孙，子孙以诗书勉率父兄之教，庶几为贤父兄，为肖子弟，能世其家云。[1]

该族强调宗族要以家庭为单位，以父兄为表率，以诗书传家、考取功名入仕为正业，以使得宗族声誉绵延不衰。

清光绪《云南恩安李氏宗谱》卷二《家规》收录该族明代制定的

---

① 段绍光．段氏族谱：卷五　族规[M]．写本.1831（清道光十一年）.

家规：

四民所业不同，皆是本职。惰则废，勤则修。内而父母妻子之倚赖，外而族里亲知之谈柄，可不勉哉！故士先德行，切勿因读书识字，遂玩法舞文，颠倒是非。青衿不可出入衙门，仕宦不得贪贿贻玷，即农工商贾俱不得怠事偷安，冶游荡费。

该族要求族人以士、农、工、商为本业，勤于职业，遵守职业道德。

清乾隆玉溪吴氏宗族族人吴庆之“遇乡之子弟有不务生理者，即诲之曰：人以治生为先务，夙夜不起，日无恒功；春日不耕，秋无蓄积；幼时不学，老无闻知。因而知改者十常八九”①。该族贤者通过教化的方式劝诫乡族子弟勤于治生，各安生理，收到了积极的成效。

在保山境内，清嘉庆《戈氏家乘》卷七《家规》记载：

族中子弟，士农工商，各有恒业，非年高稚弱及有事羁留而在家闲游者，老成必督责焉。

该族要求族人从事士、农、工、商正业，反对族人游手好闲，并要求族中老成之人对在家闲游无业者予以督责。

民国《云龙天耳井解氏家谱》卷四《族规》收录该族清代制定的规定：

四民皆是正业，然不读书则不知礼义，故凡为农、为工皆当读书，虽不望成名，亦使粗知礼义，不至为非。至于子弟佳者，则为之读书，使家贫无力，宗族宜加意培植，盖族内有读书人，则能明伦理、厚风俗、光前而裕后，其关系非（匪）浅，又不但科第仕宦为宗族光已也。

该族强调通过读书、受教育等途径，为族人从事本职工作提供必要的知识基础。

清宣统大理《钟英杨氏族谱》卷五《族约》记载：

吾族贫瘠当勤树艺，查闽省有地瓜，川省有石棉，山左有美绵，浙

① 吴德爵.吴氏家谱：卷七　传记[M].写本.1753（清乾隆十八年）.

江有茶子，皆易种而多获。如此等类，宜访觅教种，俾通族之人皆得地利以裕生计，将见事畜有资。稍知自爱者必不肯为非，且游闲无业之辈，尽纳之于树艺之中，一切弊害不革自除，易浇滴而归仁厚，庶足以光一族，仰对祖先。

该族规劝族人勤树艺，积极从事农业生产，并认为选择从事农业生产，可消除族人的游闲失业，以此解决危害族内社会秩序失衡的问题。

2. 强调家长对子弟进行职业规划和职业教育

明清时期，云南汉族移民宗族十分重视对其成员进行职业规划和职业教育，对于子弟的职业选择和职业教育，各宗族往往强调根据其资质差异等实际情况的不同而予以有区别的对待。

清乾隆保山《杨姓家谱》卷七《家典》记载：

子孙自六岁入小学，十岁出就外傅，十五岁加冠入大学。当聘致明师训饬，必以孝弟忠信为主，期底于道。若资性愚蒙，业无所就，令习治生理财。若二十岁以外学业无成者，令其学习治家理财之方，其向学有志者，勿拘此例。

该族强调以科举仕宦为第一选择，对子弟学业无成、科举无望者则教以治家理财的方法，使他们掌握谋生的手段。该族还强调根据“资性”对族人进行职业规划和教育，主张以读书科举为上，学无所成的子弟，教以治生理财的谋生手段。

清乾隆昭通《谢氏宗谱》卷五《族规》规定：

子弟七岁以上则入小学，从师读书习礼，收其放心，养其德性，使知孝弟忠信礼义廉耻之事。其聪明者，使之业儒，期于有成，以光大门闾。其庸下者，亦教之以农工商贾，各事生业，不得游手好闲。

该族强调家长应根据子弟“聪明”“庸下”等资质的不同，对其进行职业规划，为其提供基本的职业教育，让他们拥有一份相对固定的职业。

清光绪昭通《关氏族谱》卷六《族规》规定：

士农工商，各有一业，子弟年长，不可任其游荡，流于匪类。使之各执一艺，以为终身衣食之资。谚云：卖田卖地难卖手艺。为父兄者，不可不早为之计也。

该族强调父兄家长要为子弟的职业早做规划。

该族还要求父母对子女“尤必戒导督责，毋容放荡。视其材质高下，随其材器而造就之可耳”，强调家长应根据子弟“材质高下”进行职业规划和培养。

清道光昆明《苏氏族谱》卷四《族训》规定：

子弟年过二十或三十以外，学问不就者，则令治家理事，不可居无职业，游荡自恣，违者，罪其父母。

该族强调父母应对宗族子弟进行必要的职业规划。

3. 严禁族人从事贱业、恶业，对从事贱业、恶业者施以惩罚

在明清云南汉族移民宗族的普遍意识里，吏胥、屠竖、地保、娼优隶卒等职业或行业，是遭人鄙视唾弃的所谓贱业、恶业、邪道，故而各宗族多在族规家法中制定相关条款予以严禁，对子弟从业者施以惩罚。

清嘉庆《蒙化高氏族谱》卷四《族规》规定：

子弟毋使习学吏胥，以坏心术。虽当贫乏，不得令入寺观为僧为道，自斩嗣续。

该族禁止族人习学吏胥、为僧道，从事低贱职业。

清光绪《玉溪钱氏宗谱》卷四《家规》规定：

倘职业不习，四民无与，好游荡，交匪类，败家声，是父兄之教不先，而子弟之率不谨也，初则戒惩，再则削逐。至于不务生理、哄人嫖赌、破人财产、起灭兴贩、窃盗诈伪等类，律有明条，官法甚严，切宜谨戒。

该族强调对不习四民职业、结交匪类、从事窃盗诈伪等贱业、恶业

者，初犯则予以戒惩，屡教不改的则给予削逐出族的严厉惩罚。

清嘉庆昆明《王氏族谱》卷六《族规》规定族人应选择士、农、工、商为职业，“不得越四民之外，为僧道，为胥隶，为优戏，为椎埋屠宰等件。犯者，即系故违祖训，罪坐房长”。当族人从事胥隶等贱业时，要对负有教育责任的家长施以惩罚。

清乾隆《玉溪吴氏宗谱》卷八《家规》规定：

夫族以故家称者，非以人类之繁也。以其能蹈仁守义，范己黜污。彼贵显如桧，知者羞以为祖；富厚如陶，谈者不多其族。于戏，彼以富贵而不义，犹不免君子之口，则夫贫贱之为奸宄，为盗窃者，其何齿于人哉！谱成矣，吾宗其澡思濬德，毋为兹谱之玷。

该族禁止族人从事非正义的职业，玷污家族声誉。

清道光曲靖宣威《戴氏族谱》卷四《族规》规定：

子弟不为优隶，不充当地保，违者斥逐。

该族强调对于充当优隶、地保的族人给予斥责和驱逐出族的惩处。

清道光玉溪通海《云南柿园宋氏宗谱》卷四《族规》规定：

人家子弟，无论贫富智愚，皆不可无业，无业便是废人。又不可不守正业，不守正业便是莠民。正业不外士、农、工、商，因材而笃皆可成家立业，安可自甘污贱，为娼优隶卒，以玷辱门庭。

该族将正道正业与邪道贱业进行职业对比，规劝族人走正道、守正业，严禁从事娼优隶卒等贱业。

由上可见，职业规划和职业选择，已成为明清时期云南汉族移民宗族族人生命历程中的重要内容之一。这一时期，各宗族从各个方面对其成员的职业规划和职业选择进行积极的干预和控制，并形成所谓是非、善恶、好坏等较强的价值取向和价值判断，这是其内部事务管理与控制功能得到进一步强化的体现。从客观效果看，各宗族要求族人从事四民正业，勤修职业，强调家长对子弟进行职业规划和职业教育，反对族人从事贱业、恶业，对从事贱业、恶业者施以惩罚等职业控制措施，对于促进这一时期各宗族社会经济文化的持续发展和繁荣起到了一定的积极作用。但不可否认，选择士、农、工、商四业固然是无可非议的正当之途，但鄙视和排斥士、农、工、商之外的一些正当职业和行业的观念则是有局限性的，这是封建社会中一些落后的价值观念在明清云南汉族移民宗族社会中的折射和反映。

（二）婚姻控制

在封建宗法社会中，婚姻的本质是为了传宗接代，是宗族的行为。诚如《礼记·昏义》所云："昏礼者，将合二姓之好，上以事宗庙，而下以继后世也。"由于婚姻是宗族的基础，事关重大，因而受到宗族的极大关注，明清时期，云南汉族移民宗族即从多个方面对族人的婚姻行为予以规范和控制。

1.择配标准

明清时期，云南汉族移民宗族多在族规家法中对族人婚姻的择配标准进行规范，一般皆强调门当户对、良贱不婚、同姓不婚，反对婚嫁论财、卖女为妾及指腹为婚。此外，多数宗族还强调婚配对象的个人素质等条件。上述婚配方面的一系列规范，特别是其中的禁止性规定，对于礼俗环境下的普通族人具有较强的约束和控制作用。

明清时期，云南汉族移民宗族多强调婚姻应门当户对及良贱不婚。

清光绪《蒙化刘氏宗谱》卷五《家规》规定：

婚姻乃伦常之大，嫁娶宜严，不论贫富，贵择门第。

该族强调婚姻应重视门第，坚持门当户对。

清嘉庆年间，大理巍山孙氏宗族修谱《凡例》云：

婚姻为万福之原，礼所最重，名分宜严。[①]

① 孙学正.蒙化孙氏族谱：卷首　凡例[M].刻本.昆明：兴运堂，1800（清嘉庆五年）.

该族强调婚姻应重视门当户对等名分要求。

清嘉庆《蒙化陈氏家谱》卷三《家法》规定：

婚姻必须择温良有家法者，不可慕富贵以亏择配之义。其豪强逆乱、世有恶疾者，不可与议。

该族重视择配对象的家教、品质，反对婚嫁论财。

清道光《和顺刘氏家谱》卷五《家法》收录该族明代制定的家规：

凡嫁娶须择门第相等并父母性行醇笃者，方许结婚。毋贪厚奁重费，毋为鬻骨重索，惟求婿妇得人，自可相安，克昌家道。

该族要求婚姻应重视门第相当，重视联姻双方当事人及其父母家人的品质，不得贪财。

清乾隆玉溪《杨氏族谱》卷五《族规》规定：

娶妇须择其贤，嫁女须佳婿方许，毋以贫富计利，亦不得以女许配贱姓及娶贱姓之女。

该族重视婚配对象的个人条件，反对良贱为婚。

清光绪大理《毛氏家谱》卷六《家规》记载：

婚姻嫁娶，必择门当户对，不可久图富贵而违婚礼，又不可与下贱为婚以玷辱宗祖也。各宜慎之。

该族强调婚姻应坚持约定俗成的礼仪制度——“婚礼”，应重视门当户对，反对婚嫁论财，坚持良贱不婚。

清嘉庆年间昆明李氏宗族规定：

按旧谱，婚姻必择门第，吾宗先世嫁娶，皆世家古族，不苟慕富贵而厌贫贱也。盖夫妇人伦之首，一有不慎，贻玷不少。朂（勖）哉，同宗尚知所择哉。[①]

该族强调了婚姻的重要性，族人在嫁娶时应遵从门当户对，但不应嫌贫爱富。

① 李洪．李氏族谱：卷六　族规［M］．写本．1806（清嘉庆十一年）．

民国《顺宁厚丰村杨氏族谱》卷五《族规》收录该族清代制定的族规：

男女居室，人伦之始，要门户相当，家风清白。娶妻求淑女，不要美色，不图厚奁；嫁女择佳婿，莫结势豪，莫贪厚聘。

该族强调婚姻嫁娶应重视门当户对及婚配对象的个人条件。

该族还规定：

至同姓不婚，我曾氏曾以胡姓入继，故杨、胡永不为婚。后有入继者，当永以为法，不可隐匿，违悖祖训。本族自胡姓，以甥继舅，则杨、胡不婚，子孙永以为法。①

作为同姓不婚原则的一种延伸，该族曾因以胡姓入继，强调杨、胡永不为婚。

清咸丰《云南元江小羊街房氏家谱》卷二《族规》规定：

又有于襁褓时轻许为婚，并有指腹为婚者，及其既长，或因家贫，或因恶疾，以致退悔连狱者多矣。今后男女为婚，俟其长，虽曰天合，庶无后悔。

该族反对襁褓时轻许为婚及指腹为婚的恶俗。

明清时期，云南汉族移民宗族十分重视通过强制性惩罚手段对违反婚礼婚俗规定、损害宗族尊严和利益的族人予以惩治，希望通过严厉处罚的方式实现对宗族婚姻的控制，达到宗族理想的效果。

清光绪《祥云周氏宗谱》卷三《族规》规定：

嫁娶，厚人伦也。自今男女婚姻务求故旧，今后若嫁者不计良贱，两家不许往还。若娶者不计良贱，女流不与会礼。

该族主张对婚嫁不计良贱者予以一定的处罚。

清光绪《兰坪营盘张氏族谱》卷八《族规》规定：

其有卖女为妾，贻辱家门，竟削本枝，不许入祠。

① 杨治烈．顺宁厚丰村杨氏族谱：卷五　族规［M］．写本．1931（民国二十年）．

该族对卖女为妾之人予以族谱削除世系并革出祠堂的处罚。

清光绪《云南恩安李氏宗谱》卷二《家规》记载：

婚姻，礼之大者。其娶妇弱吾家者，先贤有训，在所当遵。如嫁女于下贱，则匪惟上玷宗祖，而门祚衰微实自此始。本人名下明注其事，更不复载其支派，所以重婚姻也。

该族主张将因嫁女于下贱之辈而损害宗族尊严和脸面的族人，在族谱中削除世系。

清乾隆《玉溪吴氏宗谱》卷八《家规》记载：

婚姻乃人道之本，必须良贱有辨，慎选礼仪不愆、温良醇厚、有家法者，不可贪财慕色，妄偶滥配，聘娶优伶、臧获之女为妻。违者，不许庙见。

该族强调婚姻应按照宗族既定礼法进行，对违背相关礼法者实施惩罚。

清宣统大理《钟英杨氏族谱》卷五《族约》规定：

倘有不肖子弟贪财灭义，不别清污，如娼优隶卒等类，妄为结纳，玷污宗祊者，宗众当令其改适。迩来一种陋俗，或兄接弟妇，弟接兄妻，皆败常坏俗，族长当严戒之。

该族主张对婚姻行为中贪财灭义、不别清污者，强令其解除婚约；对于婚姻行为中败坏伦常风俗之人，则由族长加以严戒。

清乾隆保山《杨姓家谱》卷七《家典》规定：

至婚姻嫁娶须择阀阅相当者，不可下配匪伦，致辱祖先。违者，即不得入祠。

该族主张将婚配良贱不伦者革出祠堂。

清乾隆昭通《谢氏宗谱》卷五《族规》记载：

凡嫁娶须择门楣相对、家世清白者，断不可草率了事，致辱门庭。违者，革出祠外。

该族坚持门当户对、家世清白的婚配原则，主张将违反上述原则之人革出祠堂。

2. 婚龄

明清时期，云南汉族移民各宗族关于子弟结婚年龄的规定不尽相同，但大多主张婚姻嫁娶要及时举行，不可过早或过迟。

清光绪大理《毛氏家谱》卷六《家规》规定“婚姻嫁娶，以及时为贵”，该族强调婚配要及时举行。

清乾隆玉溪《杨氏族谱》卷五《族规》也规定“男婚不宜过早，女嫁不可太迟”，该族强调婚姻要适时，既不可过早也不可过迟。

清道光《和顺刘氏家谱》规定：

子弟年二十以至三十，为家长者方可与毕婚，早则非特教之以偷，且或伤生，甚非细故。[①]

出于生理健康方面的考虑，该族要求族中子弟年龄在二十岁以上方可结婚。

清嘉庆年间，大理巍山陈氏宗族所订《家法》认为：

古者男子三十而娶，女子二十而嫁，近世嫁娶多早，此中有关男女寿夭及子孙体气之强弱，现律亦有早婚之禁。愿我族人各体此意，斟酌适中行之。[②]

出于族人生理和寿命方面的考虑，该族禁止早婚。

在婚配对象的德行和年龄之间，明清云南汉族移民宗族更看重德行，如清嘉庆《蒙化孙氏族谱》卷四《族规》规定：

婚姻者，人道之始，择德为上，论年次之。故凡议婚者，嫁女必胜吾家，娶媳视吾敌体。

该族强调应优先考虑婚配对象的品德，再考虑其年龄因素。

① 刘卿岳．和顺刘氏家谱：卷五　家法[M]．写本．1848（清道光二十八年）．
② 陈德．蒙化陈氏家谱：卷三　家法[M]．写本．1815（清嘉庆二十年）．

（三）丧葬丧事控制

明清时期，云南汉族移民宗族普遍提倡及时安葬死去的亲人，丧葬丧事节俭操办，要求丧葬丧事遵依以朱熹《家礼》为代表的儒家礼的规范，按照礼制举行，这一时期的各宗族主要是利用礼来规范与控制丧葬丧事。

清光绪《蒙化刘氏宗谱》卷五《家规》规定：

居丧则不得徇俗，不得用乐，不得效释老之法，若夫非礼禁忌尤为不可。其百日内不得饮酒食肉、安卧高坐，服未阕者不得谒客赴宴，及释服从吉，参预（与）喜庆筵席。

该族按照儒家礼的规范，对族人居丧期间的生活做了特别的安排，多为禁止性规定，对族人颇具广泛的约束和控制作用。该族强调族中各家庭居丧吊丧应以节省为主，避免铺张浪费，以减轻族人负担。

清道光玉溪通海《云南柿园宋氏宗谱》卷四《族规》规定：

送死大事，尤甚于养生，必葬之以礼，然后送死之事始毕。富者贪穴徼福延以岁月，贫者役志营生忘其根本，至有终其身而不葬者，父母生子谓何？言之汗出，闻之酸心。疾风折树可虞，府县以孝教民，明文催葬且急，各宜自省，称家有无，速行安葬，以毕人子大事，庶食可下咽，寝可安枕耳。或厝后无子孙者，众为瘗之。

该族主张丧葬按照礼制举行，要求及时安葬，反对停丧不葬。

清道光保山《张氏族谱》卷二《族规》记载：

新丧之家，三日不举火，各房每日送粥一桶，素菜四盘，以给其子姓一日之食。新丧家下男女，无外大小亲疏，俱要全家斋戒满七，孝子百日，虽有故出外亦然。其服制并依文公《家礼》。临丧无分亲疏皆当尽礼，不得惑于阴阳之说，非礼拘忌，以乖大义。孝子服未阕者，不得闻乐赴宴。

该族要求丧葬丧事按照朱熹《家礼》的原则和规定予以操办，不得违礼乖义。

清嘉庆昆明《王氏族谱》卷六《族规》规定：

凡治丧祭之道，一遵文公《家礼》，衣食棺椁，称家无有。父母坟墓及时茔葬，毋惑于地理之说，以致停丧多年，不能入土，大罪恶极，惨不可言。至于祭祀必竭诚致敬，如在其上。

该族强调按照朱熹《家礼》的相关设计和规定举行丧祭，要求族人亲没不得迷信风水，停丧不葬，而应及时安葬。

（四）生活消费控制

明清时期，云南汉族移民宗族从长远利益出发，在族规家法中多要求族人在生活消费方面做到崇尚勤俭节约，反对族人追求奢侈浪费的生活方式。

在玉溪境内，清光绪年间钱氏宗族认为：

子弟当思家业之成，难如升天，领以俭素是绳是准，不得与人炫奇斗胜，彼以其奢，我以吾俭。年未二十五者，衣皆布素，即使富贵高年，亦不得以绸帛为亵衣行维等类，暴殄天物。①

该族要求族中子弟在生活消费方面当思创业之艰难，以俭素为准绳，并对其所着衣装做出了具体规定。

该族还要求族人在与亲宾姻族交往过程中注意节俭：

若远客来访，当以诚意延款，虽至亲亦宜停宿外馆，命子弟照应茶汤灯火，点视床帐被褥，务要合宜，饮食但须洁净，不可过于丰腆，以开奢华风气。即有喜庆之事亦不得广设筵席，肆意屠宰，以伤天和。至于姻族馈送，切不可过奢，亦不可过简，又不可视贫而加薄，因富而加厚。②

该族强调在“奢”与“简”之间坚持适中原则。

① 钱凤举．玉溪钱氏宗谱：卷四　家规[M]．写本．1899（清光绪二十五年）．

② 钱凤举．玉溪钱氏宗谱：卷四　家规[M]．写本．1899（清光绪二十五年）．

清道光昆明《苏氏族谱》卷四《族训》记载：

人生福分，各有限制，若饮食衣服、日用起居，一一朴啬，留有余不尽之享，以还造化，优游天年，是可以养福。奢靡败度，俭约鲜过，不逊宁固，圣人有辨，是可以养德。多费多取，至于多取不免奴颜婢膝，委曲徇人，自丧己志；费少取少，随分随足，浩然自得，是可以养气。且以俭示后，子孙可法，有益于家，以俭率人，敝俗可挽，有益于国。

该族强调在生活消费方面注意节俭，有“养福”“养德”“养气”三大益处，从而有利于个人、宗族和国家。

然而，世人因为好门面、讲排场的缘故，往往不行节俭：

其弊在于好门面，一念始，如争讼好赢的门面，则鬻产借债，讨人情，钻刺不顾利害、吉凶礼节。好富厚的门面，则卖田嫁女，厚赂聘媳，铺张发引，开厨设供，倡优杂还，击鲜散帛，浪用绫纱。又如招请贵宾，宴新婿与搬戏许愿，预修祈福，力实不支，设法应用，不知挖肉做疮，所损日甚。此皆恶俗，可悯可悲。[①]

该族告诫族人在日常生活消费方面，要摒除奢侈浪费的恶俗，以崇尚节俭为荣。

清光绪昭通《关氏族谱》卷六《族规》收录该族明代制定的族规：

今人病痛在好装门面，一应吉凶礼节，开厨设供，演戏会客，浪费卖弄，饰人耳目，不知受损实多。且人生福分有限，于此可以养福，故与其不逊也，宁固。贤智者，士民之倡也，愿共我族挽之。

该族告诫族人在日常生活消费方面，应崇尚节俭，远离浪费。

到了清光绪年间，该族新订《族规》也规定：

奢俭之分，风俗攸关。今有余之家，类多穷奢极欲，昼夜呼卢长饮，期功之服不废丝竹，甚非所以崇美德、示将来也。乃更有长发皂

① 苏富南．苏氏族谱：卷四　族训 [M]．写本．1839（清道光十九年）．

衣，故炫新奇，如此流传，恐风俗难骤复于淳古，司祠者宜常训迪之。[①]

该族强调通过提倡节俭的生活方式，以在族内养成良好风俗。

民国昭通《缪氏族谱》卷六《族规》收录该族清代制定的族规：

男女聘定仪物，虽贫富不同，然富者亦自有品节限制，用色缯多不逾十，或仪代，或花，或果饼钗钏之类，亦随时，不得过侈。其贫者量力而行。至遣女妆奁，富者不得过费以长骄奢，贫者则荆钗裙布可也。

该族强调应坚持节俭、量力而行的原则，认为在日常生活消费方面，即使富有人家也应有所节制，不得过于奢侈。

清咸丰曲靖《窦氏族谱》卷六《族规》规定：

夫财本于耕，付于工商，而裕于节俭。按先世诗书之外，为耕为工为商，家用日给，吾宗其返朴还淳，约财省费，勤业务本，用康乃家而后可。

窦氏宗族强调族人在日常生活中无论从事农业、工业还是商业，都应节俭持家。

清乾隆昭通《谢氏宗谱》卷五《族规》规定：

男女婚嫁不得大肆筵宴，务尚浮华，只称家之有无，毋得屠宰牛马，僭用海味。

该族强调男女婚嫁应崇尚节俭，不可过于铺张、浮华。

清宣统大理《钟英杨氏族谱》卷五《族约》规定：

节以制用，量入为出，但使丰约得宜，不为滥觞无益之举，而惟常存古朴之风以示后人，则所谓质心行质事，而万年垂裕之道必出于此。

该族要求族人在日常生活消费方面节以制用，量入为出，崇尚朴素节俭。

除上述方面，族人的文化娱乐生活也是各宗族日常生活消费的一个重要组成部分。明清时期，云南汉族移民宗族多在族规家法中对族人的

① 关旭．关氏族谱：卷六　族规 [M]. 写本 .1903（清光绪二十九年）.

日常文化娱乐生活加以规范和控制。

清乾隆《玉溪吴氏宗谱》卷八《家规》记载：

至于俗乐戏术，诲淫长奢，不可令子弟观听肄习。其棋枰双陆、词曲虫鸟之类，皆足以蛊心惑志，废事败家，一切皆当弃绝，不得收畜。

该族不准族中子弟观听肄习“俗乐戏术”，因担心蛊心惑志、废事败家，也不准族人接触棋枰双陆、词曲虫鸟等文化娱乐项目。

该族还控制本族妇女“不得出村游戏，如观剧、玩灯、朝山、看花之类，倘不率教，罚及其夫”，从而对妇女的日常文化娱乐生活加以限制。

清光绪《云南恩安李氏宗谱》卷二《家规》规定：

俗乐之设，诲淫长奢，切不可令子孙听，复肄习之。棋枰双陆、词曲虫鸟之类，皆足以蛊心惑志，废事败家，子弟当一切弃绝之。

在日常文化娱乐生活方面，该族不准族人观听、肄习俗乐及习学棋枰双陆、词曲虫鸟等。

该族还对妇女的文化娱乐生活进行干预与控制：

妇女宜恪守家规，一切看牌嬉戏之具，宜严禁之。①

清光绪年间，大理祥云周氏宗族所订《族规》规定：

妇女宜恪守家规，一切打纸牌、唱小调，宜严禁之。②

该族也禁止族中妇女打纸牌、唱小调，妇女的文化娱乐生活受到较为严格的控制。

（五）行为举止控制

明清时期，云南汉族移民宗族在行为举止方面一般要求族人讲求信

① 李正荣．云南恩安李氏宗谱：卷二　家规［M］．刻本．上海：中西书局，1908（清光绪三十四年）．

② 周世荣．祥云周氏宗谱：卷三　族规［M］．刻本．昆明：会云楼，1880（清光绪六年）

用，重视廉耻、忠义、孝行，并对族人日常行为举止的诸多方面做了禁止性规定。

清嘉庆年间，玉溪傅氏宗族在《族训》中规定：

管子曰：礼义廉耻，谓之四维。修之吉，悖之凶，诚立身之大献，按先世皆崇正守道，范俗轨物。为子孙者，修身慎行，励节贞志，以廉耻之心可尚，不义之心不可为，孜孜焉，勿替先人之训。[①]

该族要求族众在日常生活中修身慎行，时刻以维护礼义廉耻为己任。

清乾隆昆明《周氏族谱》卷四《族规》记载：

按谱，吾宗食禄王家，率竭忠荩。如攻寨杀贼，对敌当先，临难不屈者，固有其人，而草野之士，尤汲汲于忧国奉公之诚，此吾周氏夙以忠义闻也。伏愿吾宗仕者处者，咸竭忠义。斯有休烈于前人，勉之勗（勖）之。

该族要求入仕的族人持以忠义之心，为国尽忠。

清光绪《和顺李氏宗谱》卷三《族规》规定：

子弟不得从事交结，以保助闾里为名而恣行己意，以致轻冒刑宪，隳圮家业。若奉延宾客，唯务诚悫，不可强人以酒，自亦不宜沉酣杯杓，喧呶鼓舞，不顾尊长。处事接物当务谨慎，不可置纤巧之物，务以悦人，以长华丽之习，不得惑于邪说，溺于淫祀，以徼福于鬼神。

子弟幼者必后于长者，言语必有伦序，应对宾客不得杂以俚俗方言，不得戏谈乐道、议人短长，不许谈人闺闸，即他省外府者，亦不得轻信妄谈，不得谑浪败度，背手跷足，勾肩搭背，以陷于轻儇。不得信口歌唱，率意胡行，以致流为游手游食之人。

该族对族人日常行为举止的诸多方面做了禁止性规定。

清咸丰《云南元江小羊街房氏家谱》卷二《族规》规定：

① 傅俊．傅氏族谱：卷五　族训[M].写本.1808（清嘉庆十三年）.

待人以信，处事以义，乃应事接物之切务。倘长浮夸而参意见，则物多携贰，事鲜权衡，何以树道揆而昭法守。故子弟无论智愚，皆当笃以信义，俾知人有所恃以为固，事有所准以为平，然后忠信笃敬，蛮貊可行，慎毋自溃厥防，沦胥莫挽。

该族要求族人在待人处事方面讲求信义。

该族还规定：

天下之事莫非有激而成，自廉耻道丧，遂至无所不为矣。夫学问无耻则甘为下愚，品行无耻则甘为不肖，古来忠义激发或至蹈水火而不顾者，惟有以养其羞恶之心，此浩然一往，所以常伸于天地之间也。存之则进于圣贤，失之则入于暴弃，乃系人禽分界，不可不知。①

该族要求族人在学问、品行等方面重视廉耻。

（六）社会交往控制

1. 对族人的社会交往进行规范和控制

明清时期，云南汉族移民宗族比较注意对族人的社会交往进行规范和控制，一般要求族人谨慎交往，厚待朋友，亲近礼法之士，并要求族人在社会交往中重视礼让，反对恃势、恃力、恃财。

清道光玉溪通海《云南柿园宋氏宗谱》卷四《族规》规定：

终身让路不枉百步，终身让畔不失一段，况敬人者人恒敬之，亦何取盛气凌人者乎。故谦受益，满招损，《书》有明征；而德言盛，礼言恭，《易》垂大训。士君子型方训俗，亦惟以礼自闲，庶不至贻讥《相鼠》。其或恬多成习，教辟居心，自启纷争，终亏《大雅》。

该族要求族人在社会交往中重视礼让，以礼自闲。

在与朋友相处方面，该族也有如下规定：

① 房永胜．云南元江小羊街房氏家谱：卷二　族规 [M]. 写本 .1857(清咸丰七年).

朋友为五伦之一，所以辅仁。故尊卑贵贱所处不同，皆有与居与游者以收切磋琢磨之益。然而益者三友，损者三友，圣训尝兢兢焉。倘不慎厥交游，一味拍肩执袂以为好，其不至比匪贻讥者，几何矣。甚且破家荡产，骨肉参商，未受其益而先受其损，亦何乐乎。有交游哉，尚其慎以择之。[①]

该族要求族人慎择朋友，谨慎交游。

清咸丰曲靖宣威《符氏族谱》卷四《族规》规定：

延迎礼法之士，庶几有所观感，有所兴起，其于学问，资益非小，若哤词幼学之流，当稍款之，复逊辞以谢绝之。女子小人最能翻斗是非，若非高明，鲜有不遭其聋瞽者，切不可纵其往来，一或不察，为祸不浅。

该族要求族人多与礼法之士交往，不要轻易与女子小人交往。

清光绪《蒙化刘氏宗谱》卷五《家规》规定：

亲宾交际，宜亲近礼法之士，俾子姓有所观感兴起，其于律身治家资益非小。若亲宾之中有嗜僻习幻之流，恐致鼓诱子弟，概当逊辞谢绝，勿使往来。

该族强调族人在社会交往过程中要谨慎，要亲近礼法之士，远离嗜僻习幻之流。

清嘉庆《蒙化孙氏族谱》卷四《族规》规定：

从来恃势家而今安在？凡子弟辈血气方刚之时，或恃力，或恃财，纵情一往，不自敛饬，每自取败。又安知仍有势之强于我、财之多于我，不亦可以恃势恃财欺制我，以此反想，方可为守身保家之道。

该族要求族人在社会交往中不得恃势恃财。

清嘉庆《蒙化陈氏家谱》卷三《家法》记载：

故我子孙凡处乡里务宜礼让相先，不可以贤智先人，尊卑长幼各尽

① 宋学志 . 云南柿园宋氏宗谱：卷四　族规 [M]. 写本 .1838（清道光十八年）.

其礼，如是而风俗犹有不醇者，未之有也。

该族要求族人在社会交往过程中重视礼让。

在与朋友交往方面，该族则要求族人敬重、厚待朋友：

朋友来会，延至书舍款待，不许子弟导入私室，尤不可相与戏谑，至失久敬之道。燕集亲朋子弟，俱要衣冠侍侧，燕毕而退，毋得叛乱酒席，有失观瞻。[①]

除了上述条文外，明清云南汉族移民宗族有些还通过浅显的诗歌这一通俗易懂的形式对族人的社会交往进行规劝，民国《顺宁厚丰村杨氏族谱》卷五《族规》收录该族清代族人编制的《吃亏歌》：

吃得亏，吃得亏，退斋遗训见箴规；

道我聋，笑我痴，心存忠厚有天知。

逞势力，占便宜，子孙偿报未为迟；

圣贤事，由此基，吾愿尔等谨志之。

该族要求族人在社会交往中敢于吃亏，不逞势力，不占便宜。

2. 对族际交往进行规范和控制

宗族之间的社会交往，即族际交往，是族人社会交往的放大和延伸。与重视对族人的社会交往进行规范和控制相一致，明清时期，云南汉族移民宗族还十分重视宗族自身与其他异姓宗族的社会交往，并在族规家法等各类规章中做了相应的规定，以对族际交往进行规范和控制。明清时期，在各宗族聚族而居的大前提下，许多宗族之间相互结成邻里关系。除了那些单姓宗族村落之外，绝大多数村落中都居住有一个以上的复数宗族。由于各宗族相互杂处，因而他们十分重视处理彼此之间的关系，族际关系和族际交往在其社会关系网络中占有极为重要的地位。除了与同居于一地的宗族进行交往外，宗族还与自己的姻戚宗族及其他

① 陈德．蒙化陈氏家谱：卷三　家法［M］．写本．1815（清嘉庆二十年）．

无亲属关系的宗族结成各种各样的社会关系。这一时期各宗族处理族际关系和族际交往的基本原则是以礼相待、以和为贵、友好共处。上述原则在各自宗族的族规家法中多被加以规定，并以具体条文的形式要求族人认真遵守。

清咸丰《云南元江小羊街房氏家谱》卷二《族规》规定：

待亲族乡邻，宁我容人，毋使人容我，切不可先操忿人之心，以招人之侮己也。

该族强调在与亲族乡邻交往时，要以宽容大度的心态和胸怀对待他们，并对他们给予足够的尊重。

该族族人房大广在发家致富后，重视对亲族邻里的施济：

其于治家理财咸得其道，费产视旧有加。尝谓其子曰：吾闻古人于财积而能散，且吾一乡之中亲则三族，疏则邻里，今幸稍有赢（盈）余，量其等差而周施之，不犹愈于陈腐无用以获谴于名教乎。小子志之，以传子若孙可也。由是乡族咸蒙其惠。[①]

房大广在与乡族交往过程中，通过施舍等物质利益的赠予，使宗族邻里关系得到改善与巩固。

清光绪《和顺李氏宗谱》卷三《族规》规定：

居必有邻，人必须友，以成是二者，保家淑身之道也。交邻以和睦，交友以信义，所谓患难相恤，疾病相扶持，皆和睦之积也，抑亦有相周之义焉。所谓德业相劝，过失相规，皆信义之推也，抑亦有通财之义焉。吾之贫也，将有望于人，吾之非贫也，得不施之于人乎，否则凌虐比邻，非所以自固，昵比匪人，非所以自淑，是在交与者慎之择之。

该族强调在与邻族交往时，应以和睦交邻，不得凌虐比邻。

该族还规定：

其在异姓亦须忍让，甚不得已乃始经公，亦必闻于众而后出词，庶

① 房永胜．云南元江小羊街房氏家谱：卷二　族规［M］．写本．1857(清咸丰七年)．

免擅兴之罪。①

该族主张在与异姓宗族相处过程中，坚持以忍让为主、以和为贵，迫不得已时方可诉诸官府。

清乾隆《玉溪吴氏宗谱》卷八《家规》规定：

姻者，族之亲；里者，族之邻。远则情义相关，近则出门相见。宇宙茫茫，幸而聚集，亦是良缘。况童蒙时，或多同馆，或共嬉游，比之路人迥别。凡事皆当从厚，通有无，恤患难，不论曾否相与，一切以诚心和气遇之。即使彼曾待我薄，我不可以薄待，久之且感而化矣。若恃强凌弱，倚众暴寡，靠富欺贫，捏故占人田地风水，侵山林疆界，放债行利，违例过三分息，滚骗敛怨，皆薄恶凶习，天道好还，尤急戒之。

该族强调在与姻亲之族和邻族交往时，应厚待姻亲邻里之族，不得恃强凌弱、倚众暴寡、靠富欺贫。

此外，该族在统宗祠祭祀完毕后，还延请邻近异姓宗族参与会餐，“祭毕，外族会馂，本村作主，随席多寡陪”，通过邀请外族参与会餐的联谊活动，以加强彼此间的关系。

清嘉庆保山《戈氏家乘》卷七《家规》规定：

邻舍皆我同里，在祖宗时，待之各有恩信，有礼义，故彼虽属中户贫户，莫不赖我庇植，感我德意，一切约束，相率顺从，非独畏我财力之众有以压之也。年来族中子弟，间有自恃上户家声，每与谑狎，一言不合，辄逞怒詈骂，甚则殴之，或虚张驾言恐吓之，纵未诈财，已为招怨。况复有酒店赔礼自致轻亵者，如何服人？各门中但遇有此等子弟，须极言禁止，使其省悟。虽云宽待各邻舍，实所以厚待我子弟也，倘村邻委果强梁，犯非其分，则法网难逃，彼将自取，于我何尤。

在与邻族交往过程中，该族长期坚持以恩信礼义善待邻族，收到了较好的效果。后来族中一些子弟依恃族大户众的优势，欺压那些属于中

① 李鸿．和顺李氏宗谱：卷三 族规［M］．写本．1878（清光绪四年）．

户贫户的邻族，该族基于“宽待各邻舍，实所以厚待我子弟”这样一种认识，及时要求对这种行为予以遏制。

在昭通境内，清乾隆年间，谢氏宗族制定的族规规定：

我人亲亲之义笃于三族，父族、母族、妻族是也。今人但知其一不知其二焉。妻子之亲人皆知所以厚，父母之亲尤所当厚，与夫伯叔兄弟姑姊娣侄之亲亦当以礼遇之。[①]

该族强调对父族、母族、妻族等姻戚宗族要以礼相待，予以厚处。

清宣统大理《钟英杨氏族谱》卷五《族约》规定：

凡与邻村他姓，一亲二邻，多要和气，不可结怨。

该族强调在与异姓宗族交往时，应做到和气相待，切忌相互结怨。

民国昭通《缪氏族谱》卷四《族训》收录该族清代制定的族规：

争之不已必然致讼，讼岂盛德事哉？盖讼者之言辞皆虚浮无实之语，足以坏心术、费财倾家，诚为无益。纵有外侮，亦宜以静制动，若以无理讼人，尤为不可。

该族强调在与异姓宗族交往时，族人即使遇到外侮，也要以静制动，切不可无理挑起争端。

此外，有些宗族还与姻戚宗族之间通过互赠礼物的形式加强与增进族谊，如清光绪昭通《关氏族谱》卷六《族规》记载：

妇家父母每遇大寿，送礼八色、寿文一轴。妇家每遇端阳年节，送礼四色或二色，女家亦如之。女婿初来，送彩缎二端，外甥初来，止送衣件等物。

该族强调通过在日常交往中或岁时年节以互赠礼物的方式，也即通过礼物的互动，拉近与亲朋族间的距离。

明清时期，云南各宗族之间往往会因各种利益纷争而发生矛盾和冲突，当冲突发生时，许多宗族主张冷静处理以平息纷争。此外，宗族社

① 谢楚湘．谢氏宗谱：卷五　族规［M］．写本．1760（清乾隆二十五年）．

会中的民间调解力量也积极参与宗族冲突的调解，其中通过第三方进行调解是缓解异姓宗族冲突、恢复异姓宗族正常交往的一种有效途径。清道光年间，昆明苏氏族人苏大定“邻地两姓讼连结，阴出金排解”①，通过暗中出钱的方式，为异姓宗族解讼。清嘉庆年间，大理巍山高氏族人高惠之“浑厚质朴，善排解，有胡、方两姓争界，经年未决，惠之为折中，立碑分界，两相悦服”②，通过“折中”排解，使宗族纠纷得以调解。而清代玉溪钱氏族人钱有经“里居群姓错聚，倡以亲睦，牙角潜消”③，通过倡导各族之间的亲睦，将彼此间的纷争冲突消解于萌芽状态。

需要指出的是，尽管明清时期云南汉族移民宗族一贯强调在与其他宗族交往时应坚持以礼相待、以和为贵、友好共处，但在遇到宗族根本利益被侵害的情况下，如涉及宗族的尊严和伦理纲常等重大事件，各宗族往往要求族人同仇敌忾，将宗族的荣誉和利益放在首位，不准族人有丝毫的退让和懈怠。

清嘉庆昆明《王氏族谱》卷六《族规》规定：

凡遇外侮以及族内公事，始须其难其慎，如不得已致讼，所需盘费等项，各分派应任事之人使用，毋得规避推诿，致令独累一人。两族倘遇外侮必致呈公，有名器者并司年上下首及各门司年者协力共攻，不得推诿。

王氏宗族强调在遇到事关宗族根本利益的“外侮”时，族人应态度一致，“协力御之”，不得规避推诿。

三、明清云南汉族移民宗族内部的社会问题控制

社会问题有广义与狭义之分，广义的社会问题泛指一切与社会生活有关的问题，狭义的社会问题特指社会的病态或失调现象。此处讨论的

① 苏富南．苏氏族谱：卷五　人物志［M］．写本．1839（清道光十九年）．
② 高嘉．蒙化高氏族谱：卷六　人物志［M］．写本．1805（清嘉庆十年）．
③ 钱凤举．玉溪钱氏宗谱：卷五　传记［M］．写本．1899（清光绪二十五年）．

主要是狭义的社会问题，指的是在社会运行过程中，由于存在某些使社会结构和社会环境失调的障碍因素，影响社会全体成员或部分成员的共同生活，对社会正常秩序甚至社会运行安全构成一定威胁，需要动员社会力量进行干预的社会现象。[①] 根据上述定义，明清时期云南汉族移民宗族内部的社会问题主要包括赌博问题、溺女问题、假死讹诈问题、生态环境恶化问题等。

（一）赌博问题控制

明清时期，在许多云南汉族移民宗族内部，族人的赌博活动较为盛行，各宗族族人的赌博行为往往汇合成一股潮流，形成宗族内部乃至宗族社区中较为严重的社会问题。在明清云南汉族移民宗族内部，赌博这一社会问题的严重性和危害性十分突出，这可从各宗族的禁赌活动见其端倪。

清乾隆玉溪《杨氏族谱》卷八《人物传》记载该族族人杨恭良“居乡，请示禁赌，善举多端，乡闻称颂”。

清乾隆昭通《谢氏宗谱》卷七《传记》记载该族族人谢自林“建祠宇，修道梁，兴醮会，查烟馆，逐赌场，均能敦本培风，为乡表率”。

清乾隆保山《杨姓家谱》卷六《家传》记载该族族人杨开来“家稍裕，即为村栽树以开财源，禁赌养生以培元气，豪强犯禁，诣县请示，不避怨劳”。

清乾隆《玉溪吴氏宗谱》卷七《传记》记载该族族人吴仲孙“议叙八品，恤贫乏，焚积券，及请示养生禁赌等事，绰有父风”。

清嘉庆《蒙化陈氏家谱》卷六《家传》记载该族族人陈学修“村居解纷难，禁樗蒲，兴文社，劝树畜，治家俭约”。

清嘉庆《蒙化孙氏族谱》卷五《人物传》记载该族族人孙魁显“承

① 郑杭生．社会学概论新修 [M]. 北京：中国人民大学出版社，2003：358.

先人遗业服贾，居乡禁赌博，养杉苗，立茶亭，修桥路，息争讼，济人之事靡不勉力为之”。

清嘉庆昆明《王氏族谱》卷七《人物传》记载该族族人王从吾“居乡严禁赌博，勒石以垂久远，阖族戴之”。

清嘉庆保山《戈氏家乘》卷八《家传》记载该族族人戈世远“郡邑试屡列前茅。五取佾生，为学益力。居乡招赀（资）培植山林，养生禁赌，有维风化者尤多”。

清嘉庆《蒙化高氏族谱》卷六《人物传》记载该族族人高文正“父病，昼夜侍侧，父知不起，谓正曰：向欲禁赌博，培荫木，今已矣。翼日殁，哀毁逾礼。服阕，讲求严禁，卒成父志”。

清道光《和顺刘氏家谱》卷六《家传》记载该族族人刘承岳“于村内禁赌博，养柴木，请示勒石，乡人德之。”

清道光玉溪通海《云南柿园宋氏宗谱》卷五《人物志》记载该族族人宋用和“禁聚赌吸烟，不避嫌怨”。

清道光曲靖宣威《戴氏族谱》卷五《人物传》记载该族族人戴周润“村中无赖演剧聚赌，呈官究治，以挽颓风”。

清道光保山《张氏族谱》卷六《家传》记载该族族人张春明“时有痞徒于距村二里地方频年演剧聚赌，横请示勒石严禁”。

清道光昆明《苏氏族谱》卷五《人物志》记载该族族人苏忠华“居家，加禁赌博，请示勒石”。

清光绪大理《毛氏家谱》卷七《家传》记载该族族人毛至辅“居乡排解，禁赌禁山，任劳任怨，族人称之”。

清光绪《蒙化刘氏宗谱》卷七《人物传》记载该族族人刘文玉“祖规禁赌博，玉总司其事，不辞劳怨，项梗多折服焉”。

清光绪昭通《关氏族谱》卷八《传记》记载该族族人关兴仁“尝捐赀（资）请示栽植杉松苗木，严戒斗叶呼卢，时自稽查，力为诏勉”。

清光绪《云南恩安李氏宗谱》卷五《人物传》记载该族族人李素纯

“两试不售，遂专习岐黄，医不受谢，至于聚赌毒河，遵例严禁，是又有功于人心风俗者”。

清光绪《兰坪营盘张氏族谱》卷九《家传》记载该族族人张昌俊“禁赌博，与族兴利除害，凡关本原名教之大者，靡不勇为”。

清宣统大理《钟英杨氏族谱》卷六《人物传》记载该族族人杨德基“里有将聚樗蒲因利者，惧基梗其事，夜饵以金，基正色麾之，直言规戒（诫），其人惭惧，自是不敢为非”。

由上述事例可以看出，由于各宗族内部乃至宗族社区中赌博问题的普遍性、严重性及危害性，清代云南汉族移民宗族的许多绅士、商人等宗族精英人士都积极投身到禁赌的行列中。

针对日益严重的赌博问题，明清云南汉族移民宗族多在族规家法中强调禁赌，并对参赌族人实施严惩，以控制赌博活动的蔓延。在保山境内，清道光《张氏族谱》卷二《族规》规定：

至若不务生理，或搬斗是非，或酗酒赌博，或诓骗奸盗，或党恶匿名，一应违于礼法之事，当集众诫之。如屡诫不悛，呈公究治，不可姑容。

该族强调对赌博之人进行劝诫，对屡教不改者交官府治罪。

民国大理弥渡《张氏族谱》卷四《族规》收录该族清代制定的族规：

构徒聚党，登场赌博，坏人子弟，而亦自坏其心术，破毁家产，荡析门户。若此之流，沉溺既久，迷而弗悟，宜痛戒治，使其改行从善。

该族强调对沉溺于赌博者应当痛加戒治，使其弃恶从善。

清道光玉溪通海《云南柿园宋氏宗谱》卷四《族规》记载：

族中邪僻之禁至详，而所尤严者赌博。赌博之禁，业经百余年，间有犯者，宗祠内板责三十，士庶老弱，概不少贷。许有志子弟访获，祠内给奖励银二十两。恐年久禁弛，历年加禁。历今恪守无违，后嗣各宜自凛。

该族强调对赌博之人，无论士庶老弱，都在宗祠内加以板责；鼓励族人相互监督，对访获检举赌博的族人祠内给予物质奖励；为防止年久禁弛，该族还多次对赌博予以“加禁”。

清咸丰曲靖宣威《符氏族谱》卷四《族规》规定：

子孙不肖莫甚于赌博，即乞丐盗贼皆由此起。有犯此者，族众鸣官惩治。其开场窝赌，公逐出祠。

该族主张将参赌者鸣官惩治，开场聚赌窝赌者逐出祠堂。

除了通过制定宗族法对赌博之人给予直接惩治外，明清时期，云南汉族移民宗族还在处理屡禁不止的赌博问题时主动邀请官府的介入，试图凭借官府强制力对赌博活动予以打击。清道光年间，和顺刘氏宗族针对当地宗族社区内日益严重的赌博等社会问题，曾主动请求官府出面帮助治理：

禀为物力艰难已极，乡风薄恶日滋，仰恳宪恩，赐示严禁，以端风化，以厚民生事。习俗为政治之源，士绅有维持之责，凡为乡里所深忧者，敢请胪陈而悉禁之。窃惟耕织绘图，丁宁（叮咛）力作，岁时讲约，申禁非为。何期游手之徒相聚抽头之宅，摊财下注，十室九空，喝雉呼卢，千金一掷。他若摹牌斗浒，无非设展张猩，繁矣有徒，皆然无畏。或矜门第，明开饮博之场；或厕衣冠，魃赌块苫之地；或居酤之结伙朋、谋局骗，三五成群；或子女以为图，密室深宵，百千献媚；或借钱粮为孤注，挂拖欠于百家；或将口食抵输筹，忍饥寒于二老；设奸薮，长盗竿，破家资，坑国课，此赌博之宜禁也。恭际完天莅政，旧染更新，请给示以通知，饬勒碑以垂久，责令约甲具还甘结遵依，庶僻壤穷乡渐成乐土，而光天化日永沐仁恩矣。①

在历数了赌博所造成的社会危害后，和顺刘氏宗族希望官府同意该族勒石刻碑，对赌博等社会问题加以禁止，并请求官府责令宗族社区中的乡约保甲等基层组织对赌博问题加大治理的力度。

① 刘卿岳．和顺刘氏家谱：卷七 艺文 [M]. 写本 .1848（清道光二十八年）.

大量事实表明，经过宗族的积极努力以及官府的介入，明清时期云南汉族移民宗族内部和宗族社区中的赌博之风得到了一定程度的遏制，赌博作为一个社会问题也得到一定程度的缓解。

（二）溺女问题控制

明清时期，云南汉族移民宗族内部及宗族社区中因生活贫困等原因而发生的溺女现象大量存在，许多女孩在刚一出生时便被夺去生命，溺女问题也一度成为各地较为突出的社会问题。明清时期，云南汉族移民宗族内部溺女问题的普遍性和严重性可以从当地宗族族人禁止溺女的各项举措中窥其端倪。

清乾隆《玉溪吴氏宗谱》卷七《传记》记载该族族人吴国学“戒俗溺女，给之资养，多所保全”。

清乾隆保山《杨姓家谱》卷六《家传》记载该族族人杨光美“服贾，立义会以救溺女”。

清乾隆玉溪《杨氏族谱》卷八《人物传》记载该族族人杨正林“族有溺女，倡捐立会”；杨正宝“族多溺女，每赠赀（资）以劝，戒之为善，类出至诚”。

清嘉庆保山《戈氏家乘》卷八《家传》记载该族族人戈治安“悯俗溺女，资助全活”。

清嘉庆《蒙化高氏族谱》卷六《人物传》记载该族族人高大顺“凡建祠辑谱，会文养生，施相椲溺，常捐赀（资）领袖，善与人同”。

清嘉庆《蒙化孙氏族谱》卷五《人物传》记载该族族人孙学东“承父志倡集育婴会，以拯溺女，乡人德之”。

清嘉庆《蒙化陈氏家谱》卷六《家传》记载该族族人陈天河“尝输金倡育婴社，多活人”；陈士彪“少孤贫，后经商致富，赀（资）裕归里，闻族有溺女者，给赀（资）养育”。

清嘉庆昆明《王氏族谱》卷七《人物传》记载该族族人王荣海“居

乡行善，录劝善文以劝世，戒溺女”。

清道光昆明《苏氏族谱》卷五《人物志》记载该族族人苏文龙“立保婴会以戒溺女，劝人为善”。

清道光保山《张氏族谱》卷六《家传》记载该族族人张少华“少孤，弃举业，佐兄经营，族有孪生女孩，为贫将溺者，助赀（资）抚养”。

清道光玉溪通海《云南柿园宋氏宗谱》卷五《人物志》记载该族族人宋品周“输租百秤倡立义仓，减价平粜，将所粜项给产女家，禁其溺陨”。

清道光《和顺刘氏家谱》卷六《家传》记载该族族人刘福元“族人多溺女，巽集乡人立育婴会，此后无淹毙者”；刘朝玉“幼读书，以父抱疾弃儒就贾，赀（资）渐饶，族之贫乏者周之，溺女者拯之”。

清咸丰《云南元江小羊街房氏家谱》卷六《传记》记载该族族人房宁清“乡俗多溺女，给助养赠费，全活之”。

清咸丰曲靖宣威《符氏族谱》卷六《人物传》记载该族族人符迁维“贫多溺女，倡立保婴会以资女家”；符天发“幼业农，志趣超凡，族内贫者鬻妻溺女，发心悯焉，以拥趁余赀（资）济人缓急”。

清光绪《和顺李氏宗谱》卷七《家传》记载该族族人李治和“少习儒，悯末俗溺女，捐金置田，以资贫家养育，全活甚众”。

清光绪《祥云周氏宗谱》卷八《传记》记载该族族人周映忠“居心仁厚，戒溺女，好放生”。

清光绪《云南恩安李氏宗谱》卷五《人物传》记载该族族人李定坤“以舌耕稍裕，遇溺女者商诸妻，抱养嫁之”。

清光绪昭通《关氏族谱》卷八《传记》记载该族族人关子兴“母欲戒溺女，兴则给银，每三两”。

清光绪《玉溪钱氏宗谱》卷五《传记》记载该族族人钱正权“道光间，邑侯赵示禁溺女，权输租数十秤为倡”。

清光绪《蒙化刘氏宗谱》卷七《人物传》记载该族族人刘朝汉“立

保婴会，醵金拯溺”。

清光绪大理《毛氏家谱》卷七《家传》记载该族族人毛延发“贫家生女多不举，或弃于路，延发手定育婴局规，有抱养者给银若干，活甚众”。

清宣统大理《钟英杨氏族谱》卷六《人物传》记载该族族人杨厚恩“家非素封，而勉于为善。悯贫户溺女，捐赀（资）助之养育”。

由上述事例可以看出，明清时期云南汉族移民各宗族中的绅士、商人、农民等宗族精英分子及普通族人，纷纷通过捐赀（资）救助，倡立保婴会、育婴会、育婴社等途径，对宗族内部的溺女之家加以救助，对溺女行为加以遏制。除上述通过经济手段来控制溺女行为外，有些宗族之间还通过“互养为媳”的办法来遏制溺女行为：“里中数姓聚处，俗多溺女，我族族人杨世贵刻文劝戒（诫）之。其极贫育女者，每给银二两助妆。自是数姓互养为媳，风俗还醇。”[①] 异姓宗族通过联姻的方式，使当地各宗族内部和宗族社区中的溺女问题得到了一定程度的缓解与控制。

有些宗族在族规家法中对溺女行为加以禁止，使当地的溺女问题得到了一定程度的控制。

清乾隆昭通《谢氏宗谱》卷五《族规》指出：

故宗族中有溺女者，其罪通天。虽别人戒杀放生，皆是无益。盖在他处有育婴堂，尚免载滑。吾乡无之，惟赖宗族设法禁止，随时告诫，功德无量中。

该族强调对于溺女行为，宗族要时刻告诫族人加以禁止。

清光绪《蒙化刘氏宗谱》卷五《家规》对溺女行为进行严厉的抨击：

自溺其女，彼本性凶恶莫过，豺狼虎豹尚不自食其子，人而自溺其女，比豺狼虎豹更凶。若不禁止，成何宗族？彼溺女的解说，一说不育

① 杨元亨．杨氏族谱：卷八 人物传 [M]. 抄本 .1786（清乾隆五十一年）.

女好早生男，一说免赔嫁资，一说贫不能养，都是胡说。人家求子当誓心行善，杀女求子，岂不上犯天怒？嫁资厚薄各视力量，忍下手杀他，难道不忍薄他的妆奁？至于生女必有乳，乞丐的妇女常时有襁褓沿门，难道住家的偏养不起？想到把呱呱婴女投下水时光景，口不忍说，耳不忍闻，溺女之人凶恶已极。古人说，不孝之人人人得而诛之，如今溺女之人亦人人得而诛之者也。凡我子孙永远禁戒，同登仁寿。

该族要求在本族内部对溺女行为予以永远禁戒。

清嘉庆昆明《王氏族谱》卷六《族规》规定：

至若子固当孝，亲亦宜慈。产多毙女，贫困鬻男，岂非左计，为父母者如有此事，众共辱之。

该族强调全体族人对溺女的父母予以羞辱，以控制族中为父母者的溺女恶习。

（三）假死讹诈问题控制

这里所说的“假死讹诈”，即借轻生对他人进行讹诈勒索，这是明清时期云南汉族移民宗族社会中一度较为盛行的一个社会问题。由于其社会危害性较大，多数宗族对此问题也加以控制。

在保山境内，清道光年间和顺刘氏宗族社区内有假死讹诈问题：

里有假死命诬人者，被诬之人惶惧，夜怀二十金求救于王父（指刘氏族人刘士忠），以王父三老，言出而人信之。王父叱其人于外，遥谓曰：用贿则实，谁为若解者，归听公论，勿复尔。其人惭而退，诬者闻之亦惧，事遂得解。①

因假死讹诈而使被诬之人惶惧不安，严重影响了宗族社区中的人际关系和谐及社会秩序稳定。

针对假死讹诈行为的危害性，明清云南汉族移民宗族多强调予以严

① 刘卿岳．和顺刘氏家谱：卷六　家传［M］．写本．1848（清道光二十八年）．

厉打击。

清道光年间大理《张氏家谱》卷五《家训》规定：

族中互相对待，最重理法，严明禁止小加大，少凌长，长挟幼，富欺贫及假死等欺诳骗害等弊，违者共排斥之。

张氏宗族对包括假死等欺诳骗害的行为，进行斥责训导。

清乾隆玉溪《杨氏族谱》卷五《族规》收录该族明代制定的族规：

愚夫愚妇，每因小忿意在诈骗，或服毒自缢，或投水沉身，图赖他人。如遇明公在上，察其真情，未必能中彼伤，而愚命则自殒矣。纵得烧埋，竟于死者何益，反复思之，诚为可哀。各宗正副倘遇情出迫切之人，兴言及此，作速以理，省会规戒（诫）。如其执迷不听而甘自弃者，宗正副会同族长、品官、举监生员人等，备情呈治本犯家长。

在该族看来倘若发生族人假死讹诈事件，作为监护人的家长脱不了干系，宗正副会同族长、品官、举监生员等宗族精英人士对家长予以治罪，即通过强调家长的督教权以期禁止族人的假死讹诈行为。

（四）生态环境恶化问题控制

长期以来，云南地区并未有严重的区域性的环境危机和环境问题。然而这种状况在清代中期随着人口的大量涌入而一度发生改变，这一时期因土地紧张，人们的营山活动引发了生态环境恶化危机。

受经济利益的驱使，越来越多的人在农业方面选择从事毁林开荒，锄种洋芋、蚕豆、生姜、山药、麻、粟等粮食作物或经济作物；在手工制造业方面主要从事伐木烧炭、烧制砖瓦石灰等活动。在经营方式上，人们主要采取简单粗放、掠夺式的刀耕火种手段。上述粗放经营的做法，严重破坏了云南山区的植被，一度造成了大范围极度严重的水土流失问题，此外还产生了相当严重的恶性循环和连锁反应，引发了诸如河道淤塞、水利设施遭毁、水旱灾害频发、农田受损、坟茔受损、民居遭毁、地力下降、环境污染等一系列较为严重的生态问题，这对云南汉族移民宗族的生存与发展产生了严重影响。

针对这些因大量外来人口引发的生态环境危机，云南汉族移民宗族为了保护自己的家园，采取了一系列控制措施，以遏制生态环境的进一步恶化。有的宗族在族规中立有“严禁蓄”的规条以保护本族的生态环境，如清道光保山张氏宗族编制的《张氏族谱》卷四《族规》中要求族众：“境内堤河干荫木，紧蓄有年，蔚蔚菁菁，实增吴乡景色矣。但恐日久法弛，今议祠中专雇一人看守，著令写立包揽一纸，存于祠匣。如遇盗砍等事，庶有责成。”其他一些控制措施主要包括驱禁营山的外来人众、成立养山会保护山林、呈官封禁、调整农业种植结构等。

1. 驱禁营山的外来人众

由于云南汉族移民宗族是外来人众营山活动最直接的受害者，因而他们也是地方社会中驱逐营山外来人众的中坚力量。在昭通境内，清乾隆三十年，大批外来人口涌入该地关氏宗族聚居村落，开山种植经济作物，造成该村境内发生严重水土流失，致使当地河道淤塞，农田水利废弛，粮价腾贵，农田受压，耕农失业，桥崩屋坏，栖息遭危，给该族利益带来巨大损害。该族族谱《艺文》收录的《驱营山之害记》记载了关氏族人关致弼于嘉庆年间“不惮首事，偕仲叔与族内诸君子控告于官”，在地方官府督拆下，“营山之众咸敛迹就退，期年而境内肃清”，[①] 使宗族社区的生态环境恶化状况得到了一定程度的控制。又如，昆明境内，清嘉庆年间，营山人众入山凿石烧炭，种植经济作物，给当地生态环境造成破坏。为驱逐营山人众，保护生态环境，当地王氏宗族的三名监生、一名举人及三名普通族人，联名上书禀请地方官府驱禁营山人众，“树千年之德政，保一邑之生民，恩赏示谕，内外民人毋许入山，一切屠害勒石永禁”[②]。由此可见，云南汉族移民宗族及其士绅等人群在驱除

① 关旭．关氏族谱：卷九　艺文[M]．写本．1903（清光绪二十九年）．

② 王灿南．王氏族谱：卷八　艺文[M]．写本．1807（清嘉庆十二年）．

营山人众运动中发挥了积极的作用。

2. 成立养山会保护山林

保山戈氏宗族聚居地原本处于“山多田少，地窄人稠，昔年未经开种，无不衣食余饶”的相对理想状态，清乾嘉年间，外来人口入境毁林开荒，种植经济作物，彻底改变了这种理想的状态，该族《养山会约》记载：

我族迹发于明，聚族而居，历年有所，向来田少山多，居人之日用饮食，取给于田者不敌取给于山，当年兴养成材，年年拼取，络绎不绝，所以家有生机，人皆乐利。今（指清嘉庆年间）则两源山场荒芜已极，东锄西掘，日耗月亏，陆道良田，堆沙累石，致使烹茶水浅，举爨薪稀，事害于人，莫此为甚。

缘承祖居之地，山多田少，地窄人稠，昔年未经开种，无不衣食余饶。自乾隆三十年以后，异民临境，遍山锄种，每遇蛟水，山崩土裂，石走沙驰，堆积田园，国课永累。且住后来龙山，一族公业，尽皆锄种，人居其下，命脉攸关。此日坑河满积，一雨则村内洪水横流，祠前沙石壅塞，目击心伤，人皆切齿。①

特别令人不能容忍的是，“坑河满积，一雨则村内洪水横流，祠前沙石壅塞”，山坡滚下的沙石污泥曾一度壅塞了戈氏宗族的祠堂。

为了防止宗族聚居地生态环境的进一步恶化，戈氏宗族内部发起成立了养山会，以保护山林免遭乱砍滥伐。该族还规定：

外来人众现在所种族内之山，俱要入祠承佃，扦插苗木，自今以后，秩下人等再不得私自召种，如违，定行禀究。②

该族对于族人私自召外来人众垦种进行严格控制。

清道光年间红河《甘氏家谱》卷三《祠制》对山林保护也有规定：

① 戈问达．戈氏家乘：卷九　艺文［M］．写本．1805（清嘉庆十年）．

② 戈问达．戈氏家乘：卷七　家规［M］．写本．1805（清嘉庆十年）．

砍伐坟山松树，每株罚银三元，外姓加倍。来报名而擒获者，赏银一元，擒获砍伐者及将刀斧送来者，赏银二元。

甘氏家族对砍伐坟山树木的行为进行经济处罚、对此行为举报者进行奖励的规定，在一定程度上有利于当地自然生态环境的保护。

3. 呈官封禁

在玉溪境内，一些饱受外来人众开山之苦的宗族在驱除营山人众后，仍担心山场再次落入外来人众之手，于是他们纷纷将宗族山场产业呈请入官封禁，以便能得到地方官府的保护。清道光十年，在该地钱氏宗族聚居地，外来人众入山凿石烧炭，争殴滋事，被知县驱逐后，当地族人主动呈请入官封禁，得到了官府的积极配合：

钱大广、钱大荣、钱大洪等将公共水龙坑、桃溪箐、呈山等处山业，恐族人盗租，情愿呈请入官封禁。陈前宪亲诣该处勘明四至，钉立界石，即将各户应纳粮银拨入官粮名下完纳。详请宪示，永行严禁，俱蒙各大宪批准。①

此后，又有武生钱彪、监生钱世才、文会绅士等，“将产业各山邀集各山主，无论公业私产，开出土名，一并呈请封禁”。

又据记载：

今绅士等公禀，各山主愿将该处所有分受已业一概产业之山，各捐入云溪书院，仍令司事绅士查照字号、亩数，钉立界石，收税完粮，以为公业。即有分受未输者，亦属公共山场，不得违例私召，可永保护。②

该族通过将宗族山场产业或“分受已业”入官封禁的办法，有效控制了外来人众的垦山活动，从而有助于遏制当地生态环境的恶化。

① 钱凤举 . 玉溪钱氏宗谱：卷七　艺文 [M]. 写本 .1899（清光绪二十五年）.

② 钱凤举 . 玉溪钱氏宗谱：卷七　艺文 [M]. 写本 .1899（清光绪二十五年）.

4. 调整农业种植结构

在昭通境内，曾长期遭受外来人众开山困扰的关氏宗族，在驱除营山人众后总结经验认为：

欲图安久之策，莫若因山泽之资，谋兴养之利。兴养则山成材山，人怀乐土，家裕户饶，公私两益。[①]

该族主张恢复传统的林业生产，以遏制生态环境的恶化。

此外，在驱除营山人众后，云南地方官府、宗族在农业种植结构方面一致强调“改种蔬果茶柯树木，不得仍种废地力之物”[②]，劝导民众“蓄养竹木柴薪，以收自然之利”[③]。这种农业种植结构的适时调整，也有助于促进云南山区生态环境的改善。

四、小结

明清时期，云南汉族移民宗族内部控制主要涉及秩序控制、生活方式控制、社会问题控制等领域和内容。

（一）秩序控制

在秩序控制方面，明清云南汉族移民宗族主要关注对宗族内部的伦常秩序、血缘秩序及社会秩序进行控制。

就伦常秩序控制而言，云南汉族移民各宗族主要通过族规家法的规定、设置字辈排行等途径实施族内伦常秩序控制。

就血缘秩序控制而言，各宗族主要通过反对异族伪冒、反对和限制异族承继宗祧、提倡同族内部宗祧承继等途径，以规范与控制宗族血缘秩序。

① 关旭．关氏族谱：卷六　族规 [M]. 写本 .1903（清光绪二十九年）．

② 张拱辰．张氏家谱：卷七　艺文 [M]. 抄本 .1842（清道光二十二年）．

③ 钱凤举．玉溪钱氏宗谱：卷七　艺文 [M]. 写本 .1899（清光绪二十五年）．

就社会秩序控制而言，各宗族主要通过制定族规家法来规范和控制宗族社会秩序，对族内盗窃行为、凶暴恶行、争讼等进行重点控制；通过规劝族人安分守己、和睦宗族，以控制宗族内部社会秩序；主张宗族内部纷争在族内及时加以解决，以遏制宗族内部社会秩序的恶化。

（二）生活方式控制

在生活方式控制方面，明清云南汉族移民宗族十分重视对族人的职业选择、婚姻生活、丧葬丧事、生活消费、行为举止、社会交往等进行规范与控制。

就职业控制而言，各宗族要求族人从事四民正业，勤修职业，强调家长对子弟进行职业教育，反对从事贱业、恶业。就婚姻控制而言，各宗族多在宗族法中对族人婚姻的择配标准进行规范，强调门当户对、良贱不婚、同姓不婚，反对婚嫁论财、卖女为妾及指腹为婚，重视婚配对象的个人素质；在婚龄方面，主张婚嫁应适时举行，不可过早或过迟。

就丧葬丧事控制而言，各宗族提倡及时安葬逝去的亲人，节俭操办丧葬丧事，要求丧葬丧事遵依以朱熹《家礼》为代表的儒家礼的规范，按照礼制举行。

就生活消费控制而言，各宗族要求族人崇尚勤俭节约，反对族人追求奢侈浪费的生活方式，同时对族人特别是族中妇女的一些日常文化娱乐活动也进行干预和控制。

就行为举止控制而言，各宗族要求族人讲求信用，重视廉耻，并对族人日常行为举止的诸多方面做了禁止性规定。

就社会交往控制而言，云南汉族移民宗族要求族人谨慎交往，厚待朋友，亲近礼法之士，远离斋婆、跳神、卜妇等邪巫之人，并要求族人在社会交往中重视礼让，反对恃势、恃力、恃财。云南汉族移民宗族十分重视宗族自身与其他异姓宗族的社会交往，并在族规家法等各类规章中做了相应的规定，以对族际交往进行规范和控制。

（三）社会问题控制

在社会问题控制方面，明清云南汉族移民宗族十分重视对赌博、溺女、假死讹诈、生态环境恶化等社会问题进行控制。

就控制赌博而言，针对赌博问题的严重性和危害性，各宗族多在族规家法中强调禁赌，并对参赌族人予以严惩，以控制赌博活动的蔓延。此外，许多宗族还主动邀请官府介入，凭借官府强制力对赌博活动予以打击。

就控制溺女而言，各宗族多在族规家法中对溺女行为加以禁止，并通过捐赀（资）救助，倡立保婴会、育婴会、育婴社等途径对溺女之家进行救助，对溺女行为加以遏制。此外，有些宗族还通过“互养为媳”即联姻的方式来遏制溺女行为。

就控制假死讹诈而言，各宗族多在宗族法中予以严厉打击，并强调家长在禁止族人假死讹诈方面的督教权。

就控制生态环境的恶化而言，各宗族主要采取驱禁外来营山人众、成立养山会保护山林、呈官封禁、调整农业种植结构等一系列控制措施，以遏制生态环境的恶化。

结语　明清云南汉族移民宗族内部控制特征

一、明清云南汉族移民宗族内部控制结构体现为层级控制，有多元化控制实施主体

明清时期，云南汉族移民宗族内部组织结构的特征总体上可归结为宗族—房派—家庭的一般模式，其中，房派环节的多变性与复杂性使得宗族内部组织结构呈现出多元性的特征。明清时期，云南汉族移民宗族内部的组织结构大致有以下几种类型或模式，一般宗族：宗族—房派—家庭；大宗族：宗族—房派—支派—家庭；联宗宗族：始居地宗族—迁徙地宗族—房派—支派—家庭。宗族内部的组织结构从总体上决定了其内部控制结构的特征和趋势。与其组织结构相对应，明清云南汉族移民宗族内部的控制结构呈现出家庭—房派—门派—宗族层级控制的鲜明特征。明清云南汉族移民宗族在实施内部控制时是依据结构分层次进行的。明清云南汉族移民宗族内部的成员结构主要由以宗子、族长、房长、家长等为代表的宗族领导层，以祠首、值年等为代表的宗族执事阶层，占人口绝大多数的普通族众阶层组成。各宗族内部存在着明显的社会分层现象，宗族成员被区分为尊卑有序的不同等级和层次，各成员在族内存在着社会地位的差别。其中，宗族领导层是宗族内部实际的控制者、管理者阶层，是实施族内控制的最主要的行为主体，在族内拥有较高的社会地位。执事阶层则是在宗族领导层之下设立的、对族内各种纷

繁复杂的事务进行分类或分项管理与控制的人群。对于普通族众而言，这些拥有一定管理与控制权力的执事人员，也是族内控制的重要实施者。普通族众这一群体，占族内人口的绝大多数，包括除宗族领导层、执事阶层之外的拥有本宗族血缘关系的全体男性成员、未嫁女子，以及不拥有本宗族血缘关系但拥有族籍、由外族嫁入的女性成员。通常情况下，他们是宗族领导层、执事阶层实施控制的最主要的对象与人群，是族内人口数量最庞大的受控制者阶层，在族内的社会地位相对较低。

明清云南汉族移民宗族内部控制的实施主体主要包括宗子、族长、房长、家长、尊长、执事人员等。其中，族长、房长、执事人员往往由族内推举产生，拥有对普通族人实施管理与控制的权力。由于他们不同程度地拥有处理族内事务的各类权力，因而在他们实施管理与控制的同时，宗族在制度设计时也为他们制定了一些防范与反控制措施。明清云南汉族移民各宗族内部形成了较为严密的控制网络，宗族中的每一位成员都处于控制网络的各自节点上，既包括普通族众阶层，也包括宗族内部控制的实施者自身。

二、明清云南汉族移民宗族利用祠堂、族谱、祖茔等控制载体实施族内控制

明清时期，云南汉族移民宗族的控制载体主要有祠堂、族谱、祖茔等，它们在各宗族实现祖先崇拜、实施族内控制方面发挥了重要作用。

明清云南汉族移民宗族通过祠堂实施族内控制主要体现在：第一，通过祠堂祭祀仪式的举行及相关祭祀制度的执行，以融洽宗族、收拢人心、增强宗族凝聚力，进而实现尊祖敬宗、合族收族、控制族人的目的。第二，通过以祠堂为场所进行族内教化和宣传族规家法活动，实施族内控制。第三，通过祠堂执法实施对族人的硬性控制。第四，族内纠纷调解、统一族人意志、族内赈济等控制功能的实施，也多以祠堂为场所。第五，围绕宗族祠堂的管理开展族内控制活动。

明清云南汉族移民宗族通过族谱实施族内控制主要体现在：第一，通过族谱及其凡例的制定，发挥其劝善惩恶的价值判断功能，对族人实施控制。第二，通过防劈伪冒、强化血缘世系纯洁性的途径，加强宗族认同，实施对族人的控制。第三，通过族谱的编纂和记载，及时准确地掌握各类族人的信息，实现联宗收族，或为联宗收族做准备，从而实施对相关族人或支派的控制。

明清云南汉族移民宗族通过祖茔实施族内控制主要体现在：第一，通过族茔祭祀的定期举行实施对族人的控制。第二，围绕祖茔保护，对损害祖茔的行为进行惩罚，对犯过族人实施硬性控制。第三，通过祭祀规条、祖墓议约等制度化规定，对祖茔及其祭祀进行规范与管理，对违反规条的族人实施处罚与控制。

三、明清云南汉族移民宗族利用多样化控制手段稳定族内秩序、维护自身利益

明清时期，云南汉族移民宗族内部的控制手段主要包括制度控制手段、物质利益控制手段、文化控制手段与强制惩罚控制手段等，它们在维护各宗族社会秩序和宗族利益方面发挥了重要作用。

制度控制手段是指明清云南汉族移民宗族及其成员利用自身所制定的各种规章制度，对族内全体或部分成员的行为进行制约与调节、对族内相关事务进行规范与调整的途径和方式，其中以族规家法控制手段为主要代表。云南汉族移民宗族族规家法的控制功能可归结为维护族内伦常秩序与社会秩序的稳定；维护国法，支持政权施政；对宗族相关领域进行规范与控制。各宗族对族规家法的遵守与执行，以宗族自身力量和国家力量作为保证。明清云南汉族移民宗族社会能够长期保持和谐稳定与惯性发展的态势，与族规家法的有效执行密不可分。

各宗族通过族规家法制度的形式以确保族内控制的顺利执行，是明清云南汉族移民宗族族内控制制度化、常态化的体现。宗族成员集体商

讨并制定的正式的制度规定，在很大程度上确保了明清云南汉族移民宗族社会管理与控制功能的正常发挥，而不致流于形式或影响控制力。

物质利益控制手段是指公开地或含蓄地提供某些实惠，以换取人们对社会秩序与政治秩序的接受。从类型上说，它是一种经济控制的手段，更多的是以社会保障的形式出现的。为了捍卫宗族伦理和声誉、维护宗族社会秩序的稳定，明清云南汉族移民宗族非常重视对族内鳏寡孤独、贫困等弱势群体进行救济。许多宗族在实施族内救济时增设各类附加条件或附加条款以约束、控制族人，而大量禁止性与惩罚性的规定是其重要特征。

明清云南汉族移民宗族还通过物质奖励的办法实施族内控制，主要体现为宗族通过颁胙发包等物质刺激和奖励手段吸引族人参与祭祀等宗族集体活动，或通过对有功于宗族或为宗族争得荣誉的族人进行物质奖励来鼓励其他族人加以效仿，以实现对族人的软性控制。

文化控制手段是指利用人类在长期的共同生活中创造的、为人类所共同遵从的行为准则和价值标准对社会成员进行控制的方式。明清云南汉族移民宗族对族人发挥控制作用的文化手段主要有以朱熹《家礼》为代表的儒家礼的规范、社会舆论等。

礼的规范在云南汉族移民宗族社会控制中发挥着重要作用。各宗族重视用儒家礼规范族内控制功能，并对儒家礼制加以积极利用。除积极践行朱熹《家礼》以实施族内控制外，有些宗族还根据《家礼》的精神并结合本族实际，制定本宗族的家礼，通过对相关制度、仪节、礼的执行等方面的设计，使族人深陷于由各种礼编织而成的控制网络之中。

明清云南地区的社会舆论多属于宗族舆论，或在此基础上延伸为乡族舆论。明清云南汉族移民宗族社会舆论关注的领域较为广泛，涉及宗族救济、宗族建设、宗族伦理、稳定族内社会秩序、增进族谊、支持宗族公益事业、妇女控制等方面。明清云南汉族移民宗族社会舆论主要包括褒扬、赞赏（肯定）与批评、遣责（否定）两大类型，其中以褒扬、赞赏类为主，以批评、谴责类为辅。各宗族通过对各种符合儒家正统思想和正统伦理的价值观或行为方式的褒扬与赞赏，以及对违反儒家正统思想和正统伦理的价值观或行为方式的批评与谴责，在族内或社区中形成一种广为传播的带有倾向性的社会舆论氛围，使得处在这种氛围中的宗族成员自觉或不自觉地服从社会舆论的控制。

明清云南汉族移民宗族内部各类违反宗族规章和规范的越轨行为时有发生，各宗族对于各类越轨行为常采用强制惩罚的手段加以控制和打击。明清云南汉族移民宗族根据族人越轨行为情节轻重的不同，主要采取斥责警示、罚拜罚跪、杖责、经济处罚、逐出祠堂、族谱削名、以不孝论、呈官治罪等处罚措施，对不同的越轨对象采用不同的制裁措施。有时宗族对同一种越轨行为采用多种处罚措施并举的办法加以惩治与打击，以维护宗族的秩序和利益。

四、明清云南汉族移民宗族内部控制在控制领域和控制内容上较为广泛

明清云南汉族移民宗族内部控制主要涉及秩序控制、生活方式控制、社会问题控制等领域和内容。在秩序控制方面，明清云南汉族移民宗族十分关注对族内的伦常秩序、血缘秩序及社会秩序进行控制。就伦常秩序控制而言，各宗族主要通过族规家法的规定、设置字辈排行等途径实施族内伦常秩序控制。就血缘秩序控制而言，各宗族通过反对异族伪冒、反对和限制异族承继宗祧、提倡族内宗祧承继等途径，以规范与控制宗族血缘秩序。就社会秩序控制而言，各宗族通过制定族规家法来规范和控制宗族社会秩序，对族内盗窃行为、凶暴恶行、争讼等进行重点控制；通过规劝族人安分守己、和睦宗族，以控制族内社会秩序；主张族内纷争在族内及时加以解决，以遏制宗族内部社会秩序的紊乱。

在生活方式控制方面，明清云南汉族移民宗族十分重视对族人的职业选择、婚姻生活、丧葬丧事、生活消费、行为举止、社会交往等进

行规范与控制。就职业控制而言，各宗族要求族人从事四民正业，勤修职业，强调家长对子弟进行职业教育，反对从事贱业、恶业。就婚姻控制而言，各宗族强调门当户对、良贱不婚、同姓不婚，反对婚嫁论财、卖女为妾及指腹为婚，重视婚配对象的个人素质。就丧葬丧事控制而言，各宗族提倡及时安葬逝去的亲人，节俭操办丧葬丧事，要求丧葬丧事遵依儒家礼的规范。就生活消费控制而言，各宗族要求族人崇尚勤俭节约，反对族人追求奢侈浪费的生活方式，并对族人的一些日常文化娱乐活动进行干预和控制。就行为举止控制而言，各宗族要求族人讲求信用，重视廉耻，并对族人日常行为举止的诸多方面做了禁止性规定。就社会交往控制而言，各宗族要求族人谨慎交往，厚待朋友，亲近礼法之士，远离邪巫之人，并要求族人在社会交往中重视礼让，反对恃势、恃力、恃财。各宗族还十分重视族际交往，并通过制定族规家法等途径，对族际交往进行规范和控制。

在社会问题控制方面，明清云南汉族移民宗族重视对赌博、溺女、假死讹诈、生态环境恶化等社会问题进行控制。就控制赌博而言，针对赌博问题的严重性和危害性，各宗族多在族观家法中强调禁赌，并对参赌族人予以严惩，以控制赌博活动的蔓延。许多宗族还主动邀请官府的介入，借助官府强制力实施对赌博活动的控制和打击。就控制溺女而言，各宗族多在族规家法中对溺女行为加以禁止，并通过捐赀救助，倡立保婴会、育婴会、育婴社等途径对溺女之家进行救助，对溺女行为加以遏制。有些宗族还通过族际联姻的方式来遏制溺女行为。就控制假死讹诈而言，各宗族多通过族规家法对假死讹诈行为实施控制和打击，并强调家长在禁止族人假死讹诈方面的督教权。就控制生态环境恶化而言，各宗族主要采取驱禁外来营山人众、成立养山会保护山林、呈官封禁、调整农业种植结构等措施以遏制生态环境的恶化。

参考文献

一、族谱

[1] 靖启慈 . 靖氏家谱：七卷 [M]. 抄本 .1748（清乾隆十三年）.

[2] 吴德爵 . 吴氏家谱：九卷 [M]. 写本 .1753（清乾隆十八年）.

[3] 谢楚湘 . 谢氏宗谱：八卷 [M]. 写本 .1760（清乾隆二十五年）.

[4] 吴嗣维 . 玉溪吴氏宗谱：八卷 [M]. 刻本 . 昆明：同安坊，1765（清乾隆三十年）.

[5] 杨朝经 . 杨姓家谱：九卷 [M]. 写本 .1784（清乾隆四十九年）.

[6] 杨元亨 . 杨氏族谱：八卷 [M]. 抄本 .1786（清乾隆五十一年）.

[7] 周贤 . 周氏族谱：九卷 [M]. 写本 .1793（清乾隆五十八年）.

[8] 孙学正 . 蒙化孙氏族谱: 七卷 [M]. 刻本 . 昆明: 兴运堂, 1800(清嘉庆五年).

[9] 李维宽 . 昆阳李氏族谱: 九卷 [M]. 刻本 . 昆明: 兴运堂, 1805(清嘉庆十年).

[10] 戈问达 . 戈氏家乘：十卷 [M]. 写本 .1805（清嘉庆十年）.

[11] 高嘉 . 蒙化高氏族谱：八卷 [M]. 写本 .1805（清嘉庆十年）.

[12] 李洪 . 李氏族谱：九卷 [M]. 写本 .1806（清嘉庆十一年）.

[13] 王灿南 . 王氏族谱：八卷 [M]. 写本 .1807（清嘉庆十二年）.

[14] 傅俊 . 傅氏族谱：八卷 [M]. 写本 .1808（清嘉庆十三年）.

[15] 郑国明 . 郑氏族谱：七卷 [M]. 抄本 .1809（清嘉庆十四年）.

[16] 陈德 . 蒙化陈氏家谱：七卷 [M]. 写本 .1815（清嘉庆二十年）.

[17] 段绍光 . 段氏族谱：八卷 [M]. 写本 .1831（清道光十一年）.

[18] 张启运 . 张氏家谱：九卷 [M]. 写本 .1835（清道光十五年）.

[19] 张仪 . 张氏族谱：十二卷 [M]. 写本 .1835（清道光十五年）.

[20] 甘永泽 . 甘氏家谱：十卷 [M]. 写本 .1838（清道光十八年）.

[21] 宋学志 . 云南柿园宋氏宗谱：八卷 [M]. 写本 .1838（清道光十八年）.

[22] 苏富南 . 苏氏族谱：七卷 [M]. 写本 .1839（清道光十九年）.

[23] 蔺翰 . 蔺氏宗谱：七卷 [M]. 写本 .1840（清道光二十年）.

[24] 戴应元 . 戴氏族谱：八卷 [M]. 写本 .1841（清道光二十一年）.

[25] 张拱辰 . 张氏家谱：八卷 [M]. 抄本 .1842（清道光二十二年）.

[26] 王雷 . 王氏家谱：八卷 [M]. 写本 .1846（清道光二十六年）.

[27] 刘卿岳 . 和顺刘氏家谱：九卷 [M]. 写本 .1848（清道光二十八年）.

[28] 窦朝年 . 窦氏族谱：八卷 [M]. 写本 .1853（清咸丰三年）.

[29] 符定甲 . 符氏族谱：七卷 [M]. 写本 .1855（清咸丰五年）.

[30] 房永胜 . 云南元江小羊街房氏家谱：九卷 [M]. 写本 .1857（清咸丰七年）.

[31] 李鸿 . 和顺李氏宗谱：九卷 [M]. 写本 .1878（清光绪四年）.

[32] 吴发祥 . 吴氏族谱：八卷 [M]. 写本 .1878（清光绪四年）.

[33] 周世荣 . 祥云周氏宗谱：十一卷 [M]. 刻本 . 昆明：会云楼，1880（清光绪六年）.

[34] 傅圣宗 . 傅氏族谱：十卷 [M]. 写本 .1884（清光绪十年）.

[35] 岑殿元 . 岑氏族谱：八卷 [M]. 刻本 . 昆明：务本堂，1888（清光绪十四年）.

[36] 程作栋 . 程氏宗谱：九卷 [M]. 写本 .1890（清光绪十六年）.

[37] 张训 . 张氏族谱：七卷 [M]. 写本 .1894（清光绪二十年）.

[38] 袁遇庆 . 石屏袁氏家谱：九卷 [M]. 写本 .1895（清光绪二十一年）.

[39] 杨定祥 . 杨氏家谱：九卷 [M]. 写本 .1895（清光绪二十一年）.

[40] 毛其盛 . 毛氏家谱：八卷 [M]. 写本 .1899（清光绪二十五年）.

[41] 钱凤举 . 玉溪钱氏宗谱：八卷 [M]. 写本 .1899（清光绪二十五年）.

[42] 刘其仁 . 蒙化刘氏宗谱：九卷 [M]. 写本 .1900（清光绪二十六年）.

[43] 关旭 . 关氏族谱：九卷 [M]. 写本 .1903（清光绪二十九年）.

[44] 宋士绰 . 宋氏家谱：八卷 [M]. 写本 .1904（清光绪三十年）.

[45] 冷学文 . 京兆堂冷氏家谱：七卷 [M]. 写本 .1904（清光绪三十年）.

[46] 张景望 . 兰坪营盘张氏族谱：九卷 [M]. 写本 .1907（清光绪三十三年）.

[47] 李正荣 . 云南恩安李氏宗谱：七卷 [M]. 刻本 . 上海：中西书局，1908（清光绪三十四年）.

[48] 杨准曾 . 钟英杨氏族谱：九卷 [M]. 抄本 .1911（清宣统三年）.

[49] 萧国良 . 萧氏家谱：八卷 [M]. 刻本 . 昆明：四知堂，1916（民国五年）.

[50] 李向基 . 李氏族谱：九卷 [M]. 写本 .1920（民国九年）.

[51] 姚宁范 . 蒙化姚氏族谱：八卷 [M]. 抄本 .1920（民国九年）.

[52] 董照斗 . 腾龙梁董氏族谱：十六卷 [M]. 刻本 . 腾冲：石印局，1922（民国十一年）.

[53] 吴祖荫 . 吴氏族谱：八卷 [M]. 写本 .1927（民国十六年）.

[54] 雷惠 . 雷氏族谱：九卷 [M]. 写本 .1929（民国十八年）.

[55] 杨治烈 . 顺宁厚丰村杨氏族谱：八卷 [M]. 写本 .1931（民国二十年）.

[56] 解云鹏 . 云龙天耳井解氏家谱：十卷 [M]. 写本 .1938（民国二十七年）.

[57] 阎宁浩 . 阎氏宗谱：十卷 [M]. 写本 .1938（民国二十七年）.

[58] 张大龙 . 张氏族谱：七卷 [M]. 写本 .1939（民国二十八年）.

[59] 孔应元 . 祥云孔氏家谱：十卷 [M]. 抄本 .1943（民国三十二年）.

[60] 缪汝恒 . 缪氏族谱：七卷 [M]. 抄本 .1943（民国三十二年）.

二、研究著作

[61] 北京图书馆家谱整理小组 . 北京图书馆藏家谱提要 [M]. 北京：北京图书馆出版社，1987.

[62] 朱勇 . 清代宗族法研究 [M]. 长沙：湖南教育出版社，1987.

[63] 山西省社科院家谱资料研究中心 . 中国家谱目录 [M]. 太原：山西人民出版社，1992.

[64] 徐扬杰 . 中国家族制度史 [M]. 北京：人民出版社，1992.

[65] 冯尔康 . 中国宗族社会 [M]. 杭州：浙江人民出版社，1994.
[66] 张海瀛，武新立，林万清 . 中华族谱集成 [M]. 成都：巴蜀书社，1995.
[67] 冯尔康 . 中国古代的宗族与祠堂 [M]. 北京：商务印书馆，1996.
[68] 国家档案局二处 . 中国家谱综合目录 [M]. 北京：中华书局，1997.
[69] 葛剑雄 . 中国移民史 [M]. 福州：福建人民出版社，1997.
[70] 郝正治 . 汉族移民入滇史话 [M]. 昆明：云南大学出版社，1998.
[71] 常建华 . 宗族志 [M]. 上海：上海人民出版社，1998.
[72] 费成康 . 中国的家法族规 [M]. 上海：上海社会科学院出版社，1998.
[73] 王国斌 . 转变的中国：历史变迁与欧洲经验的局限 [M]. 南京：江苏人民出版社，1998.
[74] 孙光德，董克用 . 社会保障概论 [M]. 北京：中国人民大学出版社，2000.
[75] 王鹤鸣 . 上海图书馆馆藏家谱提要 [M]. 上海：上海古籍出版社，2000.
[76] 徐复 . 古汉语大词典 [M]. 上海：上海辞书出版社，2000.
[77] 钱杭 . 血缘与地缘之间：中国历史上的联宗与联宗组织 [M]. 上海：上海社会科学院出版社，2001.
[78] 陆韧 . 变迁与交融：明代云南汉族移民研究 [M]. 昆明：云南教育出版社，2001.
[79] 马向真 . 社会心理与社会控制 [M]. 北京：社会科学文献出版社，2002.
[80] 郑杭生 . 社会学概论新修 [M]. 北京：中国人民大学出版社，2003.
[81] 梁公卿 . 中国西南文献丛书：西南史地文献 [M]. 兰州：兰州大学出版社，2004.
[82] 李卓 . 中日家族制度比较研究 [M]. 北京：人民出版社，2004.
[83] 常建华 . 明代宗族研究 [M]. 上海：上海人民出版社，2005.
[84] 万明 . 晚明社会变迁问题与研究 [M]. 北京：商务印书馆，2005.
[85] 田成有 . 乡土社会中的民间法 [M]. 北京：法律出版社，2005.
[86] 王鹤鸣 . 中国家谱总目 [M]. 上海：上海古籍出版社，2008.
[87] 多贺秋五郎 . 中国宗谱 [M]. 周芳玲，阎明广，译 . 北京：中国社会出版社，

2008.

[88] 冯尔康 . 中国宗族史 [M]. 上海：上海人民出版社，2009.

[89] 杨世钰，赵寅松 . 大理丛书：族谱篇 [M]. 昆明：云南民族出版社，2009.

[90] 李中清 . 中国西南边疆的社会经济：1250—1850[M]. 林文勋，秦树才，译 . 北京：人民出版社，2012.

三、研究论文

[91] 左云鹏 . 祠堂族长族权的形成及其作用试说 [J]. 历史研究，1964（5）：97−116.

[92] 蓝勇 . 明清时期云贵汉族移民的时间和地理特征 [J]. 西南师范大学学报，1996（2）：77−81.

[93] 李文治 . 明代宗族制的体现形式及其基层政权作用：论封建所有制是宗法宗族制发展变化的最终根源 [J]. 中国经济史研究，1988（1）：54−72.

[94] 常建华 . 二十世纪的中国宗族研究 [J]. 历史研究，1999（5）：140−162.

[95] 潘允康 . 试论社会控制手段的多样性和综合性 [J]. 杭州师范学院学报（社会科学版），2002（6）：59−62，47.

[96] 粟品孝 . 文本与行为：朱熹《家礼》与其家礼活动 [J]. 安徽师范大学学报（人文社会科学版），2004，32（1）：99−105.

[97] 林超民 . 汉族移民与云南统一 [J]. 云南民族大学学报（哲学社会科学版），2005，22（3）：106−113.

[98] 陈绍方 . 清代地方乡村治理的传统特征 [J]. 晋阳学刊，2006（3）：83−88.

[99] 马勇，代艳芝 . 论明清时期腾冲汉族移民的历史记忆与族群认同 [J]. 云南民族大学学报（哲学社会科学版），2015，32（3）:126−130.

[100] 赵世瑜 . 从移民传说到地域认同：明清国家的形式 [J]. 华东师范大学学报（哲学社会科学版），2015，47（4）：1−10.